MINI
DSM-IV-TR

CHEZ LE MÊME ÉDITEUR

Autres ouvrages :

CLASSIFICATION MULTI-AXIALE DES TROUBLES PSYCHIATRIQUES CHEZ L'ENFANT ET L'ADOLESCENT, PAR L'ORGANISATION MONDIALE DE LA SANTÉ. Traduction coordonnée par D. MARCELLI, 2001, 304 pages.

CIM-10/ICD-10. CRITÈRES DIAGNOSTIQUES POUR LA RECHERCHE. Classification internationale des maladies. 10ᵉ révision. Chapitre V (F) : troubles mentaux et troubles du comportement, par l'Organisation Mondiale de la Santé. 1994, 248 pages.

CIM-10/ICD-10. DESCRIPTIONS CLINIQUES ET DIRECTIVES POUR LE DIAGNOSTIC. Classification internationale des maladies. 10ᵉ révision. Chapitre V (F) : troubles mentaux et troubles du comportement, par l'Organisation Mondiale de la Santé. 1993, 336 pages. Trad. française : C.-B. PULL coord.

DSM-IV-TR. MANUEL DIAGNOSTIQUE ET STATISTIQUE DES TROUBLES MENTAUX, TEXTE RÉVISÉ, PAR L'AMERICAN PSYCHIATRIC ASSOCIATION. Trad. française coordonnée par J.-D. GUELFI. 2003, 4ᵉ édition, 1 120 pages.

DSM-IV. SOINS PRIMAIRES, PAR L'AMERICAN PSYCHIATRIC ASSOCIATION, 1998, 272 pages. Trad. française : M.-A. CROCQ et S. ARBAZZADEH.

DSM-IV. DIAGNOSTICS DIFFÉRENTIELS, par M. B. FIRST, A. FRANCES, H. A. PINCUS, 1999, 256 pages. Trad. française : E. CORRUBLE, S. ARBAZZADEH, J.-D. GUELFI.

DSM-IV. CAS CLINIQUES, par A. FRANCES, R. ROSS, 1997, 416 pages. Trad. française : M.-A. CROCQ.

ÉCHELLES D'ÉVALUATION DES MÉCANISMES DE DÉFENSE, par J. CHRISTOPHER PERRY. Traduction et commentaires : J.-D. GUELFI, J.-N. DESPLAND, B. HANIN. *Collection Pratiques en Psychothérapie.* 2004, 252 pages.

PSYCHOPATHOLOGIE QUANTITATIVE, par J.-D. GUELFI, V. GAILLAC, R. DARDENNES et coll. *Collection Médecine et Psychothérapie.* 1995, 288 pages.

La référence bibliographique à cet ouvrage doit être libellée comme suit :

AMERICAN PSYCHIATRIC ASSOCIATION. MINI DSM-IV-TR. Critères diagnostiques (Washington DC, 2000). Traduction française par J.-D. Guelfi *et al.*, Masson, Paris, 2004, 384 pages.

AMERICAN PSYCHIATRIC ASSOCIATION

MINI
DSM-IV-TR
Critères diagnostiques
Version française complétée des codes CIM-10

Coordinateur général de la traduction française
Julien-Daniel GUELFI

Directeurs de l'équipe de la traduction française
P. BOYER, J.-D. GUELFI, C.-B. PULL, M.-C. PULL

Équipe de traduction
G. CHAILLET, M.-A. CROCQ, J.-F. DREYFUS, M. FLAMENT,
Y. LECRUBIER, J.-P. LEPINE, L. STANER, L. WAINTRAUB,

S. BENOIT-LAMY, J.-C. BISSERBE, M. BOUVARD, M. DUGAS,
V. GAILLAC, B. GRANGER, B. HANIN, P. KOWAL, M. LEBOYER,
M.-L. PAILLERE-MARTINOT, G. PARMENTIER, J. PELLET,
V. VIOT-BLANC

Équipe de traduction française du texte révisé du DSM-IV
S. ARBABZADEH, G. CHAILLET, M.A. CROCQ, M. FLAMENT,
B. GRANGER, J.-D. GUELFI, B. HANIN, T. HERGUETA,
M.L. PAILLÈRE-MARTINOT, A. PELISSOLO, C.B. PULL,
M.C. PULL, L. STANER, L. WAINTRAUB

Conseiller à la traduction
N. SARTORIUS

Coordination générale des traductions française, italienne et espagnole
Pierre PICHOT
Ancien Président de l'Association mondiale de psychiatrie
Membre de l'Académie de médecine

⋔ MASSON

Ce logo a pour objet d'alerter le lecteur sur la menace que représente pour l'avenir de l'écrit, tout particulièrement dans le domaine universitaire, le développement massif du « photocopillage ».

Cette pratique qui s'est généralisée, notamment dans les établissements d'enseignements, provoque une baisse brutale des achats de livres, au point que la possibilité même pour les auteurs de créer des œuvres nouvelles et de les faire éditer correctement est aujourd'hui menacée.

Nous rappelons donc que la reproduction et la vente sans autorisation, ainsi que le recel, sont passibles de poursuites.

Les demandes d'autorisation de photocopier doivent être adressées à l'éditeur ou au Centre français d'exploitation du droit de copie : 20, rue des Grands-Augustins, 75006 Paris. Tél. : 01 44 07 47 70.

First published in the United States by
American Psychiatric Association, Washington D.C.
Copyright 2000
All rights reserved

Première publication aux
États-Unis par l'*American
Psychiatric Association*, Washington D.C.
© 2000
Tous droits réservés

© *Masson, Paris, 2004* pour la version française
ISBN : 2-294-01819-2

MASSON S.A.S. – 21, rue Camille-Desmoulins 92789 Issy-les-Moulineaux Cedex 9

Directeurs de l'équipe de la traduction française

P. BOYER, ancien CCA, professeur de psychiatrie, Ottawa, Canada
J.-D. GUELFI, professeur de psychiatrie Paris V, chef de service, hôpital
    Sainte-Anne, Paris
C.-B. PULL, professeur de psychiatrie, Luxembourg
M.-C. PULL, docteur en psychologie, Luxembourg

Équipe de traduction

G. CHAILLET, praticien hospitalier, Luxembourg
M.-A. CROCQ, praticien hospitalier, Rouffach
J.-F. DREYFUS, ancien interne des hôpitaux, Paris
M. FLAMENT, chargé de recherches, INSERM, Paris
Y. LECRUBIER, directeur de recherches, INSERM, Paris
J.-P. LEPINE, professeur de psychiatrie, Paris
L. STANER, praticien hospitalier, Luxembourg
L. WAINTRAUB, praticien hospitalier, Paris

S. BENOIT-LAMY, ancien interne des hôpitaux, Paris
J.-C. BISSERBE, professeur de psychiatrie, Ottawa, Canada
M. BOUVARD, professeur de psychiatrie, Bordeaux
M. DUGAS, professeur de psychiatrie, Paris
V. GAILLAC, praticien hospitalier, Paris
B. GRANGER, professeur de psychiatrie, Paris
B. HANIN, psychanalyste, Paris
P. KOWAL, ancien interne des hôpitaux, Paris
M. LEBOYER, professeur de psychiatrie, Créteil
M.-L. PAILLERE-MARTINOT, praticien hospitalier, Paris
G. PARMENTIER, praticien hospitalier, Albi
J. PELLET, professeur de psychiatrie, Saint-Étienne
V. VIOT-BLANC, ancien interne des hôpitaux, Paris

Équipe de la traduction française du texte révisé du DSM-IV
Coordination générale : J.-D. Guelfi et M.-A. Crocq

S. ARBABZADEH, praticien hospitalier, Paris
G. CHAILLET, praticien hospitalier, Luxembourg
M.-A. CROCQ, praticien hospitalier, Rouffach
M. FLAMENT, professeur de psychiatrie, Ottawa, Canada
B. GRANGER, professeur de psychiatrie, Paris
J.-D. GUELFI, professeur de psychiatrie, Paris V, hôpital Sainte-Anne
B. HANIN, psychanalyste, Paris
T. HERGUETA, psychologue, hôpital Salpêtrière, Paris
M.-L. PAILLÈRE-MARTINOT, praticien hospitalier, Paris
A. PELISSOLO, praticien hospitalo-universitaire, Paris
C.-B. PULL, professeur de psychiatrie, Luxembourg
M.-C. PULL, psychologue, Luxembourg
L. STANER, praticien hospitalier, Luxembourg
L. WAINTRAUB, praticien hospitalier, Paris

To Melvin Sabshin

a man for all seasons

Avant-propos

L'équipe de traduction du DSM-IV en français a observé les mêmes règles générales que celles qu'elle avait adoptées lors de la traduction du DSM-III publié aux États-Unis en 1980 puis du DSM-III révisé (1987). Nous avons délibérément choisi de rester le plus proche possible du texte américain, jugeant qu'il était plus hasardeux d'adapter que de traduire. Nous avons aussi tenu le plus grand compte dans notre travail de la dixième révision de la classification internationale des maladies (1992), traduite en français en 1993.

La tâche du lecteur désirant comparer les deux systèmes, DSM et CIM, est facilitée d'une part grâce aux codes indiqués selon les deux systèmes de référence, d'autre part, grâce aux paragraphes du DSM-IV donnant des précisions sur les procédures d'enregistrement et sur les relations qui existent entre les deux séries de critères diagnostiques.

Aucun des principes généraux retenus dans le DSM-III : approche clinique purement descriptive, modèle médical de type catégoriel, diagnostics reposant sur des listes de critères et évaluations multi-axiales, n'a été abandonné dans le DSM-IV.

Néanmoins cette quatrième édition du manuel contient de nombreuses innovations.

L'éventualité selon laquelle de nouvelles recherches autoriseront des descriptions cliniques dimensionnelles est clairement mentionnée. Une description tridimensionnelle de la schizophrénie avec les pôles « psychotique », « négatif » et de « désorganisation » est d'ailleurs proposée, en annexe pour l'instant.

Sur le plan conceptuel, le DSM-IV mentionne la volonté de se libérer du dualisme corps-esprit et de ré-envisager sous un jour nouveau les relations entre troubles mentaux et troubles physiques. Ainsi, est-il affirmé qu'il n'y a pas de « distinction fondamentale à établir entre troubles mentaux et affections médicales générales ».

Le DSM-IV ne représente plus seulement le consensus d'experts qu'était fondamentalement le DSM-III. Il est le résultat du regroupement d'un nombre considérable de données empiriques : revues de la littérature, ré-analyses de données cliniques, résultats d'études sur le terrain centrées sur des points litigieux de la classification. L'apport de données nouvelles est particulièrement sensible dans le domaine de l'épidémiologie.

Une autre innovation du DSM-IV concerne, à côté des critères diagnostiques proprement dits, des critères de spécification permettant de délimiter de nombreuses formes cliniques, chaque fois qu'un nombre suffisant d'arguments justifie ces distinctions. Le plus souvent, ceux-ci sont d'ordre pronostique ou ressortissent d'une réactivité thérapeutique différentielle.

Par ailleurs, si le principe même des critères diagnostiques n'est pas remis en cause, la primauté du jugement clinique est maintes fois réaffirmée. Les signes et symptômes ne peuvent accéder au rang de critères que s'ils sont, certes suffisamment simples et non ambigus, mais aussi responsables d'une souffrance de l'individu « cliniquement significative » et d'une « altération », ou d'une « déficience » du fonctionnement dans plusieurs domaines importants comme le domaine social ou professionnel.

Enfin, le DSM-IV propose en annexe deux rubriques importantes dont l'intérêt paraît primordial pour la recherche clinique. La première concerne les syndromes spécifiques de certaines cultures, la seconde comprend 23 diagnostics « expérimentaux » avec descriptions cliniques et critères de recherche ainsi que des propositions d'évaluation de nouveaux axes qui nécessitent avant d'être définitivement adoptés des études complémentaires. Il en est ainsi des mécanismes de défense, de l'échelle d'évaluation globale du fonctionnement relationnel et de l'échelle du fonctionnement social et professionnel.

Le travail réalisé par nos collègues américains est immense. Les passions qu'avait déchaînées le DSM-III s'apaisent. L'effort considérable de clarification représenté par ce manuel avait comme objectif premier d'améliorer la fidélité inter-juges des diagnostics et de favoriser la communication entre divers spécialistes de la santé mentale. Le DSM-IV, tout comme le DSM-III, est avant tout un outil de travail qui ne doit être ni déifié ni diabolisé. Son utilisation, couplée à la découverte de « clés » nouvelles dépassant la seule clinique, sera la source des prochains progrès dans la connaissance et aboutira alors à une véritable nosographie psychiatrique.

J.-D. GUELFI, P. BOYER,
C.-B. PULL et M.-C. PULL

Table des matières

Introduction

L'une des caractéristiques les plus importantes du DSM-IV est de fournir des critères diagnostiques pour améliorer la fidélité des jugements diagnostiques. Le clinicien peut souhaiter avoir à sa disposition un petit manuel pratique contenant seulement la classification (c'est-à-dire la liste des troubles, des sous-types, des spécifications et des codes diagnostiques), les chapitres consacrés à l'utilisation du manuel, à l'évaluation multiaxiale, et l'ensemble des critères diagnostiques. Ce « Mini-D » doit être utilisé avec le DSM-IV. Son utilisation correcte nécessite de bien connaître le texte des descriptions de chaque trouble qui accompagne la liste des critères diagnostiques dans le DSM-IV.

On doit retenir que le texte révisé du DSM-IV fondé sur des preuves (*evidence based*) a été publié en 2000 ; il a été intitulé DSM-IV-TR pour le distinguer de la version initiale du DSM-IV publiée en 1994. Des modifications d'un petit nombre de codes diagnostiques reflétant des mises à jour dans le système de codage de la CIM-9-MC ainsi que certaines corrections apportées à des listes de critères et aux catégories « Non spécifiées » ont nécessité cette révision du Mini-D.

Michael B. First, M.D.
Co-chair, DSM-IV
Groupe de travail
sur la révision du texte
Editor du DSM-IV
Texte Révisé et des critères

Allen Frances, M.D.
*Chair, Task Force
on DSM-IV*

Harold Alan Pincus, M.D.
Co-chair, DSM-IV
Groupe de travail
sur la révision du texte
Vice-chair
Task Force on DSM-IV

Thomas Widiger, Ph. D.
Research Coordinator

Avertissement

Pour chaque trouble mental, des critères diagnostiques spécifiques sont proposés pour servir de guide dans la démarche diagnostique. On a en effet démontré que leur utilisation augmentait l'accord entre les cliniciens et les investigateurs. L'utilisation correcte de ces critères exige un entraînement clinique spécialisé permettant d'acquérir des connaissances et des compétences cliniques particulières.

Les critères diagnostiques et la classification du DSM-IV des troubles mentaux reflètent un consensus actuel portant sur les connaissances en évolution dans notre domaine ; ils ne recouvrent pas l'ensemble des circonstances susceptibles de justifier un traitement ou des efforts de recherche.

Le but du DSM-IV est de fournir des descriptions claires des catégories diagnostiques pour que les cliniciens et les investigateurs puissent faire le diagnostic des divers troubles mentaux, échanger des informations à leur sujet, les étudier et les traiter. On doit comprendre que l'inclusion dans ce manuel de catégories diagnostiques comme le Jeu pathologique ou la Pédophilie, justifiée pour des raisons d'ordre clinique et à des fins de recherche, n'implique pas que ces situations répondent aux critères juridiques ou à d'autres critères non médicaux permettant de délimiter les notions de maladies mentales, de troubles mentaux et d'incapacité. Les considérations cliniques et scientifiques impliquées dans la catégorisation de ces situations en tant que troubles mentaux peuvent ne pas être entièrement adaptées à un jugement légal concernant, par exemple, des éléments tels que la responsabilité individuelle, la détermination d'une incapacité et des aptitudes à l'autonomie.

Utilisation du manuel

N.-B. : Le lecteur doit se référer au chapitre « Utilisation du manuel » du DSM-IV-TR (p. 1) pour un exposé plus complet.

Codes diagnostiques

Avertissement des traducteurs. La plupart des troubles du DSM-IV sont pourvus d'un code de la dixième révision de la Classification internationale des maladies (CIM-10). On doit noter à ce sujet que le code de la CIM-10 est alphanumérique (une lettre suivie d'un maximum de 4 chiffres) et qu'il n'existe pas toujours une correspondance parfaite entre la nomenclature du DSM-IV et celle de la CIM-10. Par ailleurs, les définitions et les critères diagnostiques du DSM-IV divergent, parfois sensiblement, de ceux de la CIM-10. Les codes de la CIM-10 sont de ce fait souvent approximatifs. Pour les définitions des troubles dans la CIM-10, se reporter à la version « Descriptions cliniques et directives pour le diagnostic » (livre bleu)[1] de la CIM-10. Pour les critères de la CIM-10, se reporter à la version « critères diagnostiques pour la recherche » (livre vert)[2] de la CIM-10.

---

1. *CIM-10/ICD-10 : Classification internationale des troubles mentaux et des troubles du comportement. Descriptions cliniques et directives pour le diagnostic.* Organisation Mondiale de la Santé, Genève et Masson, Paris, 1993.
2. *CIM-10/ICD-10 : Classification internationale des troubles mentaux et des troubles du comportement. Critères diagnostiques pour la recherche.* Organisation Mondiale de la Santé, Genève et Masson, Paris, 1994.

Le code de la CIM-10 est suivi du code numérique (4 ou 5 chiffres) de la neuvième révision de la Classification internationale des Maladies, modification clinique (CIM-9-MC) qui reste la nomenclature officielle utilisée aux États-Unis lors de la publication de ce manuel. Les codes de la CIM-9-MC sont donnés entre crochets.

Les deux codes précèdent le nom du trouble dans la classification et accompagnent les critères de chaque trouble.

Pour certains diagnostics, (p. ex., le Retard mental, le Trouble de l'humeur induit par une substance), le code approprié dépend d'indications supplémentaires et est indiqué à la suite du texte et des critères du trouble. Les noms de certains troubles sont suivis par des appellations synonymes entre parenthèses ; il s'agit le plus souvent d'appellations du DSM-III-R.

Des sous-types (parfois codés sous la forme d'un cinquième chiffre) et des spécifications sont prévus pour apporter des précisions supplémentaires. Les *sous-types* possibles pour un diagnostic donné sont introduits dans la liste des critères par la mention « spécifier le type ». Ils définissent des formes symptomatiques qui s'excluent mutuellement ; d'autre part l'ensemble des sous-types décrivent de manière exhaustive toutes les formes cliniques possibles du trouble. Le Trouble délirant est par exemple subdivisé selon le contenu des idées délirantes en sept sous-types : érotomaniaque, mégalomaniaque, à type de jalousie, à type de persécution, somatique, mixte et non spécifié. Les *spécifications*, à la différence des sous-types, ne s'excluent pas mutuellement et ne visent pas à une description exhaustive de toutes les formes cliniques possibles ; elles sont introduites par la mention « spécifier » ou « spécifier si » à la suite des critères diagnostiques (p. ex., l'instruction « spécifier si : généralisée » dans la Phobie sociale). Les spécifications donnent la possibilité de définir au sein d'un trouble des sous-groupes plus homogènes de patients qui partagent certains traits communs (p. ex., Trouble dépressif majeur, avec caractéristiques mélancoliques). Bien qu'un chiffre supplémentaire soit parfois utilisé pour coder un sous-type ou une spécification (p. ex., pour la Démence de type Alzheimer, à début tardif, avec perturbation du comportement F00.11 [294.11]) ou la sévérité (F32.0 [296.21] Trouble dépressif majeur, épisode isolé, léger), la majorité des sous-types et des spécifications prévus dans le DSM-IV ne peuvent pas être codés selon le système de la CIM-9-MC. La notation se fait alors simplement en indiquant le sous-type ou la spécification après le nom du trouble (p. ex., Phobie sociale, généralisée).

Spécification de la sévérité et de l'évolution

Un diagnostic du DSM-IV s'applique habituellement à l'état actuel de la personne et ne sert en principe pas à coder des troubles passés dont l'individu est guéri. Les spécifications suivantes peuvent être ajoutées après le diagnostic pour indiquer la sévérité et l'évolution : léger, moyen, sévère, en rémission partielle, en rémission complète, et antécédents.

Les spécifications léger, moyen et sévère ne doivent être employées que lorsque les critères nécessaires au diagnostic du trouble sont remplis. Pour apprécier la sévérité, le clinicien doit tenir compte du nombre et de l'intensité des signes et des symptômes ainsi que de l'altération consécutive du fonctionnement professionnel et social. On peut dans la majorité des cas suivre les directives suivantes :

Léger. Présence d'aucun ou de peu de symptômes en plus de ceux qui sont indispensables au diagnostic. L'altération du fonctionnement social ou professionnel qui en résulte n'est que mineure.
Moyen. Les symptômes ou l'altération du fonctionnement se situent entre « léger » et « sévère ».
Sévère. Présence de nombreux symptômes en plus de ceux qui sont indispensables au diagnostic ou sévérité particulière de plusieurs symptômes, ou encore altération marquée du fonctionnement social ou professionnel à cause des symptômes.
En rémission partielle. L'ensemble des critères du trouble étaient auparavant réunis mais et il ne persiste plus, actuellement, que quelques symptômes ou signes.
En rémission complète. Il n'y a plus aucun signe ou symptôme du trouble mais il est toujours pertinent de coder le diagnostic, par exemple chez un sujet qui présente des

antécédents de Trouble bipolaire et qui n'a plus présenté de symptômes pendant les trois dernières années avec un traitement par le lithium. Après un certain temps de rémission complète, le clinicien peut estimer que l'individu est guéri et décider de ne plus coder le trouble en tant que diagnostic actuel. La distinction entre une rémission complète et la guérison doit se fonder sur de nombreux éléments, notamment sur les caractéristiques de l'évolution du trouble, sur l'ancienneté du dernier épisode, sur la durée totale de l'affection et sur le besoin de poursuivre une surveillance ou un traitement prophylactique.

Antécédents. Il peut être parfois utile de noter qu'un sujet a répondu, dans ses antécédents, aux critères d'un trouble, même si l'on juge qu'il est actuellement guéri. Le diagnostic de troubles mentaux présents dans le passé peut se faire en utilisant la spécification « dans les antécédents » (p. ex., « Anxiété de séparation, dans les antécédents » dans le cas d'une personne qui a des antécédents d'anxiété de séparation et qui ne présente plus aucun trouble ou bien qui répond actuellement aux critères d'un Trouble panique).

Des critères spécifiques pour définir léger, moyen et sévère ont été prévus pour les troubles suivants : Retard mental, Trouble des conduites, Épisode maniaque et Épisode dépressif majeur. Des critères spécifiques pour définir la rémission partielle et la rémission complète existent pour : Épisode maniaque, Épisode dépressif majeur et Dépendance à une substance.

Récidives

Après une période où les critères d'un trouble ne sont plus entièrement remplis (p. ex., après une rémission partielle ou complète, ou après une guérison), il n'est pas rare en clinique que des individus présentent de nouveau des symptômes suggérant une récidive de leur trouble initial, sans pour autant que le seuil exigé par les critères diagnostiques soit atteint. La meilleure manière d'indiquer la présence de ces symptômes est affaire de jugement clinique. Il existe plusieurs possibilités :

• si l'on estime que les symptômes traduisent la récidive d'une affection récurrente, on peut faire le diagnostic actuel (ou provisoire) d'un épisode du trouble avant même que tous les critères soient remplis (p. ex., quand les critères d'un Épisode dépressif majeur sont réunis depuis 10 jours seulement, au lieu des 14 jours habituellement exigés) ;
• si l'on estime que les symptômes sont cliniquement significatifs mais que l'on ignore s'ils représentent une récidive du trouble initial, on peut porter le diagnostic adapté assorti de la catégorie « non spécifié » ;
• si l'on estime que les symptômes ne sont pas cliniquement significatifs, il n'est pas nécessaire de porter un diagnostic supplémentaire, actuel ou provisoire, mais la spécification « dans les antécédents » peut être notée (v. p. 3).

Diagnostic principal/motif de la consultation

Si plus d'un diagnostic est porté pour un sujet hospitalisé, le *diagnostic principal* est l'affection qui s'avère, après analyse, être la cause essentielle de l'admission du patient. Si plus d'un diagnostic est porté pour un sujet ambulatoire, le *motif de la consultation* est l'affection principale pour laquelle seront prescrits les soins lors de la prise en charge ambulatoire. Le diagnostic principal ou le motif de la consultation est dans la plupart des cas l'objet principal de l'examen et du traitement. Il est souvent difficile, et parfois arbitraire, de déterminer quel est le diagnostic principal ou le motif de la consultation, notamment quand il y a un « diagnostic double » (un diagnostic lié à l'utilisation d'une substance comme la Dépendance à l'amphétamine associé à un diagnostic sans rapport avec l'utilisation d'une substance comme la Schizophrénie). Le choix du diagnostic « principal » peut être par exemple problématique chez une personne hospitalisée à la fois pour Schizophrénie et pour Intoxication à l'amphétamine car les deux affections peuvent avoir rendu nécessaire au même degré l'admission et le traitement en milieu hospitalier.

Des diagnostics multiples peuvent être enregistrés sur plusieurs axes ou non. Le diagnostic principal, s'il appartient à l'axe I, est indiqué en premier. Les autres troubles sont notés par ordre d'importance clinique et thérapeutique. Quand un patient a en même temps des diagnostics sur l'axe I et sur l'axe II, on suppose que le diagnostic principal ou la raison de la consultation correspond à ce qui est enregistré sur l'axe I, à moins que le diagnostic de l'axe II soit suivi du qualificatif « diagnostic principal » ou « motif de la consultation ».

Diagnostic provisoire

Il est possible de recourir à la spécification : *provisoire* quand on a de fortes raisons de penser que tous les critères d'un trouble finiront par être remplis et que l'information disponible est insuffisante pour faire un diagnostic avec certitude. Le clinicien peut indiquer l'incertitude du diagnostic en ajoutant la mention « provisoire » après le diagnostic. Un patient peut par exemple sembler présenter un Trouble dépressif majeur mais être incapable de relater ses antécédents de manière assez détaillée pour que l'on puisse établir si tous les critères du diagnostic sont remplis. Un autre emploi du terme *provisoire* est le cas où le diagnostic différentiel dépend seulement de la durée de la maladie. Le diagnostic de Trouble schizophréniforme requiert par exemple une durée inférieure à 6 mois et ne peut être porté que de manière provisoire tant qu'une rémission n'est pas survenue.

Emploi des catégories « non spécifié »

Compte tenu de la diversité des tableaux cliniques, la nomenclature diagnostique ne peut pas couvrir toutes les situations possibles. C'est pour cette raison que chaque classe diagnostique est pourvue d'au moins une catégorie « non spécifié » (NS) et parfois même de plusieurs. Le diagnostic NS peut être indiqué dans quatre situations :

• Le tableau correspond aux critères généraux des troubles mentaux d'une classe diagnostique donnée mais les symptômes ne satisfont les critères d'aucun des troubles spécifiques de cette classe. Cela peut être le cas quand les symptômes n'atteignent pas le seuil diagnostique d'un des troubles spécifiques ou bien quand le tableau est atypique ou mixte.

• Le tableau répond à un regroupement de symptômes qui n'a pas été inclus dans la classification du DSM-IV mais cause une souffrance ou une déficience cliniquement significative. Des critères de recherche pour certains ensembles de symptômes ont été inclus dans l'annexe B (« critères et axes proposés pour des recherches supplémentaires »). Dans ces cas, le texte renvoie à la page de l'annexe B où les critères de recherche sont présentés.

• L'étiologie est incertaine (on ignore si le trouble est dû à une affection médicale générale, à une substance ou s'il est primaire).

• Il n'a pas été possible de recueillir correctement l'information (p. ex., dans une situation d'urgence) ou celle-ci se révèle contradictoire ou incohérente mais on dispose d'éléments suffisants pour se situer dans une classe diagnostique donnée (le clinicien peut p. ex., affirmer la présence de symptômes psychotiques mais n'a pas d'assez d'éléments pour faire le diagnostic d'un trouble psychotique spécifique).

La classification du DSM-IV-TR

NS = Non spécifié.

Un x figurant dans un code diagnostique indique qu'un chiffre spécifique est demandé.

Une parenthèse ( ) figure dans l'intitulé de certains troubles pour indiquer que le nom d'un trouble mental spécifique ou d'une affection médicale générale doit être inséré lorsqu'on enregistre le terme (p. ex., F05.0 Delirium dû à une hypothyroïdie).

Les chiffres entre parenthèses indiquent les numéros de page.

Si les critères sont actuellement réunis, une des spécifications suivantes concernant la sévérité peut être notée après le diagnostic :

Léger
Moyen
Sévère

Si les critères ne sont plus réunis, une des spécifications suivantes peut être retenue :

En rémission partielle
En rémission complète
Antécédents

Troubles habituellement diagnostiqués pendant la première enfance, la deuxième enfance ou l'adolescence (51)

RETARD MENTAL (52)

N.-B. : *A coder sur l'Axe II*
F70.x   [317]   Retard mental léger (52)
F71.x   [318.0]   Retard mental moyen (52)
F72.x   [318.1]   Retard mental grave (52)
F73.x   [318.2]   Retard mental profond (53)
F79.x   [319]   Retard mental, sévérité non spécifiée (53)

TROUBLES DES APPRENTISSAGES (53)

F81.0   [315.00]   Trouble de la lecture (53)
F81.2   [315.1]   Trouble du calcul (54)
F81.8   [315.2]   Trouble de l'expression écrite (54)
F81.9   [315.9]   Trouble des apprentissages NS (55)

TROUBLE DES HABILETÉS MOTRICES (55)

F82   [315.4]   Trouble de l'acquisition de la coordination (55)

TROUBLES DE LA COMMUNICATION (56)

F80.1   [315.31]   Trouble du langage de type expressif (56)
F80.2   [315.32]   Trouble du langage de type mixte, réceptif/expressif (57)
F80.0   [315.39]   Trouble phonologique (58)
F98.5   [307.0]   Bégaiement (59)
F80.9   [307.9]   Trouble de la communication, NS (59)

TROUBLES ENVAHISSANTS DU DÉVELOPPEMENT (60)

F84.0 [299.00] Trouble autistique (60)
F84.1 [299.80] Autisme atypique (65)
F84.2 [299.80] Syndrome de Rett (61)
F84.3 [299.10] Trouble désintégratif de l'enfance (62)
F84.5 [299.80] Syndrome d'Asperger (63)
F84.9 [299.80] Trouble envahissant du développement NS (65)

TROUBLES : DÉFICIT DE L'ATTENTION ET COMPORTEMENT PERTURBATEUR (65)

____.__ [314.xx] Déficit de l'attention/hyperactivité (65)
F90.0 [314.01] type mixte (67)
F90.0 [314.00] type inattention prédominante (67)
F90.0 [314.01] type hyperactivité-impulsivité prédominante (68)
F90.9 [314.9] Déficit de l'attention/hyperactivité NS (68)
F91.x [312.xx] Trouble des conduites (68)
          [312.81] type à début pendant l'enfance
          [312.82] type à début pendant l'adolescence
          [312.89] type à début non spécifié
F91.3 [313.81] Trouble oppositionnel avec provocation (70)
F91.9 [312.9] Trouble comportement perturbateur NS (71)

TROUBLES DE L'ALIMENTATION ET TROUBLES DES CONDUITES ALIMENTAIRES DE LA PREMIÈRE OU DE LA DEUXIÈME ENFANCE (72)

F98.3 [307.52] Pica (72)
F98.2 [307.53] Mérycisme (72)
F98.2 [307.59] Trouble de l'alimentation de la première ou de la deuxième enfance (73)

TICS (73)

F95.2 [307.23] Syndrome de Gilles de la Tourette (73)
F95.1 [307.22] Tic moteur ou vocal chronique (74)

F95.0 [307.21] Tic transitoire (75)
                Spécifier si : Épisode isolé/Récurrent
F95.9 [307.20] Tic NS (75)

TROUBLES DU CONTRÔLE SPHINCTÉRIEN (76)

——.–   Encoprésie (76)
R15   [787.6]   Avec constipation et incontinence par débordement (76)
F98.1 [307.7]   Sans constipation ni incontinence par débordement (76)
F98.0 [307.6]   Énurésie (non due à une affection médicale générale) (76)
                Spécifier le type : Exclusivement nocturne/Exclusivement diurne/Nocturne et diurne

AUTRES TROUBLES DE LA PREMIÈRE ENFANCE, DE LA DEUXIÈME ENFANCE OU DE L'ADOLESCENCE (77)

F93.0 [309.21] Anxiété de séparation (77)
                Spécifier si : Début précoce
F94.0 [313.23] Mutisme sélectif (79)
F94.x [313.89] Trouble réactionnel de l'attachement de la première ou de la deuxième enfance (79)
                Spécifier le type : Inhibé/Désinhibé
F98.4 [307.3]   Mouvements stéréotypés (81)
                Spécifier si : Avec comportement d'automutilation
F89   Trouble de la première enfance, de la deuxième
F98.9 [313.9]   enfance ou de l'adolescence NS (82)

Delirium, Démence, Trouble amnésique et autres Troubles cognitifs

DELIRIUM (83)

F05.0 [293.0] Delirium dû à... [*Indiquer l'affection médicale générale*] (83)

F1x.03 Delirium dû à l'intoxication par une substance (se référer aux Troubles liés à une substance pour les codes spécifiques de chaque substance) (84)

F1x.4x Delirium dû au sevrage d'une substance (*se référer aux Troubles liés à une substance pour les codes spécifiques de chaque substance*) (85)

———.— Delirium dû à des étiologies multiples (*coder chaque étiologie spécifique*) (86)

F05.9 [780.09] Delirium NS (87)

DÉMENCE (87)

F00.0x [294.1x]* Démence de type Alzheimer, à début précoce (*Coder aussi la maladie d'Alzheimer à début précoce G30.0 [331.0] sur l'Axe III*) (89)

.00 [.10] Sans perturbation du comportement
.01 [.11] Avec perturbation du comportement
.03 [.13] Avec humeur dépressive
Spécifier si : Avec perturbation du comportement

F00.1x [294.1x]* Démence de type Alzheimer, à début tardif (*Coder aussi la maladie d'Alzheimer à début tardif G30.1 [331.0] sur l'Axe III*) (89)

.10 [.10] Sans perturbation du comportement
.11 [.11] Avec perturbation du comportement

F01.xx [290.4x] Démence vasculaire (89)
.x0 [.40] Non compliquée

*Codes CIM-9-MC appliqués à partir du 1er octobre 2000.

.x1 [.41] Avec delirium
.x1 [.42] Avec idées délirantes
.x3 [.43] Avec humeur dépressive
            Spécifier si : Avec perturbation du comportement
Coder la présence ou l'absence d'une perturbation du comporte-
ment au cinquième chiffre pour Démence due à une affection médicale générale :
    0 = Sans perturbation du comportement
    1 = Avec perturbation du comportement

F02.4 [294.1x]* Démence due à la maladie du VIH (*coder aussi*
                l'infection du système nerveux central par le VIH
                042 sur l'Axe III) (91)*

F02.8 [294.1x]* Démence due à un traumatisme crânien (*coder*
                aussi la lésion cérébrale S09.9 [854.00] sur
                l'Axe III) (91)

F02.3 [294.1x]* Démence due à la maladie de Parkinson (*coder*
                aussi la maladie de Parkinson G20 sur l'Axe III)
                (91)

F02.2 [294.1x]* Démence due à la maladie de Huntington (*coder*
                aussi la maladie de Huntington G10 sur
                l'Axe III) (91)

F02.0 [294.1x]* Démence due à la maladie de Pick (*coder aussi*
                la maladie de Pick G31.0 sur l'Axe III) (91)

F02.1 [294.1x]* Démence due à la maladie de Creutzfeldt-Jakob
                (*coder aussi la maladie de Creutzfeldt-Jakob*
                A81.0 sur l'Axe III) (91)

F02.8 [294.1x]* Démence due à… [*Indiquer l'affection médicale*
                générale non citée ci-dessus] (*Coder aussi*
                l'affection médicale générale sur l'Axe III) (91)

F1x.73   Démence persistante induite par une substance
                (*se référer aux Troubles liés à une substance pour*
                les codes spécifiques de chaque substance) (93)

F02.8   Démence due à des étiologies multiples (*coder*
                chaque étiologie spécifique F00.2) (94)

F03   [294.8] Démence NS (95)

_____

* Voir Annexe G p. 333 et 335.

TROUBLES AMNÉSIQUES (95)

F04   [294.0]   Trouble amnésique dû à... [*Indiquer l'affection médicale générale*] (95)
                  Spécifier si : Transitoire/Chronique
F1x.6   Trouble amnésique persistant induit par une substance (*se référer aux Troubles liés à une substance pour les codes spécifiques de chaque substance*) (96)
R41.3   [294.8]   Trouble amnésique NS (97)

AUTRES TROUBLES COGNITIFS (97)

F06.x   [294.9]   Trouble cognitif NS (97)
F07.x

Troubles mentaux dus à une affection médicale générale non classée ailleurs (99)

F06.1   [293.89] Trouble catatonique dû à... [*Indiquer l'affection médicale générale*] (101)
F07.0   [310.1]   Modification de la personnalité due à... [*Indiquer l'affection médicale générale*] (101)
                  Spécifier le type : Labile/Désinhibé/Agressif/Apathique/Paranoïaque/Autre type/Type combiné/Type non spécifié
F09   [293.9]   Trouble mental NS dû à... [*Indiquer l'affection médicale générale*] (103)

Troubles liés à une substance (105)

Les spécifications suivantes peuvent s'appliquer à la Dépendance à une substance :

[a]Avec dépendance physique/Sans dépendance physique
[b]Rémission précoce complète/Rémission précoce partielle/Rémission prolongée complète/Rémission prolongée partielle
[c]En environnement protégé
[d]Traitement par agoniste

Les spécifications suivantes s'appliquent aux Troubles induits par une substance comme suit :

[i]Avec début pendant l'intoxication/[s]Avec début pendant le sevrage

TROUBLES LIÉS À L'ALCOOL (117)

Troubles liés à l'utilisation d'alcool (117)
F10.2x [303.90] Dépendance alcoolique[a,b,c] (117)
F10.1 [305.00] Abus d'alcool (117)

Troubles induits par l'alcool (117)
F10.0x [303.00] Intoxication alcoolique (118)
F10.3x [291.81] Sevrage alcoolique (119)
            Spécifier si : Avec perturbation des perceptions
F10.03 [291.0]   Delirium par intoxication alcoolique (117)
F10.4x [291.0]   Delirium du sevrage alcoolique (117)
F10.73 [291.2]   Démence persistante induite par l'alcool (117)
F10.6 [291.1]   Trouble amnésique persistant induit par l'alcool (117)
F10.xx [291.x]   Trouble psychotique induit par l'alcool (117)
    .51 [.5]   Avec idées délirantes[i, s]
    .52 [.3]   Avec hallucinations[i, s]
F10.8 [291.89] Trouble de l'humeur induit par l'alcool[i, s] (118)
F10.8 [291.89] Trouble anxieux induit par l'alcool[i, s] (118)
F10.8 [291.89] Dysfonction sexuelle induite par l'alcool[i] (118)
F10.8 [291.89] Trouble du sommeil induit par l'alcool[i, s] (118)
F10.9 [291.9]   Trouble lié à l'alcool NS (118)

TROUBLES LIÉS À L'AMPHÉTAMINE (OU AUX AMPHÉTAMINIQUES) (120)

Troubles liés à l'utilisation d'amphétamine (120)
F15.2x [304.40] Dépendance à l'amphétamine[a,b,c] (120)
F15.1 [305.70] Abus d'amphétamine (120)

Troubles induits par l'amphétamine (120)

F15.0x [292.89]	Intoxication à l'amphétamine (121)
F15.04	*Spécifier si :* Avec perturbations des perceptions
F15.3x [292.0]	Sevrage à l'amphétamine (122)
F15.03 [292.81]	Delirium par intoxication à l'amphétamine (120)
F15.xx [292.xx]	Trouble psychotique induit par l'amphétamine (121)
.51 [.11]	Avec idées délirantes[i]
.52 [.12]	Avec hallucinations[i]
F15.8 [292.84]	Trouble de l'humeur induit par l'amphétamine[i, s] (121)
F15.8 [292.89]	Trouble anxieux induit par l'amphétamine[i] (120)
F15.8 [292.89]	Dysfonction sexuelle induite par l'amphétamine[i] (121)
F15.8 [292.89]	Trouble du sommeil induit par l'amphétamine[i, s] (121)
F15.9 [292.9]	Trouble lié à l'amphétamine NS (121)

TROUBLES LIÉS À LA CAFÉINE (123)

Troubles induits par la caféine (123)

F15.0x [305.90]	Intoxication à la caféine (123)
F15.8 [292.89]	Trouble anxieux induit par la caféine[i] (123)
F15.8 [292.89]	Trouble du sommeil induit par la caféine[i] (123)
F15.9 [292.9]	Trouble lié à la caféine NS (123)

TROUBLES LIÉS AU CANNABIS (124)

F12.2x [304.30]   Dépendance au cannabis[a,b,c] (124)

Troubles liés à l'utilisation de cannabis (124)

F12.1 [305.20]	Abus de cannabis (125)
F12.0x [292.89]	Intoxication au cannabis (125)
F12.04	*Spécifier si :* Avec perturbations des perceptions
F12.03 [292.81]	Delirium par intoxication au cannabis (125)
F12.xx [292.xx]	Trouble psychotique induit par le cannabis (125)
.51 [.11]	Avec idées délirantes[i]

.52 [.12]   Avec hallucinations[i]
F12.8   [292.89]   Trouble anxieux induit par le cannabis[i] (125)
F12.9   [292.9]   Trouble lié au cannabis NS (125)

TROUBLES LIÉS À LA COCAÏNE (126)

Troubles liés à l'utilisation de cocaïne (126)
F14.2x [304.20]   Dépendance à la cocaïne[a,b,c] (126)
F14.1 [305.60]   Abus de cocaïne (127)

Troubles induits par la cocaïne (127)
F14.0x [292.89]   Intoxication à la cocaïne (128)
F14.04   *Spécifier si :* Avec perturbations des perceptions
F14.3x [292.0]   Sevrage à la cocaïne (129)
F14.03 [292.81]   Delirium par intoxication à la cocaïne (127)
F14.xx [292.xx]   Trouble psychotique induit par la cocaïne (127)
   .51 [.11]   Avec idées délirantes[i]
   .52 [.12]   Avec hallucinations[i]
F14.8 [292.84]   Trouble de l'humeur induit par la cocaïne[i, s] (127)
F14.8 [292.89]   Trouble anxieux induit par la cocaïne[i, s] (127)
F14.8 [292.89]   Dysfonction sexuelle induite par la cocaïne[i] (127)
F14.8 [292.89]   Trouble du sommeil induit par la cocaïne[i, s] (127)
F14.9 [292.9]   Trouble lié à la cocaïne NS (127)

TROUBLES LIÉS AUX HALLUCINOGÈNES (129)

Troubles liés à l'utilisation des hallucinogènes (129)
F16.2x [304.50]   Dépendance aux hallucinogènes[b, c] (129)
F16.1 [305.30]   Abus d'hallucinogènes (130)

Troubles induits par les hallucinogènes (130)
F16.0x [292.89]   Intoxication aux hallucinogènes (130)
F16.70 [292.89]   Trouble persistant des perceptions dû aux hallu-
                  cinogènes (Flashbacks) (130)
F16.03 [292.81]   Delirium par intoxication aux hallucinogènes
                  (130)

F16.xx [292.xx] Trouble psychotique induit par les hallucinogènes (130)

.51 [.11] Avec idées délirantes[i]

.52 [.12] Avec hallucinations[i]

F16.8 [292.84] Trouble de l'humeur induit par les hallucinogènes[i] (130)

F16.8 [292.89] Trouble anxieux induit par les hallucinogènes[i] (130)

F16.9 [292.9] Trouble lié aux hallucinogènes NS (130)

TROUBLES LIÉS AUX SOLVANTS VOLATILS (132)

Troubles liés à l'utilisation de solvants volatils

F18.2x [304.60] Dépendance à des solvants volatils[b, c] (132)

F18.1 [305.90] Abus de solvants volatils (132)

Troubles induits par des solvants volatils (132)

F18.0x [292.89] Intoxication par des solvants volatils (132)

F18.03 [292.81] Delirium par intoxication aux solvants volatils (132)

F18.73 [292.82] Démence persistante induite par des solvants volatils (133)

F18.xx [292.xx] Trouble psychotique induit par des solvants volatils (133)

.51 [.11] Avec idées délirantes[i]

.52 [.12] Avec hallucinations[i]

F18.8 [292.84] Trouble de l'humeur induit par des solvants volatils[i] (133)

F18.8 [292.89] Trouble anxieux induit par des solvants volatils[i] (133)

F18.9 [292.9] Trouble lié à des solvants volatils NS (133)

TROUBLES LIÉS À LA NICOTINE (134)

Troubles liés à l'utilisation de nicotine (134)

F17.2x [305.1] Dépendance à la nicotine[a, b] (134)

Trouble induit par la nicotine (134)
F17.3x [292.0]   Sevrage à la nicotine (134)
F17.9 [292.9]   Trouble lié à la nicotine NS (134)

TROUBLES LIÉS AUX OPIACÉS (135)

Troubles liés à l'utilisation d'opiacés (135)
F11.2x [304.00] Dépendance aux opiacés[a, b ,c, d] (135)
F11.1 [305.50] Abus d'opiacés (136)

Troubles induits par les opiacés (136)
F11.0x [292.89] Intoxication aux opiacés (136)
F11.04   *Spécifier si :* Avec perturbations des perceptions
F11.3x [292.0]   Sevrage aux opiacés (136)
F11.03 [292.81] Delirium par intoxication aux opiacés (136)
F11.xx [292.xx] Trouble psychotique induit par les opiacés (136)
  .51 [.11]   Avec idées délirantes[i]
  .52 [.12]   Avec hallucinations[i]
F11.8 [292.84] Trouble de l'humeur induit par les opiacés[i] (136)
F11.8 [292.89] Dysfonction sexuelle induite par les opiacés[i] (136)
F11.8 [292.89] Trouble du sommeil induit par les opiacés[i, s] (136)
F11.9 [292.9]   Trouble lié aux opiacés NS (136)

TROUBLES LIÉS À LA PHENCYCLIDINE (OU AUX SUBSTANCES SIMILAIRES) (138)

Troubles liés à l'utilisation de phencyclidine (138)
F19.2x [304.60] Dépendance à la phencyclidine[b, c] (138)
F19.1 [305.90] Abus de phencyclidine (139)

Troubles induits par la phencyclidine (139)
F19.0x [292.89] Intoxication à la phencyclidine (139)
F19.04   *Spécifier si :* Avec perturbations des perceptions
F19.03 [292.81] Delirium par intoxication à la phencyclidine (139)

F19.xx [292.xx] Trouble psychotique induit par la phencyclidine (139)

.51 [.11] Avec idées délirantes[i]

.52 [.12] Avec hallucinations[i]

F19.8 [292.84] Trouble de l'humeur induit par la phencyclidine[i] (139)

F19.8 [292.89] Trouble anxieux induit par la phencyclidine[i] (139)

F19.9 [292.9] Trouble lié à la phencyclidine NS (139)

TROUBLES LIÉS AUX SÉDATIFS, HYPNOTIQUES OU ANXIOLYTIQUES (141)

Troubles liés à l'utilisation des sédatifs, hypnotiques ou anxiolytiques (141)

F13.2x [304.10] Dépendance aux sédatifs, hypnotiques ou anxiolytiques[a, b, c] (141)

F13.1 [305.40] Abus de sédatifs, hypnotiques ou anxiolytiques (141)

Troubles induits par les sédatifs, hypnotiques ou anxiolytiques (141)

F13.0x [292.89] Intoxication aux sédatifs, hypnotiques ou anxiolytiques (141)

F13.3x [292.0] Sevrage aux sédatifs, hypnotiques ou anxiolytiques (141)
Spécifier si : Avec perturbations des perceptions

F13.03 [292.81] Delirium par intoxication aux sédatifs, hypnotiques ou anxiolytiques (141)

F13.4x [292.81] Delirium du sevrage aux sédatifs, hypnotiques ou anxiolytiques (141)

F13.73 [292.82] Démence persistante induite par les sédatifs, hypnotiques ou anxiolytiques (141)

F13.6 [292.83] Trouble amnésique persistant induit par les sédatifs, hypnotiques ou anxiolytiques (141)

F13.xx [292.xx] Trouble psychotique induit par les sédatifs, hypnotiques ou anxiolytiques (142)

.51 [.11] Avec idées délirantes[i, s]
.52 [.12] Avec hallucinations[i, s]
F13.8 [292.84] Trouble de l'humeur induit par les sédatifs, hypnotiques ou anxiolytiques[i, s] (142)
F13.8 [292.89] Trouble anxieux induit par les sédatifs, hypnotiques ou anxiolytiques[s] (142)
F13.8 [292.89] Dysfonction sexuelle induite par les sédatifs, hypnotiques ou anxiolytiques[i] (142)
F13.8 [292.89] Trouble du sommeil induit par les sédatifs, hypnotiques ou anxiolytiques[i, s] (142)
F13.9 [292.9] Trouble lié aux sédatifs, hypnotiques ou anxiolytiques NS (142)

TROUBLE LIÉ À PLUSIEURS SUBSTANCES (144)

F19.2x [304.80] Dépendance à plusieurs substances[a, b, c] (146)

TROUBLES LIÉS À UNE SUBSTANCE AUTRE (OU INCONNUE) (146)

Troubles liés à l'utilisation d'une substance autre (ou inconnue) (146)
F19.2x [304.90] Dépendance à une substance autre (ou inconnue)[a, b, c, d] (146)
F19.1 [305.90] Abus d'une substance autre (ou inconnue) (146)

Troubles induits par une substance autre (ou inconnue) (147)
F19.0x [292.89] Intoxication par une substance autre (ou inconnue) (147)
F19.04   *Spécifier si :* Avec perturbations des perceptions
F19.3x [292.0] Sevrage à une substance autre (ou inconnue) (147)
              Spécifier si : Avec perturbations des perceptions
F19.03 [292.81] Delirium par intoxication à une substance autre (ou inconnue) (147)
F19.4x   Delirium du sevrage à une substance autre (ou inconnue) (147)

F19.73 [292.82] Démence persistante induite par une substance autre (ou inconnue) (147)

F19.6 [292.83] Trouble amnésique persistant induit par une substance autre (ou inconnue) (147)

F19.xx [292.xx] Trouble psychotique induit par une substance autre (ou inconnue) (147)

  .51 [.11] Avec idées délirantes[i, s]

  .52 [.12] Avec hallucinations[i, s]

F19.8 [292.84] Trouble de l'humeur induit par une substance autre (ou inconnue) [i, s] (147)

F19.8 [292.89] Trouble anxieux induit par une substance autre (ou inconnue) [i, s] (147)

F19.8 [292.89] Dysfonction sexuelle induite par une substance autre (ou inconnue) [i] (147)

F19.8 [292.89] Trouble du sommeil induit par une substance autre (ou inconnue) [i, s] (148)

F19.9 [292.9] Trouble lié à une substance autre (ou inconnue) NS (148)

Schizophrénie et autres troubles psychotiques (149)

F20.xx [295.xx] Schizophrénie (149)

 La classification suivante de l'évolution longitudinale s'applique à tous les sous-types de schizophrénie :

  2 = Épisodique avec symptômes résiduels entre les épisodes (*spécifier si :* Avec symptômes négatifs prononcés) / 3 = Épisodique sans symptômes résiduels entre les épisodes / 0 = Continue (*spécifier si :* Avec symptômes négatifs prononcés) / 4 = Épisode isolé en rémission partielle (*spécifier si :* Avec symptômes négatifs prononcés)/Épisode isolé en rémission complète / 8 = Autre cours évolutif ou cours évolutif non spécifié

F20.xx [295.xx]

  .0x [.30] type paranoïde (151)

  .1x [.10] type désorganisé (151)

  .2x [.20] type catatonique (152)

  .3x [.90] type indifférencié (152)

.5x [.60] type résiduel (152)
F20.8 [295.40] Trouble schizophréniforme (154)
    Spécifier si : Sans caractéristiques de bon pronostic/Avec caractéristiques de bon pronostic
F25.x [295.70] Trouble schizo-affectif (154)
    Spécifier le type : Type bipolaire/Type dépressif
F22.0 [297.1] Trouble délirant (155)
    Spécifier le type : Type érotomaniaque/Type mégaloma-niaque/À type de jalousie/À type de persécution/Type somatique/Type mixte/Type non spécifié
F23.8x [298.8] Trouble psychotique bref (157)
    Spécifier si : Avec facteurs de stress marqués/Sans facteurs de stress marqués/Avec début lors du post-partum
F24 [297.3] Trouble psychotique partagé (158)
F06.x [293.xx] Trouble psychotique dû à… [*Indiquer l'affection médicale générale*] (158)
.2 [.81] Avec idées délirantes
.0 [.82] Avec hallucinations
F1x.5   Trouble psychotique induit par une substance (*se référer aux Troubles liés à une substance pour les codes spécifiques de chaque substance*) (159)
    Spécifier si : Avec début pendant l'intoxication/Avec début pendant le sevrage
F29 [298.9] Trouble psychotique NS (161)

Troubles de l'humeur (163)

N.d.T. : Pour le codage selon la CIM-10 coder l'état actuel du Trouble dépressif majeur ou du Trouble bipolaire au 4ᵉ caractère. Pour les procédures d'enregistrement, voir p. 171 (Trouble dépressif majeur) et p. 182 (Trouble bipolaire).

Pour le codage selon la CIM-9-MC, coder l'état actuel du Trouble dépressif majeur ou du Trouble bipolaire I au 5ᵉ chiffre :

1 = Léger
2 = Moyen
3 = Sévère sans caractéristiques psychotiques

4 = Sévère avec caractéristiques psychotiques
   Spécifier : Caractéristiques psychotiques congruentes à l'humeur/
   caractéristiques psychotiques non congruentes à l'humeur
5 = En rémission partielle
6 = En rémission complète
0 = Non spécifié

Les spécifications suivantes s'appliquent aux Troubles de l'humeur (pour l'épisode actuel ou pour l'épisode le plus récent) :

[a]sévérité/psychotique/en rémission/[b]chronique/[c]avec caractéristiques cata-toniques/[d]avec caractéristiques mélancoliques/[e]avec caractéristiques atypiques /[f]avec début lors du post-partum

Les spécifications suivantes s'appliquent aux Troubles de l'humeur :

[g]avec ou sans guérison complète entre les épisodes/[h]avec caractère saison-nier/[i]avec cycles rapides

TROUBLES DÉPRESSIFS (169)

	[296.xx]	Trouble dépressif majeur
F32.x	[.2x]	Épisode isolé[a, b, c, d, e, f] (169)
F33.x	[.3x]	Récurrent[a, b, c, d, e, f, g, h] (170)
F34.1	[300.4]	Trouble dysthymique (172)
		Spécifier si : Début précoce/Début tardif
		Spécifier : Avec caractéristiques atypiques
F32.9	[311]	Trouble dépressif NS (174)

TROUBLES BIPOLAIRES (175)

F31.x	[296.xx]	Trouble bipolaire I (175)
F30.x	[.0x]	Épisode maniaque isolé[a, c, f] (176)
		Spécifier si : Mixte
F31.0	[.40]	Épisode le plus récent hypomaniaque[g, h, i] (177)
F31.x	[.4x]	Épisode le plus récent maniaque[a, c, f, g, h, i] (177)
F31.6	[.6x]	Épisode le plus récent mixte[a, c, f, g, h, i] (179)
F31.x	[.5x]	Épisode le plus récent dépressif[a, b, c, d, e, f, g, h, i] (180)
F31.9	[.7]	Épisode le plus récent non spécifié[g, h, i] (181)
F31.8	[296.89]	Trouble bipolaire II[a, b, c, d, e, f, g, h, i] (183)
		Spécifier (épisode actuel ou le plus récent) : Hypomaniaque/Dépressif

F34.0 [301.13] Trouble cyclothymique (185)
F31.9 [296.80] Trouble bipolaire NS (186)
F06.3x [293.83] Trouble de l'humeur dû à... [*Indiquer l'affection médicale générale*] (187)

> *Spécifier le type :* Avec caractéristiques dépressives/Avec Épisode d'allure de dépression majeure/Avec caractéristiques maniaques/Avec caractéristiques mixtes

F1x.8   Trouble de l'humeur induit par une substance (*se référer aux Troubles liés à une substance pour les codes spécifiques de chaque substance*) (188)

> *Spécifier le type :* Avec caractéristiques dépressives/Avec caractéristiques maniaques/Avec caractéristiques mixtes
> *Spécifier si :* Avec début pendant l'intoxication/Avec début pendant le sevrage

F39   [296.90] Trouble de l'humeur NS (191)

Troubles anxieux (205)

F41.0x [300.01] Trouble panique sans Agoraphobie (207)
F40.01 [300.21] Trouble panique avec Agoraphobie (208)
F40.00 [300.22] Agoraphobie sans antécédent de Trouble panique (209)
F40.2 [300.29] Phobie spécifique (210)

> *Spécifier le type :* Type animal/Type environnement naturel/Type sang, injection, accident/Type situationnel/Autre type

F40.1 [300.23] Phobie sociale (212)

> *Spécifier si :* Généralisée

F42.x [300.3]   Trouble obsessionnel-compulsif (213)

> *Spécifier si :* Avec peu de prise de conscience

F43.1 [309.81] État de stress post-traumatique (215)

> *Spécifier si :* Aigu/Chronique
> *Spécifier si :* Avec survenue différée

F43.0 [308.3]   État de stress aigu (218)
F41.1 [300.02] Anxiété généralisée (219)

F06.4 [293.84] Trouble anxieux dû à... [*Indiquer l'affection médicale générale*] (221)

Spécifier si : Avec Anxiété généralisée/Avec attaques de panique/Avec symptômes obsessionnels-compulsifs

F1x.8 Trouble anxieux induit par une substance (*se référer aux Troubles liés à une substance pour les codes spécifiques de chaque substance*) (222)

Spécifier si : Avec Anxiété généralisée/Avec attaques de panique/Avec symptômes obsessionnels-compulsifs/Avec symptômes phobiques

Spécifier si : Avec début pendant l'intoxication/Avec début pendant le sevrage

F41.9 [300.00] Trouble anxieux NS (224)

Troubles somatoformes (225)

F45.0 [300.81] Trouble somatisation (225)

F45.1 [300.82] Trouble somatoforme indifférencié (226)

F44.x [300.11] Trouble de conversion (227)

Spécifier si : 4 Avec symptôme ou déficit moteur/6 Avec symptôme ou déficit sensitif ou sensoriel/5 Avec crises épileptiques ou convulsions/7 Avec présentation mixte

F45.4 [307.xx] Trouble douloureux (229)

[.80] Associé à des facteurs psychologiques

[.89] Associé à la fois à des facteurs psychologiques et à une affection médicale générale

Spécifier si : Aigu/Chronique

F45.2 [300.7] Hypocondrie (230)

Spécifier si : Avec peu de prise de conscience

F45.2 [300.7] Peur d'une dysmorphie corporelle (231)

F45.9 [300.82] Trouble somatoforme NS (232)

Troubles factices (233)

F68.1 [300.xx] Trouble factice (233)
    [.16] Avec signes et symptômes psychologiques pré-
                dominants
    [.19] Avec signes et symptômes physiques prédomi-
                nants
    [.19] Avec une association de signes et de symptômes
                psychologiques et physiques
F68.1 [300.19] Trouble factice NS (234)

Troubles dissociatifs (235)

F44.0 [300.12] Amnésie dissociative (235)
F44.1 [300.13] Fugue dissociative (236)
F44.81 [300.14] Trouble dissociatif de l'identité (236)
F48.1 [300.6]   Trouble de dépersonnalisation (237)
F44.9 [300.15] Trouble dissociatif NS (237)

Troubles sexuels et Troubles de l'identité sexuelle (241)

DYSFONCTIONS SEXUELLES (241)

Les spécifications suivantes s'appliquent à toutes les Dysfonctions sexuelles primaires :

Type de tout temps/type acquis
Type généralisé/type situationnel
Due à des facteurs psychologiques/due à une combinaison de facteurs

Troubles du désir sexuel (241)
F52.0 [302.71] Trouble : baisse du désir sexuel (241)
F52.10 [302.79] Trouble : aversion sexuelle (242)

Troubles de l'excitation sexuelle (242)

F52.2 [302.72] Trouble de l'excitation sexuelle chez la femme (242)

F52.2 [302.72] Trouble de l'érection chez l'homme (243)

Troubles de l'orgasme (243)

F52.3 [302.73] Trouble de l'orgasme chez la femme (243)

F52.3 [302.74] Trouble de l'orgasme chez l'homme (244)

F52.4 [302.75] Éjaculation précoce (245)

Troubles sexuels avec douleur (245)

F52.6 [302.76] Dyspareunie (Non due à une affection médicale générale) (245)

F52.5 [306.51] Vaginisme (Non dû à une affection médicale générale) (246)

Dysfonction sexuelle due à une affection médicale générale (247)

N94.8 [625.8] Trouble : baisse du désir sexuel chez la femme due à… [*Indiquer l'affection médicale générale*] (248)

N50.8 [608.89] Trouble : baisse du désir sexuel chez l'homme due à… [*indiquer l'affection médicale générale*] (248)

N48.4 [607.84] Trouble de l'érection chez l'homme dû à… [*Indiquer l'affection médicale générale*] (248)

N94.1 [625.0] Dyspareunie chez la femme due à… [*Indiquer l'affection médicale générale*] (248)

N50.8 [608.89] Dyspareunie chez l'homme due à… [*Indiquer l'affection médicale générale*] (248)

N94.8 [625.8] Autre dysfonction sexuelle chez la femme due à… [*Indiquer l'affection médicale générale*] (249)

N50.8 [608.89] Autre dysfonction sexuelle chez l'homme due à… [*Indiquer l'affection médicale générale*] (249)

F1x.8 Dysfonction sexuelle induite par une substance (*se référer aux Troubles liés à une substance pour les codes spécifiques de chaque substance*) (249)

Spécifier si : Avec altération du désir sexuel/Avec altération de l'excitation sexuelle/Avec altération de l'orgasme/ avec douleur sexuelle

Spécifier si : Avec début pendant l'intoxication

F52.9   [302.70]   Dysfonction sexuelle NS (251)

PARAPHILIES (251)

F65.2   [302.4]   Exhibitionnisme (251)
F65.0   [302.81]   Fétichisme (252)
F65.8   [302.89]   Frotteurisme (252)
F65.4   [302.2]   Pédophilie (253)

Spécifier si : Attiré sexuellement par les garçons, Attiré sexuellement par les filles/Attiré sexuellement par les filles et par les garçons

Spécifier si : Limité à l'inceste

Spécifier le type : Exclusif/Non exclusif

F65.5   [302.83]   Masochisme sexuel (253)
F65.5   [302.84]   Sadisme sexuel (254)
F65.1   [302.3]   Transvestisme fétichiste (254)

Spécifier si : Avec dysphorie concernant l'identité sexuelle

F65.3   [302.82]   Voyeurisme (255)
F65.9   [302.9]   Paraphilie NS (255)

TROUBLES DE L'IDENTITÉ SEXUELLE (256)

F64.x   [302.xx]   Trouble de l'identité sexuelle (256)
   .2   [.6]   chez les enfants
   .0   [.85]   chez les adolescents ou les adultes

Spécifier si : Attiré sexuellement par les hommes/Attiré sexuellement par les femmes/Attiré sexuellement par les deux sexes/Attiré sexuellement ni par un sexe, ni par l'autre

F64.9   [302.6]   Trouble de l'identité sexuelle NS (258)
F52.9   [302.9]   Trouble sexuel NS (258)

Troubles des conduites alimentaires (259)

F50.0   [307.1]   Anorexie mentale (Anorexia nervosa) (259)
            Spécifier le type : Type restrictif/Type avec crises de bou-
            limie/vomissements ou prise de purgatifs
F50.2   [307.51] Boulimie (Bulimia nervosa) (260)
            Spécifier le type : Type avec vomissements ou prise de
            purgatifs/Type sans vomissements ou prise de purgatifs
F50.x   [307.50] Trouble des conduites alimentaires NS (261)

Troubles du sommeil (263)

TROUBLES PRIMAIRES DU SOMMEIL (263)

Dyssomnies (263)
F51.0   [307.42] Insomnie primaire (263)
F51.1   [307.44] Hypersomnie primaire (264)
            Spécifier si : Récurrente
G47.4   [347]   Narcolepsie (265)
G47.3   [780.59] Trouble du sommeil lié à la respiration (265)
F51.2   [307.45] Trouble du sommeil lié au rythme circadien (266)
            Spécifier le type : Type avec retard de phase/Type change-
            ment de fuseaux horaires/Type travail posté/Type non spécifié
F51.9   [307.47] Dyssomnie NS (267)

Parasomnies (268)
F51.5   [307.47] Cauchemars (268)
F51.4   [307.46] Terreurs nocturnes (269)
F51.3   [307.46] Somnambulisme (270)
F51.9   [307.47] Parasomnie NS (270)

TROUBLES DU SOMMEIL LIÉS
À UN AUTRE TROUBLE MENTAL (271)

F51.0 [307.42] Insomnie liée à… [*Indiquer le Trouble de l'Axe I ou de l'Axe II*] (271)

F51.1 [307.44] Hypersomnie liée à… [*Indiquer le Trouble de l'Axe I ou de l'Axe II*] (272)

AUTRES TROUBLES DU SOMMEIL (273)

G47.x [780.xx] Trouble du sommeil dû à… [*Indiquer l'affection médicale générale*] (273)

  .0   [.52] Type insomnie
  .1   [.54] Type hypersomnie
  .8   [.59] Type parasomnie
  .8   [.59] Type mixte

F1x.8   Trouble du sommeil induit par une substance (*se référer aux Troubles liés à une substance pour les codes spécifiques de chaque substance*) (274)
Spécifier le type : Type insomnie/Type hypersomnie/Type parasomnie/Type mixte
Spécifier si : Avec début pendant l'intoxication/Avec début pendant le sevrage

Troubles du contrôle des impulsions non classés ailleurs (277)

F63.8 [312.34] Trouble explosif intermittent (277)
F63.2 [312.32] Kleptomanie (277)
F63.1 [312.33] Pyromanie (278)
F63.0 [312.31] Jeu pathologique (279)
F63.3 [312.39] Trichotillomanie (280)
F63.9 [312.30] Trouble du contrôle des impulsions NS (280)

Troubles de l'adaptation (281)

F43.xx [309.xx]   Trouble de l'adaptation (281)
F43.20 [309.0]   Avec humeur dépressive
F43.28 [309.24]   Avec anxiété
F43.22 [309.28]   Avec à la fois anxiété et humeur dépressive
F43.24 [309.3]   Avec perturbation des conduites
F43.25 [309.4]   Avec perturbation à la fois des émotions et des conduites
F43.29 [309.9]   Non spécifié
                  Spécifier si : Aigu/Chronique

Troubles de la personnalité (285)

N.-B. : *Coder sur l'Axe II*
F60.0 [301.0]   Personnalité paranoïaque (286)
F60.1 [301.20]   Personnalité schizoïde (287)
F21   [301.22]   Personnalité schizotypique (288)
F60.2 [301.7]   Personnalité antisociale (289)
F60.31 [301.83]   Personnalité borderline (290)
F60.4 [301.50]   Personnalité histrionique (291)
F60.8 [301.81]   Personnalité narcissique (292)
F60.6 [301.82]   Personnalité évitante (292)
F60.7 [301.6]   Personnalité dépendante (293)
F60.5 [301.4]   Personnalité obsessionnelle-compulsive (294)
F60.9 [301.9]   Trouble de la personnalité NS (295)

Autres situations qui peuvent faire l'objet d'un examen clinique (297)

FACTEURS PSYCHOLOGIQUES INFLUENÇANT UNE AFFECTION MÉDICALE (298)

F54   [316]   …[*Spécifier le facteur psychologique*] influençant…
                  [*Indiquer l'affection médicale générale*] (298)

Choisir en fonction de la nature des facteurs :
Trouble mental influençant une affection médicale
Symptômes psychologiques influençant une affection médicale
Traits de personnalité ou style de coping influençant une affection médicale
Comportements inadaptés en matière de santé influençant une affection médicale
Réponse physiologique liée au stress influençant une affection médicale
Facteurs psychologiques autres ou non spécifiés influençant une affection médicale

TROUBLES DES MOUVEMENTS INDUITS PAR UN MÉDICAMENT (299)

G21.1 [332.1]   Parkinsonisme induit par les neuroleptiques (300)
G21.0 [333.92]   Syndrome malin des neuroleptiques (300)
G24.0 [333.7]   Dystonie aiguë induite par les neuroleptiques (301)
G21.1 [333.99]   Akathisie aiguë induite par les neuroleptiques (301)
G24.0 [333.82]   Dyskinésie tardive induite par les neuroleptiques (301)
G25.1 [333.1]   Tremblement d'attitude induit par un médicament (302)
G25.9 [333.90]   Trouble des mouvements induit par un médicament, NS (302)

AUTRE TROUBLE INDUIT PAR UN MÉDICAMENT (302)

T88.7 [995.2]   Effets secondaires d'un médicament NS (302)

PROBLÈMES RELATIONNELS (303)

Z63.7 [V61.9]   Problème relationnel lié à un trouble mental ou à une affection médicale générale (303)
Z63.8 [V61.20] Problème relationnel parent-enfant (304)
Z63.0 [V61.10] Problème relationnel avec le partenaire (304)
F93.3 [V61.8]   Problème relationnel dans la fratrie (304)
Z63.9 [V62.81] Problème relationnel NS (305)

PROBLÈMES LIES À L'ABUS
OU LA NÉGLIGENCE (305)

T74.1 [V61.21] Abus physique d'un enfant (305)
                (Coder Y07.x [995.54] si le motif d'examen concerne la victime)
T74.2 [V61.21] Abus sexuel d'un enfant (306)
                (Coder Y07.x [995.53] si le motif d'examen concerne la victime)
T74.0 [V61.21] Négligence envers un enfant (306)
                (Coder Y07.x [995.52] si le motif d'examen concerne la victime)
T74.1 [——·—]   Abus physique d'un adulte (306)
      [V61.12] s'il s'agit du partenaire
      [V62.83] s'il s'agit d'une autre personne que le partenaire
                (Coder Y07.x [995.81] si le motif d'examen concerne la victime)
T74.2 [——·—]   Abus sexuel d'un adulte (306)
      [V61.12] s'il s'agit du partenaire
      [V62.83] s'il s'agit d'une autre personne que le partenaire
                (Coder Y07.x [995.83] si le motif d'examen concerne la victime)

SITUATIONS SUPPLÉMENTAIRES QUI PEUVENT
FAIRE L'OBJET D'UN EXAMEN CLINIQUE (307)

Z91.1 [V15.81] Non-observance du traitement (307)
Z76.5 [V65.2]   Simulation (307)
Z72.8 [V71.01] Comportement antisocial de l'adulte (308)

Z72.8 [V71.02] Comportement antisocial de l'enfant ou de l'adolescent (309)
R41.8 [V62.89] Fonctionnement intellectuel limite (309)
N.-B. : *A coder sur l'Axe II*
R41.8 [780.9] Déclin cognitif lié à l'âge (309)
Z63.4 [V62.82] Deuil (310)
Z55.8 [V62.3] Problème scolaire ou universitaire (310)
Z56.7 [V62.2] Problème professionnel (311)
F93.8 [313.82] Problème d'identité (311)
Z71.8 [V62.89] Problème religieux ou spirituel (311)
Z60.3 [V62.4] Problème lié à l'acculturation (312)
Z60.0 [V62.89] Problème en rapport avec une étape de la vie (312)

Codes additionnels

F99 [300.9] Trouble mental non spécifié (non psychotique) (313)
Z03.2 [V71.09] Absence de diagnostic ou d'affection sur l'Axe I (313)
R69 [799.9] Affection ou diagnostic différé sur l'Axe I (313)
Z03.2 [V71.09] Absence de diagnostic ou d'affection sur l'Axe II (314)
R46.8 [799.9] Diagnostic différé sur l'Axe II (314)

Système multiaxial

Axe I   Troubles cliniques
Autres situations qui peuvent faire l'objet d'un examen clinique

Axe II   Troubles de la personnalité
Retard mental

Axe III   Affections médicales générales

Axe IV   Problèmes psychosociaux et environnementaux

Axe V   Évaluation globale du fonctionnement

Évaluation multiaxiale

Un système multiaxial implique une évaluation sur plusieurs axes, chacun représentant un domaine particulier, susceptible d'aider le clinicien dans son choix thérapeutique et dans son pronostic. La classification multiaxiale du DSM-IV comprend cinq axes :

Axe I	Troubles cliniques
	Autres situations qui peuvent faire l'objet d'un examen clinique
Axe II	Troubles de la personnalité
	Retard mental
Axe III	Affections médicales générales
Axe IV	Problèmes psychosociaux et environnementaux
Axe V	Évaluation globale du fonctionnement

L'utilisation du système multiaxial facilite une évaluation systématique et globale tenant compte des divers troubles mentaux, des affections médicales générales, des problèmes psychosociaux et environnementaux ainsi que du niveau de fonctionnement qui pourrait être mal évalué si l'attention était uniquement centrée sur l'évaluation du seul problème manifeste. Le format offert par le système multiaxial est adéquat pour le classement et la communication des informations cliniques, pour saisir leur complexité et pour décrire l'hétérogénéité des sujets qui ont le même diagnostic. De plus, le système multiaxial stimule l'application d'un modèle biopsychosocial dans les institutions cliniques de formation et de recherche.

Le reste de cette section comprend une description de chacun des 5 axes du DSM-IV. Dans quelques situations ou institutions particulières les cliniciens préféreront ne pas utiliser le système multiaxial. Des recommandations pour formuler les résultats d'une évaluation DSM-IV sans application du système multiaxial sont fournies à la fin du chapitre.

Axe I : Troubles cliniques
Autres situations qui peuvent faire l'objet d'un examen clinique

L'Axe I sert à décrire l'ensemble des troubles ou des situations de la classification, à l'exception des Troubles de la personnalité et du Retard mental (figurant sur l'Axe II). L'Axe I comprend en outre d'autres situations qui peuvent faire l'objet d'un examen clinique.

Lorsqu'un sujet a plus d'un Trouble de l'Axe I, le diagnostic principal ou le motif de la consultation (v. p. 5) doit être indiqué en premier. Lorsqu'un sujet a conjointement un trouble de l'Axe I et un trouble de l'Axe II, le diagnostic principal ou le motif de la consultation est normalement celui de l'Axe I à moins que le diagnostic de l'Axe II soit suivi de l'indication « (Diagnostic principal) » ou « (Raison de la consultation) ».

L'absence de diagnostic sur l'Axe I est codée Z03.2 [V 71.09]. Si un diagnostic sur l'Axe I est différé, en attente d'une information complémentaire, le code doit être R69 [799.9].

Axe II : Troubles de la personnalité
Retard mental

L'Axe II sert à indiquer les Troubles de la personnalité et le Retard mental. Il peut aussi être utilisé pour noter les principales caractéristiques d'inadaptation de la personnalité et les mécanismes de défense. L'existence des Troubles de la personnalité et du Retard mental sur un axe séparé est le garant de la prise en considération des Troubles de la personnalité ou du Retard mental susceptibles d'être négligés lorsque l'attention est exclusivement centrée sur les troubles de l'Axe I habituellement plus florides. Le codage des Troubles de la personnalité sur l'Axe II ne signifie pas que leur pathogénie ou le choix du traitement approprié soit fondamentalement différent de ceux des troubles codés sur l'Axe I.

Lorsqu'un sujet a plus d'un diagnostic de l'Axe II, ce qui est couramment le cas, tous les troubles doivent être rapportés. Lorsqu'un sujet a conjointement un diagnostic de l'Axe I et un diagnostic de l'Axe II et que le diagnostic de l'Axe II représente le diagnostic principal ou le motif de la consultation, cela doit être indiqué en ajoutant la précision suivante « (Diagnostic principal) » ou (« Motif de la consultation) » à la suite du diagnostic de l'Axe II. L'absence de diagnostic sur l'Axe II doit être codée Z03.2 [V 71.09]. Si un diagnostic sur l'Axe II est différé, en attente d'une information complémentaire, le code doit être R46.8 [799.9].

L'Axe II peut aussi être utilisé pour noter les principales caractéristiques d'inadaptation de la personnalité qui n'atteignent cependant pas le seuil d'un Trouble de la personnalité (dans de tels cas aucun numéro de code n'est utilisé). L'utilisation habituelle de mécanismes de défense mal adaptés peut aussi être indiquée sur l'Axe II.

Axe III : Affections médicales générales

L'Axe III permet d'enregistrer les affections médicales générales susceptibles d'avoir une importance pour la compréhension ou la prise en charge du sujet ayant un trouble mental. Il s'agit d'affections ne faisant pas partie du chapitre des « Troubles mentaux » de la CIM-9-MC (ni du chapitre V de la CIM-10). (Pour une liste plus détaillée incluant les codes spécifiques de la CIM-9-MC, se référer à l'Annexe G).

Comme cela a été mentionné dans l'introduction, la distinction entre les troubles des Axes I, II et III, ne signifie pas qu'il existe entre eux des différences conceptuelles fondamentales, ni que les troubles mentaux ne sont pas liés à des facteurs ou à des processus physiques ou biologiques. Cela ne signifie pas non plus que les affections médicales générales ne sont pas liées à des facteurs ou à des processus comportementaux ou psychosociaux. Répertorier à part les affections médicales générales a en réalité pour objectif de compléter une évaluation minutieuse et d'amplifier la communication entre les professionnels de la santé.

Les affections médicales générales peuvent être liées aux troubles mentaux de diverses façons. Dans certains cas, il est clair que l'affection médicale générale joue un rôle étiologique direct dans le développement ou l'aggravation des symptômes mentaux et que le mécanisme de cet effet est d'ordre physiologique. Lorsqu'on juge qu'un trouble mental est une conséquence physiologique directe d'une affection médicale générale, on doit faire le diagnostic de Trouble mental dû à une affection médicale générale sur l'Axe I et on doit enregistrer l'affection médicale générale à la fois sur l'Axe I et sur l'Axe III. Ainsi, lorsqu'une hypothyroïdie est la cause directe de symptômes dépressifs, le diagnostic sur l'Axe I est : F06.32 [293.83] Trouble de l'humeur dû à une hypothyroïdie, avec caractéristiques dépressives et l'hypothyroïdie est à nouveau répertoriée et codée sur l'Axe III comme suit : E03.9 [244.9].

Dans les cas où le lien étiologique entre l'affection médicale générale et les symptômes mentaux n'est pas suffisamment clair pour justifier un diagnostic de Trouble mental dû à une affection médicale générale sur l'Axe I, le trouble mental en question (p. ex., un Trouble dépressif majeur) doit être enregistré et codé sur l'Axe I et l'affection médicale générale seulement sur l'Axe III.

Il est d'autres situations dans lesquelles des affections médicales générales sont enregistrées sur l'Axe III en raison de leur importance pour la compréhension générale ou pour le traitement de la personne ayant le trouble mental. Un Trouble de l'Axe I peut être une réaction psychologique à une affection médicale générale de l'Axe III (p. ex., le développement d'un F43.20 ou

F43.21 [309.0] Trouble de l'adaptation avec humeur dépressive comme réaction au diagnostic de carcinome du sein). Certaines affections médicales générales peuvent ne pas être directement liées au trouble mental et, malgré tout, avoir d'importantes implications dans le pronostic ou le traitement (p. ex., lorsque le diagnostic sur l'Axe I est F32.x [296.30] Trouble dépressif majeur, Récurrent et sur l'Axe III I49.9 [427.9] : Arythmie, le choix du traitement pharmacologique dépend de l'affection médicale générale ; il en est de même lorsqu'un patient ayant un diabète sucré est hospitalisé pour l'aggravation d'une schizophrénie et que le traitement par l'insuline doit être monitoré).

Lorsqu'un sujet a plus d'un diagnostic cliniquement pertinent sur l'Axe III, tous doivent être notés. L'absence de tout trouble de l'Axe III doit être indiquée de la façon suivante : « Axe III : Aucun ». Si un diagnostic de l'Axe III est différé dans l'attente d'une information complémentaire, cela doit être indiqué de la façon suivante : « Axe III : Différé ».

Axe IV : *Problèmes psychosociaux et environnementaux*

L'Axe IV permet de rendre compte des problèmes psychosociaux qui peuvent affecter le diagnostic, le traitement et le pronostic des troubles mentaux (Axes I et II). Un problème psychosocial ou environnemental peut se présenter sous la forme d'un événement de vie négatif, d'une difficulté ou d'une déficience de l'environnement, d'un stress familial ou interpersonnel, d'une inadéquation du support social ou des ressources personnelles ou de tout autre problème relatif à un contexte dans lequel les difficultés de la personne se sont développées. Les facteurs de stress dits positifs tels qu'un avancement professionnel ne doivent être notés que s'ils constituent un problème, p. ex., quand la personne éprouve des difficultés à s'adapter à la situation nouvelle. Outre leur influence dans l'initiation ou l'exacerbation d'un trouble mental, les problèmes psychosociaux peuvent également être la conséquence de la psychopathologie du sujet ou encore constituer des difficultés qui doivent être considérées lors de la prise en charge.

Quand un sujet présente de multiples problèmes psychosociaux ou environnementaux, le clinicien doit relever tous ceux qu'il juge pertinents. En général, le clinicien doit noter uniquement ceux des problèmes qui ont été présents au cours de l'année précédant l'évaluation. Cependant, il peut tenir compte de problèmes antérieurs si ceux-ci contribuent clairement au trouble mental ou s'ils font l'objet d'un traitement — par exemple quand il s'agit d'expériences antérieures de combat ayant conduit à un État de stress post-traumatique.

En pratique, la plupart des problèmes psychosociaux ou environnementaux seront notés sur l'Axe IV. Cependant, s'ils constituent le principal centre d'intérêt clinique, ils doivent aussi être enregistrés sur l'Axe I, à l'aide d'un code de la section « Autres situations qui peuvent faire l'objet d'un examen clinique » (v. p. 297)

Pour des raisons pratiques, les différents types de problèmes ont été regroupés dans les catégories suivantes :

Problèmes avec le groupe de support principal — p. ex., décès d'un membre de la famille, problème de santé au sein de la famille, rupture familiale par séparation, divorce ou brouille ; déménagement ; remariage d'un parent ; abus physique ou sexuel ; surprotection parentale ; négligence envers un enfant ; discipline inadéquate ; désaccord dans la fratrie ; naissance d'un frère ou d'une sœur.

Problèmes liés à l'environnement social — p. ex., mort ou perte d'un ami ; support social inadéquat ; fait d'habiter seul ; difficulté d'acculturation ; discrimination ; adaptation aux grandes étapes de la vie (telle la retraite).

Problèmes d'éducation — p. ex., analphabétisme, problèmes scolaires, conflits avec les enseignants ou les camarades de classe, environnement scolaire inadéquat.

Problèmes professionnels — p. ex., chômage, menace de perte d'emploi, horaires de travail stressants, conditions de travail difficiles, insatisfaction au travail, changement d'emploi, conflit avec l'employeur ou les collègues.

Problèmes de logement — p. ex., absence de domicile fixe, logement inadapté, insécurité du quartier, conflits avec les voisins ou le propriétaire.

Problèmes économiques — p. ex., très grande pauvreté, insuffisance des revenus et des prestations sociales.

Problèmes d'accès aux services de santé — p. ex., services de santé inadaptés ou non desservis, Sécurité sociale inadaptée.

Problèmes en relation avec les institutions judiciaires/ pénales — p. ex., arrestation, incarcération, litige, victime d'un crime.

Autres problèmes psychosociaux et environnementaux — p. ex., catastrophes naturelles, guerre, autres conflits ; conflits avec des soutiens extérieurs à la famille tels que conseillers, travailleurs sociaux ou médecins ; absence de services sociaux.

Axe V : Évaluation Globale du Fonctionnement (EGF)

L'Axe V permet au clinicien d'indiquer un jugement sur le niveau de fonctionnement global de l'individu. Cette information est utile pour planifier le traitement, évaluer son impact et prédire son résultat.

L'enregistrement du fonctionnement global sur l'Axe V se fait à l'aide de l'Échelle d'évaluation globale du fonctionnement (échelle GAF ou EGF)[1]. Cette échelle peut être particulièrement

---

1. L'évaluation globale du fonctionnement psychologique sur une échelle de 0 à 100 a été opérationnalisée par Luborsky dans l'Échelle d'Évaluation Santé-Maladie (Luborsky L. « Clinician's Judgments of Mental Health » *Archives of General Psychiatry*, 7, 407-417, 1962). Spitzer *et al* ont développé une révision de l'Échelle d'évaluation santé-maladie intitulée l'Échelle d'évaluation globale (Global Assessment Scale ou GAS) (Endicott J, Spitzer RL, Fleiss JL, Cohen J : « The Global Assessment Scale : A Procedure for Measuring Overall Severity of Psychiatric Disturbance. » *Archives of General Psychiatry*, 33, 766-771, 1976). Une version modifiée de la GAS a été incluse dans le DSM-III-R sous le nom d'Échelle d'évaluation globale du fonctionnement EGF (Global Assessment of Functioning - GAF - Scale).

utile pour suivre globalement les progrès cliniques des individus, au moyen d'une note unique. Elle doit être cotée en tenant compte uniquement du fonctionnement psychologique, social et professionnel. Les instructions précisent « de ne pas inclure les altérations du fonctionnement causées par des limitations physiques (ou environnementales) ».

L'EGF est divisée en dix niveaux de fonctionnement. Coter l'EGF revient à choisir le niveau qui reflète le mieux le niveau de fonctionnement. La description de chacun des dix niveaux de l'échelle EGF a deux composantes : la première correspond à la gravité symptomatique, la seconde au fonctionnement. La cotation de l'EGF s'opère dans un décile particulier dès lors que, soit la sévérité symptomatique, soit le niveau de fonctionnement atteint le niveau en question. Par exemple, la première partie de la tranche 41-50 correspond « à des symptômes importants (p. ex., idéation suicidaire, rituels obsessionnels sévères, vols répétés dans les grands magasins) » ; la deuxième partie comprend « une altération importante du fonctionnement social, professionnel ou scolaire (p. ex., absence d'amis, incapacité de garder un emploi) ». On doit considérer que dans les situations où il y a une discordance entre la sévérité symptomatique et le niveau de fonctionnement, la cotation finale de l'EGF doit refléter l'atteinte la plus grave des deux secteurs. Par exemple, la cotation EGF pour un sujet qui se met en danger mais qui, par ailleurs, fonctionne bien, sera inférieure à 20. De la même façon, la cotation EGF d'un sujet qui a des symptômes psychologiques mineurs, mais qui a une altération significative du fonctionnement (p. ex., un sujet qui à cause d'une préoccupation excessive par l'usage d'une substance perd son emploi ou ses amis, mais sans autre psychopathologie) obtiendra 40 ou moins.

Dans la plupart des cas, les cotations sur l'échelle EGF doivent se rapporter à la période actuelle (c'est-à-dire au niveau de fonctionnement au moment de l'évaluation) car l'estimation du fonctionnement actuel reflète généralement le besoin actuel de traitement ou de soins. La cotation de l'EGF pour la période actuelle se fait parfois selon le niveau de fonctionnement le plus bas de la semaine écoulée pour tenir compte de la variabilité du fonctionnement selon les jours. Il peut être utile dans certaines populations de remplir l'échelle EGF à la fois à l'admission et en fin d'hospitalisation. L'échelle peut être cotée également pour d'autres périodes (p. ex., pour évaluer le niveau de fonctionnement le plus élevé maintenu pendant au moins quelques mois au cours de l'année précédente). Les résultats de la cotation sont reportés sur l'Axe V comme suit : « EGF = », suivi de la note obtenue à l'EGF (de 1 à 100) et de la période évaluée (entre parenthèses) — p. ex., « (actuellement) », « niveau le plus élevé au cours de l'année écoulée », « (au moment de la sortie) ».

Pour s'assurer qu'aucun élément de l'échelle EGF ne risque d'être omis pour la cotation, la méthode suivante peut s'appliquer :

Première étape. En commençant par le niveau le plus élevé, évaluer chaque tranche de notes en demandant si, soit la sévérité des symptômes du sujet, soit son niveau de fonctionnement est inférieur à ce qui est précisé pour la tranche considérée.

Deuxième étape. Poursuivre la lecture de l'échelle par tranches de notes descendantes jusqu'à celle qui reflète le mieux la sévérité symptomatique du sujet ou son niveau de fonctionnement **quel que soit le niveau le plus bas qui puisse être atteint**.

Troisième étape. Regarder la tranche inférieure pour vérifier que l'on ne s'est pas arrêté prématurément. La nouvelle tranche doit paraître trop grave, tant sur le plan de la sévérité symptomatique que sur celui du fonctionnement. Si tel est le cas, la cotation appropriée est atteinte. Poursuivre avec la quatrième étape. Dans le cas contraire, retourner à l'étape 2 et continuer à descendre sur l'échelle.

Quatrième étape. Pour choisir la note exacte à l'intérieur de la tranche choisie de 10 points, établir si le sujet fonctionne au plafond ou bien au plancher de la zone des 10 points. Par exemple, considérons un sujet qui entend des voix qui n'influencent pas son comportement (p. ex., quelqu'un avec une schizophrénie au long cours qui accepte ses hallucinations comme faisant partie de sa maladie). Si les voix surviennent peu fréquemment (une fois par semaine ou moins), une note de 39 ou 40 peut être la plus appropriée. Inversement, si le sujet entend des voix de façon quasiment continue, une cotation de 31 ou 32 paraîtra plus adéquate.

Échelle d'Évaluation Globale du Fonctionnement EGF (Echelle G.A.F. ou Global Assessment of Functioning Scale)

Évaluer le fonctionnement psychologique, social et professionnel sur un continuum hypothétique allant de la santé mentale à la maladie. Ne pas tenir compte d'une altération du fonctionnement due à des facteurs limitants d'ordre physique ou environnemental.

Code (N.-B. : Utiliser des codes intermédiaires lorsque cela est justifié : p. ex., 48, 70, 74)

100 | **Niveau supérieur de fonctionnement dans une grande variété d'activités. N'est jamais débordé par les problèmes rencontrés. Est recherché par autrui en raison de ses nombreuses qualités.**
91 | **Absence de symptômes.**

90 | **Symptômes absents ou minimes** (p. ex., anxiété légère avant un examen), **fonctionnement satisfaisant dans tous les domaines, intéressé et impliqué dans une grande variétés d'activités, socialement efficace, en général satisfait de la vie, pas plus de problèmes ou de préoccupations que les soucis de tous les jour**s (p. ex.,
81 | conflit occasionnel avec des membres de la famille).

80 | **Si des symptômes sont présents, ils sont transitoires et il s'agit de réactions prévisibles à des facteurs de stress** (p. ex., des difficultés de concentration après une dispute familiale) ; **pas plus qu'une altération légère du fonctionnement social, professionnel ou scolaire**
71 | (p. ex., retard temporaire du travail scolaire).

70 | **Quelques symptômes légers** (p. ex., humeur dépressive et insomnie légère) **ou une certaine difficulté dans le fonctionnement social, professionnel ou scolaire** (p. ex., école buissonnière épisodique ou vol en famille) **mais fonctionne assez bien de façon générale et**
61 | **entretient plusieurs relations interpersonnelles positives.**

60 | **Symptômes d'intensité moyenne** (p. ex., émoussement affectif, prolixité circonlocutoire, attaques de panique épisodiques) **ou difficultés d'intensité moyenne dans le fonctionnement social, professionnel ou scolaire** (p. ex., peu d'amis, conflits avec les
51 | camarades de classe ou les collègues de travail).

50 | **Symptômes importants** (p. ex., idéation suicidaire, rituels obsessionnels sévères, vol répétés dans les grands magasins) **ou altération**

41   **importante du fonctionnement social, professionnel ou scolaire** (p. ex., absence d'amis, incapacité à garder un emploi).

40

31   **Existence d'une certaine altération du sens de la réalité ou de la communication** (p. ex., discours par moments illogique, obscur ou inadapté) **ou déficience majeure dans plusieurs domaines, p. ex., le travail, l'école, les relations familiales, le jugement, la pensée ou l'humeur** (p. ex., un homme déprimé évite ses amis, néglige sa famille et est incapable de travailler ; un enfant bat fréquemment des enfants plus jeunes que lui, se montre provoquant à la maison et échoue à l'école).

30

21   **Le comportement est notablement influencé par des idées délirantes ou des hallucinations ou trouble grave de la communication ou du jugement** (p. ex., parfois incohérent, actes grossièrement inadaptés, préoccupation suicidaire) **ou incapable de fonctionner dans presque tous les domaines** (p. ex., reste au lit toute la journée, absence de travail, de foyer ou d'amis).

20

11   **Existence d'un certain danger d'auto ou d'hétéro-agression** (p. ex., tentative de suicide sans attente précise de la mort, violence fréquente, excitation maniaque) **ou incapacité temporaire à maintenir une hygiène corporelle minimum** (p. ex., se barbouille d'excréments) **ou altération massive de la communication** (p. ex., incohérence indiscutable ou mutisme).

10

1   **Danger persistant d'auto ou d'hétéro-agression grave** (p. ex., accès répétés de violence) **ou incapacité durable à maintenir une hygiène corporelle minimum ou geste suicidaire avec attente précise de la mort.**

0   Information inadéquate.

Format non-axial

Les cliniciens qui ne désirent pas utiliser le système multiaxial peuvent simplement noter les diagnostics *appropriés*. Ceux qui choisissent cette option doivent suivre la consigne générale d'enregistrer l'ensemble des troubles mentaux coexistants, les affections médicales générales et les autres facteurs intervenant dans la prise en charge et le traitement du sujet. Le diagnostic principal ou le motif de la consultation doivent être notés en premier.

Troubles habituellement diagnostiqués pendant la première enfance, la deuxième enfance ou l'adolescence

Proposer une section à part pour les troubles dont le diagnostic est habituellement porté dès la première enfance, la deuxième enfance, ou l'adolescence, est un exercice de pure forme et n'est pas censé suggérer qu'il existe une distinction claire entre les troubles « de l'enfant » et les troubles « de l'adulte ». Bien que la plupart des sujets atteints des troubles décrits dans cette section consultent au cours de l'enfance ou de l'adolescence, ces troubles ne sont parfois pas diagnostiqués avant l'âge adulte. En outre, de nombreux troubles inclus dans d'autres sections du manuel débutent souvent au cours de l'enfance ou de l'adolescence (p. ex., Trouble dépressif majeur, Schizophrénie, Anxiété généralisée). Les cliniciens qui travaillent essentiellement avec les enfants et les adolescents doivent avoir une bonne connaissance de l'ensemble du manuel et ceux qui travaillent principalement avec les adultes doivent, de la même façon, bien connaître cette section.

Retard mental

N.-B. : A coder sur l'Axe II.

■ Retard mental

A. Fonctionnement intellectuel général significativement inférieur à la moyenne : niveau de QI d'environ 70 ou au-dessous, mesuré par un test de QI passé de façon individuelle (pour les enfants très jeunes, on se fonde sur un jugement clinique de fonctionnement intellectuel significativement inférieur à la moyenne).

B. Déficits concomitants ou altérations du fonctionnement adaptatif actuel (c'est-à-dire de la capacité du sujet à se conformer aux normes escomptées à son âge dans son milieu culturel) concernant au moins deux des secteurs suivants : communication, autonomie, vie domestique, aptitudes sociales et interpersonnelles, mise à profit des ressources de l'environnement, responsabilité individuelle, utilisation des acquis scolaires, travail, loisirs, santé et sécurité.

C. Début avant l'âge de 18 ans.

Code, en fonction du degré de sévérité, reflétant le niveau du déficit intellectuel :

F70.x	**[317]**	**Retard mental léger :** niveau de QI de 50-55 à 70 environ
F71.x	**[318.0]**	**Retard mental moyen :** niveau de QI de 35-40 à 50-55
F72.x	**[318.1]**	**Retard mental grave :** niveau de QI de 20-25 à 35-40

F73.x	[318.2]	**Retard mental profond :**
		niveau de QI inférieur à 20-25
F79.x	[319]	**Retard mental, sévérité non spécifiée :**
		lorsqu'il existe une forte présomption de Retard mental mais que l'intelligence du sujet ne peut être mesurée par des tests standardisés.

Troubles des apprentissages (*auparavant* Troubles des acquisitions scolaires)

■ F81.0 [315.00] Trouble de la lecture

A. Les réalisations en lecture, évaluées par des tests standardisés passés de façon individuelle mesurant l'exactitude et la compréhension de la lecture, sont nettement au-dessous du niveau escompté compte tenu de l'âge chronologique du sujet, de son niveau intellectuel (mesuré par des tests) et d'un enseignement approprié à son âge.

B. La perturbation décrite dans le Critère A interfère de façon significative avec la réussite scolaire ou les activités de la vie courante faisant appel à la lecture.

C. S'il existe un déficit sensoriel, les difficultés en lecture dépassent celles habituellement associées à celui-ci.

Note de codage. S'il existe une affection médicale générale (p. ex., neurologique) ou un déficit sensoriel, coder ceux-ci sur l'Axe III.

■ F81.2 [315.1] Trouble du calcul

A. Les aptitudes en mathématiques, évaluées par des tests standardisés passés de façon individuelle, sont nettement au-dessous du niveau escompté compte tenu de l'âge chronologique du sujet, de son niveau intellectuel (mesuré par des tests) et d'un enseignement approprié à son âge.

B. La perturbation décrite dans le Critère A interfère de façon significative avec la réussite scolaire ou les activités de la vie courante faisant appel aux mathématiques.

C. S'il existe un déficit sensoriel, les difficultés en mathématiques dépassent celles habituellement associées à celui-ci.

Note de codage. S'il existe une affection médicale générale (p. ex., neurologique) ou un déficit sensoriel, coder ceux-ci sur l'Axe III.

■ F81.8 [315.2] Trouble de l'expression écrite

A. Les capacités d'expression écrite, évaluées par des tests standardisés passés de façon individuelle (ou par l'estimation de la qualité fonctionnelle de ces capacités) sont nettement au-dessous du niveau escompté compte tenu de l'âge chronologique du sujet, de son niveau intellectuel (mesuré par des tests) et d'un enseignement approprié à son âge.

B. La perturbation décrite dans le Critère A interfère de façon significative avec la réussite scolaire ou les activités de la vie courante qui requièrent l'élaboration de textes écrits (p. ex., écrire avec des phrases grammaticalement correctes, en paragraphes bien construits).

C. S'il existe un déficit sensoriel, les difficultés d'expression écrite dépassent celles habituellement associées à celui-ci.

Note de codage. S'il existe une affection médicale générale (p. ex., neurologique) ou un déficit sensoriel, coder ceux-ci sur l'Axe III.

■ F81.9 [315.9] Trouble des apprentissages non spécifié

Cette catégorie concerne les troubles des apprentissages qui ne répondent pas aux critères de l'un des Troubles des apprentissages spécifiques. Cette catégorie pourrait inclure des difficultés dans les trois domaines (lecture, mathématiques, expression écrite) qui, ensemble, compromettent significativement la réussite scolaire, même si les performances aux tests mesurant chacune des aptitudes ne sont pas nettement au-dessous du niveau escompté, compte tenu de l'âge chronologique du sujet, de son intelligence (mesurée par des tests) et d'un enseignement approprié à son âge.

Troubles des habiletés motrices

■ F.82 [315.4] Trouble de l'acquisition de la coordination

A. Les performances dans les activités quotidiennes nécessitant une bonne coordination motrice sont nettement au-dessous du niveau escompté compte tenu de l'âge chronologique du sujet et de son niveau intellectuel (mesuré par des tests). Cela peut se traduire par des retards importants dans les étapes du développement psychomoteur (p. ex., ramper, s'asseoir, marcher), par le fait de laisser tomber des objets, par de la « maladresse », de mauvaises performances sportives ou une mauvaise écriture.

B. La perturbation décrite dans le Critère A interfère de façon significative avec la réussite scolaire ou les activités de la vie courante.

C. La perturbation n'est pas due à une affection médicale générale (p. ex., infirmité motrice cérébrale, hémiplégie ou dystrophie musculaire) et ne répond pas aux critères d'un Trouble envahissant du développement.

D. S'il existe un Retard mental, les difficultés motrices dépassent celles habituellement associées à celui-ci.

Note de codage. S'il existe une affection médicale générale (p. ex., neurologique) ou un déficit sensoriel, coder ceux-ci sur l'Axe III.

Troubles de la communication

■ F80.1 [315.31] Trouble du langage de type expressif

A. Les scores obtenus sur des mesures standardisées (administrées individuellement) du développement des capacités d'expression du langage sont nettement au-dessous des scores obtenus sur des mesures standardisées des capacités intellectuelles non verbales d'une part, de ceux obtenus sur des mesures standardisées du développement des capacités réceptives du langage d'autre part. La perturbation peut se manifester sur le plan clinique par des symptômes tels que : vocabulaire notablement restreint, erreurs de temps, difficultés d'évocation de mots, difficultés à construire des phrases d'une longueur ou d'une complexité appropriées au stade du développement.

B. Les difficultés d'expression interfèrent avec la réussite scolaire ou professionnelle, ou avec la communication sociale.

C. Le trouble ne répond pas aux critères du Trouble du langage de type mixte réceptif-expressif ni à ceux d'un Trouble envahissant du développement.

D. S'il existe un Retard mental, un déficit moteur affectant la parole, un déficit sensoriel ou une carence de l'environnement, les difficultés de langage dépassent celles habituellement associées à ces conditions.

Note de codage. S'il existe un déficit moteur affectant la parole, un déficit sensoriel ou une maladie neurologique, coder ceux-ci sur l'Axe III.

■ F80.2 [315.32] Trouble du langage de type mixte réceptif-expressif

A. Les scores obtenus sur des mesures standardisées (administrées individuellement) du développement des capacités expressives **et** des capacités réceptives du langage sont nettement au-dessous des scores obtenus sur des mesures standardisées des capacités intellectuelles non verbales. Les symptômes incluent ceux du Trouble du langage de type expressif ainsi que des difficultés à comprendre certains mots, certaines phrases ou des catégories spécifiques de mots comme les termes concernant la position dans l'espace.

B. Les difficultés d'expression et de compréhension du langage interfèrent avec la réussite scolaire ou professionnelle, ou avec la communication sociale.

C. Le trouble ne répond pas aux critères d'un Trouble envahissant du développement.

D. S'il existe un Retard mental, un déficit moteur affectant la parole, un déficit sensoriel ou une carence de l'environnement, les difficultés de langage dépassent celles habituellement associées à ces conditions.

Note de codage. S'il existe un déficit moteur affectant la parole, un déficit sensoriel ou une maladie neurologique, coder ceux-ci sur l'Axe III.

■ F80.0 [315.39] Trouble phonologique (*auparavant* Trouble de l'acquisition de l'articulation)

A. Incapacité à utiliser les phonèmes normalement acquis à chaque stade du développement, compte tenu de l'âge et de la langue du sujet (p. ex., erreurs dans la production des phonèmes, leur utilisation, leur représentation ou leur organisation ; cela inclut, de manière non limitative, des substitutions d'un phonème par un autre — utilisation du t à la place du k — ou des omissions de certains phonèmes, comme ceux en position finale).

B. Les difficultés dans la production des phonèmes interfèrent avec la réussite scolaire ou professionnelle, ou avec la communication sociale.

C. S'il existe un Retard mental, un déficit moteur affectant la parole, un déficit sensoriel ou une carence de l'environnement, les difficultés verbales dépassent celles habituellement associées à ces conditions.

Note de codage. S'il existe un déficit moteur affectant la parole, un déficit sensoriel ou une maladie neurologique, coder ceux-ci sur l'Axe III.

■ F98.5 [307.0] Bégaiement

A. Perturbation de la fluence normale et du rythme de la parole (ne correspondant pas à l'âge du sujet), caractérisée par la survenue fréquente d'une ou de plusieurs des manifestations suivantes :

(1) répétitions de sons et de syllabes
(2) prolongations de sons
(3) interjections
(4) interruptions de mots (p. ex., pauses dans le cours d'un mot)
(5) blocages audibles ou silencieux (pauses dans le cours du discours, comblées par autre chose ou laissées vacantes)
(6) circonlocutions (pour éviter les mots difficiles en leur substituant d'autres mots)
(7) tension physique excessive accompagnant la production de certains mots
(8) répétitions de mots monosyllabiques entiers (p. ex., « je-je-je-je le vois »)

B. La perturbation de la fluence de la parole interfère avec la réussite scolaire ou professionnelle, ou avec la communication sociale.

C. S'il existe un déficit moteur affectant la parole ou un déficit sensoriel, les difficultés d'élocution dépassent celles habituellement associées à ces conditions.

Note de codage. S'il existe un déficit moteur affectant la parole, un déficit sensoriel ou une maladie neurologique, coder ceux-ci sur l'Axe III.

■ F80.9 [307.9] Trouble de la communication non spécifié

Cette catégorie concerne les troubles de la communication qui ne répondent aux critères d'aucun des Troubles de la communication spécifiques, par exemple un trouble de la voix (c'est-à-dire une anomalie de la hauteur de la voix, de sa force, de sa qualité, de son timbre ou de sa résonance).

Troubles envahissants du développement

■ F84.0 [299.00] Trouble autistique

A. Un total de six (ou plus) parmi les éléments décrits en (1), (2) et (3), dont au moins deux de (1), un de (2) et un de (3) :

(1) altération qualitative des interactions sociales, comme en témoignent au moins deux des éléments suivants :

    (a) altération marquée dans l'utilisation, pour réguler les interactions sociales, de comportements non verbaux multiples, tels que le contact oculaire, la mimique faciale, les postures corporelles, les gestes

    (b) incapacité à établir des relations avec les pairs correspondant au niveau du développement

    (c) le sujet ne cherche pas spontanément à partager ses plaisirs, ses intérêts ou ses réussites avec d'autres personnes (p. ex., il ne cherche pas à montrer, à désigner du doigt ou à apporter les objets qui l'intéressent)

    (d) manque de réciprocité sociale ou émotionnelle

(2) altération qualitative de la communication, comme en témoigne au moins un des éléments suivants :

    (a) retard ou absence totale de développement du langage parlé (sans tentative de compensation par d'autres modes de communication, comme le geste ou la mimique)

    (b) chez les sujets maîtrisant suffisamment le langage, incapacité marquée à engager ou à soutenir une conversation avec autrui

(c) usage stéréotypé et répétitif du langage, ou langage idiosyncrasique

(d) absence d'un jeu de « faire semblant » varié et spontané, ou d'un jeu d'imitation sociale correspondant au niveau du développement

(3) caractère restreint, répétitif et stéréotypé des comportements, des intérêts et des activités, comme en témoigne au moins un des éléments suivants :

(a) préoccupation circonscrite à un ou plusieurs centres d'intérêt stéréotypés et restreints, anormale soit dans son intensité, soit dans son orientation

(b) adhésion apparemment inflexible à des habitudes ou à des rituels spécifiques et non fonctionnels

(c) maniérismes moteurs stéréotypés et répétitifs (p. ex., battements ou torsions des mains ou des doigts, mouvements complexes de tout le corps)

(d) préoccupations persistantes pour certaines parties des objets

B. Retard ou caractère anormal du fonctionnement, débutant avant l'âge de trois ans, dans au moins un des domaines suivants : (1) interactions sociales, (2) langage nécessaire à la communication sociale, (3) jeu symbolique ou d'imagination.

C. La perturbation n'est pas mieux expliquée par le diagnostic de Syndrome de Rett ou de Trouble désintégratif de l'enfance.

■ F84.2 [299.80] Syndrome de Rett

A. Présence de tous les éléments suivants :

(1) développement prénatal et périnatal apparemment normaux

(2) développement psychomoteur apparemment normal pendant les 5 premiers mois après la naissance

(3) périmètre crânien normal à la naissance

B. Survenue, après la période initiale de développement normal, de tous les éléments suivants :

   (1) décélération de la croissance crânienne entre 5 et 48 mois
   (2) entre 5 et 30 mois, perte des compétences manuelles intentionnelles acquises antérieurement, suivie de l'apparition de mouvements stéréotypés des mains (p. ex., torsion des mains ou lavage des mains)
   (3) perte de la socialisation dans la phase précoce de la maladie (bien que certaines formes d'interaction sociale puissent se développer ultérieurement)
   (4) apparition d'une incoordination de la marche ou des mouvements du tronc
   (5) altération grave du développement du langage de type expressif et réceptif, associée à un retard psychomoteur sévère

■ F84.3 [299.10] Trouble désintégratif de l'enfance

A. Développement apparemment normal pendant les deux premières années de la vie au moins, comme en témoigne la présence d'acquisitions en rapport avec l'âge dans le domaine de la communication verbale et non verbale, des relations sociales, du jeu et du comportement adaptatif.

B. Perte cliniquement significative, avant l'âge de 10 ans, des acquisitions préalables dans au moins deux des domaines suivants :

   (1) langage de type expressif ou réceptif
   (2) compétences sociales ou comportement adaptatif
   (3) contrôle sphinctérien, vésical ou anal
   (4) jeu
   (5) habiletés motrices

C. Caractère anormal du fonctionnement dans au moins deux des domaines suivants :

   (1) altération qualitative des interactions sociales (p. ex., altération des comportements non verbaux, incapacité à établir des relations avec les pairs, absence de réciprocité sociale ou émotionnelle)

   (2) altération qualitative de la communication (p. ex., retard ou absence du langage parlé, incapacité à engager ou à soutenir une conversation, utilisation du langage sur un mode stéréotypé et répétitif, absence d'un jeu diversifié de « faire semblant »)

   (3) caractère restreint, répétitif et stéréotypé, des comportements, des intérêts et des activités, avec stéréotypies motrices et maniérismes

D. La perturbation n'est pas mieux expliquée par un autre Trouble envahissant du développement spécifique ni par une Schizophrénie.

■ F84.5 [299.80] Syndrome d'Asperger

A. Altération qualitative des interactions sociales, comme en témoignent au moins deux des éléments suivants :

   (1) altération marquée dans l'utilisation, pour réguler les interactions sociales, de comportements non verbaux multiples, tels que le contact oculaire, la mimique faciale, les postures corporelles, les gestes

   (2) incapacité à établir des relations avec les pairs correspondant au niveau du développement

   (3) le sujet ne cherche pas spontanément à partager ses plaisirs, ses intérêts ou ses réussites avec d'autres personnes (p. ex., il ne cherche pas à montrer, à désigner du doigt ou à apporter les objets qui l'intéressent)

(4) manque de réciprocité sociale ou émotionnelle

B. Caractère restreint, répétitif et stéréotypé, des comportements, des intérêts et des activités, comme en témoigne au moins un des éléments suivants :

(1) préoccupation circonscrite à un ou plusieurs centres d'intérêt stéréotypés et restreints, anormale soit dans son intensité, soit dans son orientation

(2) adhésion apparemment inflexible à des habitudes ou à des rituels spécifiques et non fonctionnels

(3) maniérismes moteurs stéréotypés et répétitifs (p. ex., battements ou torsions des mains ou des doigts, mouvements complexes de tout le corps)

(4) préoccupations persistantes pour certaines parties des objets

C. La perturbation entraîne une altération cliniquement significative du fonctionnement social, professionnel, ou dans d'autres domaines importants.

D. Il n'existe pas de retard général du langage significatif sur le plan clinique (p. ex., le sujet a utilisé des mots isolés vers l'âge de 2 ans et des phrases à valeur de communication vers l'âge de 3 ans).

E. Au cours de l'enfance, il n'y a pas eu de retard significatif sur le plan clinique dans le développement cognitif ni dans le développement, en fonction de l'âge, des capacités d'autonomie, du comportement adaptatif (sauf dans le domaine de l'interaction sociale) et de la curiosité pour l'environnement.

F. Le trouble ne répond pas aux critères d'un autre Trouble envahissant du développement spécifique ni à ceux d'une Schizophrénie.

■ F84.9 [299.80] Trouble envahissant du développement non spécifié (y compris autisme atypique)

On doit se servir de cette catégorie quand existe une altération sévère et envahissante du développement de l'interaction sociale réciproque associée à une altération des capacités de communication verbale et non verbale, ou à la présence de comportements, intérêts et activités stéréotypés, en l'absence des critères complets d'un Trouble envahissant du développement spécifique, d'une Schizophrénie, d'une Personnalité schizoïde ou d'une Personnalité évitante soient remplis. Par exemple, cette catégorie inclut sous le terme d'« autisme atypique » des tableaux cliniques qui diffèrent de celui du Trouble autistique par un âge de début plus tardif, par une symptomatologie atypique ou sous le seuil, ou par l'ensemble de ces caractéristiques. Dans la CIM-10, l'autisme atypique est codé F84.1 (N.d.T.).

Troubles : déficit de l'attention et comportement perturbateur

■ Trouble : déficit de l'attention/hyperactivité

A. Présence soit de (1), soit de (2) :

(1) six des symptômes suivants d'**inattention** (ou plus) ont persisté pendant au moins 6 mois, à un degré qui est inadapté et ne correspond pas au niveau de développement de l'enfant :

Inattention
(a) souvent, ne parvient pas à prêter attention aux détails, ou fait des fautes d'étourderie dans les devoirs scolaires, le travail ou d'autres activités

(b) a souvent du mal à soutenir son attention au travail ou dans les jeux

(c) semble souvent ne pas écouter quand on lui parle personnellement

(d) souvent, ne se conforme pas aux consignes et ne parvient pas à mener à terme ses devoirs scolaires, ses tâches domestiques ou ses obligations professionnelles (cela n'est pas dû à un comportement d'opposition, ni à une incapacité à comprendre les consignes)

(e) a souvent du mal à organiser ses travaux ou ses activités

(f) souvent, évite, a en aversion, ou fait à contrecœur les tâches qui nécessitent un effort mental soutenu (comme le travail scolaire ou les devoirs à la maison)

(g) perd souvent les objets nécessaires à son travail ou à ses activités (p. ex., jouets, cahiers de devoirs, crayons, livres ou outils)

(h) souvent, se laisse facilement distraire par des stimulus externes

(i) a des oublis fréquents dans la vie quotidienne

(2) six des symptômes suivants d'**hyperactivité-impulsivité** (ou plus) ont persisté pendant au moins 6 mois, à un degré qui est inadapté et ne correspond pas au niveau de développement de l'enfant :

Hyperactivité

(a) remue souvent les mains ou les pieds, ou se tortille sur son siège

(b) se lève souvent en classe ou dans d'autres situations où il est supposé rester assis

(c) souvent, court ou grimpe partout, dans des situations où cela est inapproprié (chez les adolescents ou les adultes, ce symptôme peut se limiter à un sentiment subjectif d'impatience motrice)

(d) a souvent du mal à se tenir tranquille dans les jeux ou les activités de loisir

    (e) est souvent « sur la brèche » ou agit souvent comme s'il était « monté sur ressorts »

    (f) parle souvent trop

Impulsivité

    (g) laisse souvent échapper la réponse à une question qui n'est pas encore entièrement posée

    (h) a souvent du mal à attendre son tour

    (i) interrompt souvent les autres ou impose sa présence (p. ex., fait irruption dans les conversations ou dans les jeux)

B. Certains des symptômes d'hyperactivité-impulsivité ou d'inattention ayant provoqué une gêne fonctionnelle étaient présents avant l'âge de 7 ans.

C. Présence d'un certain degré de gêne fonctionnelle liée aux symptômes dans deux, ou plus de deux types d'environnement différents (p. ex., à l'école – ou au travail – et à la maison).

D. On doit mettre clairement en évidence une altération cliniquement significative du fonctionnement social, scolaire ou professionnel.

E. Les symptômes ne surviennent pas exclusivement au cours d'un Trouble envahissant du développement, d'une Schizophrénie ou d'un autre Trouble psychotique, et ils ne sont pas mieux expliqués par un autre trouble mental (p. ex., Trouble thymique, Trouble anxieux, Trouble dissociatif ou Trouble de la personnalité).

Code selon le type :

F90.0	**[314.01]**	**Déficit de l'attention/hyperactivité, type mixte :** si à la fois les Critères A1 et A2 sont remplis pour les 6 derniers mois
F90.0	**[314.00]**	**Déficit de l'attention/hyperactivité, type inattention prédominante :** si, pour les 6 derniers mois, le Critère A1 est rempli mais pas le Critère A2

F90.0   **[314.01]**   **Déficit de l'attention/hyperactivité, type hyperactivité-impulsivité prédominante :** si, pour les 6 derniers mois, le Critère A2 est rempli mais pas le Critère A1

Note de codage. Pour les sujets (particulièrement les adolescents et les adultes) dont les symptômes ne remplissent plus actuellement l'ensemble des critères diagnostiques, spécifier : « en rémission partielle ».

■ F90.9 [314.9] Trouble : déficit de l'attention/hyperactivité, non spécifié

Cette catégorie est réservée aux troubles avec symptômes évidents d'inattention ou d'hyperactivité/impulsivité, qui ne remplissent pas tous les critères du Trouble déficit de l'attention/hyperactivité.

1. Sujets dont les symptômes et la gêne remplissent les critères de Déficit de l'attention/hyperactivité, de type inattention prédominante, mais dont l'âge de début est supérieur ou égal à 7 ans.

2. Sujets ayant une gêne cliniquement significative et une inattention, dont l'ensemble des symptômes ne remplit pas les critères du trouble, mais dont le comportement est marqué par la paresse, les rêveries diurnes et une diminution de l'activité.

■ Trouble des conduites

A. Ensemble de conduites, répétitives et persistantes, dans lequel sont bafoués les droits fondamentaux d'autrui ou les normes et règles sociales correspondant à l'âge du sujet, comme en témoigne la présence de trois des critères suivants (ou plus) au cours des 12 derniers mois, et d'au moins un de ces critères au cours des 6 derniers mois :

Agressions envers des personnes ou des animaux
(1) brutalise, menace ou intimide souvent d'autres personnes
(2) commence souvent les bagarres
(3) a utilisé une arme pouvant blesser sérieusement autrui (p. ex., un bâton, une brique, une bouteille cassée, un couteau, une arme à feu)
(4) a fait preuve de cruauté physique envers des personnes
(5) a fait preuve de cruauté physique envers des animaux
(6) a commis un vol en affrontant la victime (p. ex., agression, vol de sac à main, extorsion d'argent, vol à main armée)
(7) a contraint quelqu'un à avoir des relations sexuelles

Destruction de biens matériels
(8) a délibérément mis le feu avec l'intention de provoquer des dégâts importants
(9) a délibérément détruit le bien d'autrui (autrement qu'en y mettant le feu)

Fraude ou vol
(10) a pénétré par effraction dans une maison, un bâtiment ou une voiture appartenant à autrui
(11) ment souvent pour obtenir des biens ou des faveurs ou pour échapper à des obligations (p. ex., « arnaque » les autres)
(12) a volé des objets d'une certaine valeur sans affronter la victime (p. ex., vol à l'étalage sans destruction ou effraction ; contrefaçon)

Violations graves de règles établies
(13) reste dehors tard la nuit en dépit des interdictions de ses parents, et cela a commencé avant l'âge de 13 ans
(14) a fugué et passé la nuit dehors au moins à deux reprises alors qu'il vivait avec ses parents ou en placement familial (ou a fugué une seule fois sans rentrer à la maison pendant une longue période)
(15) fait souvent l'école buissonnière, et cela a commencé avant l'âge de 13 ans

B. La perturbation du comportement entraîne une altération cliniquement significative du fonctionnement social, scolaire ou
professionnel.

C. Si le sujet est âgé de 18 ans ou plus, le trouble ne répond pas
aux critères de la Personnalité antisociale.

Coder le type, selon l'âge de début :

312.81 Type à début pendant l'enfance : présence d'au moins un
critère caractéristique du Trouble des conduites avant l'âge de
10 ans.

312.82 Type à début pendant l'adolescence : absence de tout critère
caractéristique du Trouble des conduites avant l'âge de 10 ans.

312.89 Type à début non spécifié : si l'âge de début n'est pas
connu.

Spécifier, selon la sévérité :

Léger : il n'existe que peu ou pas de problèmes de conduite dépassant en nombre ceux requis pour le diagnostic ; **de plus,** les
problèmes de conduite n'occasionnent que peu de mal à autrui.

Moyen : le nombre de problèmes de conduite, ainsi que leurs effets
sur autrui, sont intermédiaires entre « léger » et « sévère ».

Sévère : il existe de nombreux problèmes de conduite dépassant en
nombre ceux requis pour le diagnostic ; **ou bien,** les problèmes
de conduite occasionnent un dommage considérable à autrui.

■ F91.3 [313.81] Trouble oppositionnel avec provocation

A. Ensemble de comportements négativistes, hostiles ou provoca-
teurs, persistant pendant au moins 6 mois durant lesquels sont
présentes quatre des manifestations suivantes (ou plus) :

(1) se met souvent en colère
(2) conteste souvent ce que disent les adultes

    (3) s'oppose souvent activement ou refuse de se plier aux demandes ou aux règles des adultes

    (4) embête souvent les autres délibérément

    (5) fait souvent porter à autrui la responsabilité de ses erreurs ou de sa mauvaise conduite

    (6) est souvent susceptible ou facilement agacé par les autres

    (7) est souvent fâché et plein de ressentiment

    (8) se montre souvent méchant ou vindicatif

N.-B. : On ne considère qu'un critère est rempli que si le comportement survient plus fréquemment qu'on ne l'observe habituellement chez des sujets d'âge et de niveau de développement comparables.

B. La perturbation des conduites entraîne une altération cliniquement significative du fonctionnement social, scolaire ou professionnel.

C. Les comportements décrits en A ne surviennent pas exclusivement au cours d'un Trouble psychotique ou d'un Trouble de l'humeur.

D. Le trouble ne répond pas aux critères du Trouble des conduites ni, si le sujet est âgé de 18 ans ou plus, à ceux de la Personnalité antisociale.

■ F91.9 [312.9] Trouble : Comportement perturbateur non spécifié

    Cette catégorie s'applique aux troubles caractérisés par des conduites ou des comportement oppositionnels et provocateurs qui ne remplissent pas tous les critères du Trouble des conduites ou du Trouble oppositionnel avec provocation. On peut par exemple y inclure des tableaux cliniques qui ne remplissent pas l'ensemble des critères de l'un ou l'autre de ces troubles, mais dans lesquels existe une perturbation significative sur le plan clinique.

Troubles de l'alimentation et troubles des conduites alimentaires de la première ou de la deuxième enfance

■ F98.3 [307.52]   Pica

A. Ingestion répétée de substances non nutritives pendant une période d'au moins 1 mois.

B. L'ingestion de substances non nutritives ne correspond pas au niveau du développement.

C. Le comportement ne représente pas une pratique culturellement admise.

D. Si le comportement survient exclusivement au cours d'un autre trouble mental (p. ex., Retard mental, Trouble envahissant du développement, Schizophrénie), il est suffisamment sévère pour justifier un examen clinique.

■ F98.2 [307.53] Trouble : mérycisme

A. Régurgitation répétée et remastication de la nourriture, pendant une période d'au moins 1 mois faisant suite à une période de fonctionnement normal.

B. Le comportement n'est pas dû à une maladie gastro-intestinale ni à une autre affection médicale générale associée (p. ex., reflux œsophagien).

C. Le comportement ne survient pas exclusivement au cours d'une Anorexie mentale (Anorexia nervosa) ou d'une Boulimie (Bulimia nervosa). Si les symptômes surviennent exclusivement au cours d'un Retard mental ou d'un Trouble envahissant du développement, ils sont suffisamment sévères pour justifier un examen clinique.

■ F98.2 [307.59] Trouble de l'alimentation de la première ou de la deuxième enfance

A. Difficultés d'alimentation qui se manifestent par une incapacité persistante du nourrisson ou de l'enfant à manger de façon appropriée, avec absence de prise de poids ou perte de poids significative pendant au moins 1 mois.

B. La perturbation n'est pas due à une maladie gastro-intestinale ni à une autre affection médicale générale associée (p. ex., reflux œsophagien).

C. La perturbation n'est pas mieux expliquée par un autre trouble mental (p. ex., Mérycisme) ni par l'absence de nourriture disponible.

D. Début avant l'âge de 6 ans.

Troubles : tics

■ F95.2 [307.23] Syndrome de Gilles de la Tourette

A. Présence de tics moteurs multiples et d'un ou plusieurs tics vocaux, à un moment quelconque au cours de l'évolution de la maladie mais pas nécessairement de façon simultanée. (Un *tic* est un mouvement — ou une vocalisation — soudain, rapide, récurrent, non rythmique et stéréotypé.)

B. Les tics surviennent à de nombreuses reprises au cours de la journée (généralement par accès), presque tous les jours ou de façon intermittente pendant plus d'une année durant laquelle il n'y a jamais eu d'intervalle sans tics de plus de 3 mois consécutifs.

C. Début avant l'âge de 18 ans.

D. La perturbation n'est pas due aux effets physiologiques directs d'une substance (p. ex., stimulants) ni à une affection médicale générale (p. ex., chorée de Huntington ou encéphalite virale).

■ F95.1 [307.22]   Trouble : tic moteur ou vocal chronique

A. Présence, à un moment quelconque de l'évolution de la maladie, soit de tics moteurs soit de tics vocaux, uniques ou multiples, mais pas des deux à la fois. (Un *tic* est un mouvement — ou une vocalisation — soudain, rapide, récurrent, non rythmique et stéréotypé.)

B. Les tics surviennent à de nombreuses reprises au cours de la journée, presque tous les jours ou de façon intermittente pendant plus d'une année durant laquelle il n'y a jamais eu d'intervalle sans tics de plus de 3 mois consécutifs.

C. Début avant l'âge de 18 ans.

D. La perturbation n'est pas due aux effets physiologiques directs d'une substance (p. ex., stimulants) ni à une affection médicale générale (p. ex., chorée de Huntington ou encéphalite virale).

E. Le trouble n'a jamais répondu aux critères du Syndrome de Gilles de la Tourette.

■ F95.0 [307.21] Trouble : tic transitoire

A. Tics moteurs et/ou vocaux uniques ou multiples. (Un *tic* est un mouvement — ou une vocalisation — soudain, rapide, récurrent, non rythmique et stéréotypé.)

B. Les tics surviennent à de nombreuses reprises au cours de la journée, presque tous les jours, pendant au moins 4 semaines mais pas pendant plus de 12 mois consécutifs.

C. Début avant l'âge de 18 ans.

D. La perturbation n'est pas due aux effets physiologiques directs d'une substance (p. ex., stimulants) ni à une affection médicale générale (p. ex., chorée de Huntington ou encéphalite virale).

E. Le trouble n'a jamais répondu aux critères du Syndrome de Gilles de la Tourette ni à ceux du Trouble tic moteur ou vocal chronique.

Spécifier si :
Épisode unique ou **récurrent**

■ F95.9 [307.20] Trouble : tic non spécifié

Cette catégorie est destinée aux troubles caractérisés par des tics qui ne remplissent pas les critères pour un Trouble tic spécifique, par exemple des tics durant moins de 4 semaines ou ayant débuté après l'âge de 18 ans.

Troubles du contrôle sphinctérien

■ Encoprésie

A. Émissions fécales répétées dans des endroits inappropriés (p. ex., dans les vêtements ou sur le sol), qu'elles soient involontaires ou délibérées.

B. Le comportement survient au moins une fois par mois pendant au moins 3 mois.

C. L'enfant a un âge chronologique d'au moins 4 ans (ou un niveau de développement équivalent).

D. Le comportement n'est pas dû exclusivement aux effets physiologiques directs d'une substance (p. ex., laxatifs) ni à une affection médicale générale, si ce n'est par un mécanisme entraînant une constipation.

Coder comme suit :

R15 [787.6]   **Avec constipation et incontinence par débordement**
F98.1 [307.7]   **Sans constipation ni incontinence par débordement**

■ F98.0 [307.6] Énurésie (non due à une affection médicale générale)

A. Mictions répétées au lit ou dans les vêtements (qu'elles soient involontaires ou délibérées).

B. Le comportement est cliniquement significatif, comme en témoignent soit une fréquence de deux fois par semaine pendant au moins 3 mois consécutifs, soit la présence d'une souffrance cliniquement significative ou d'une altération du fonctionnement social, scolaire (professionnel), ou dans d'autres domaines importants.

C. L'enfant a un âge chronologique d'au moins 5 ans (ou un niveau de développement équivalent).

D. Le comportement n'est pas dû exclusivement aux effets physiologiques directs d'une substance (p. ex., diurétiques) ni à une affection médicale générale (p. ex., diabète, spina bifida, épilepsie).

Spécifier le type :
Exclusivement nocturne
Exclusivement diurne
Nocturne et diurne

Autres Troubles de la première enfance de la deuxième enfance ou de l'adolescence

■ F93.0 [309.21] Trouble : anxiété de séparation

A. Anxiété excessive et inappropriée au stade du développement concernant la séparation d'avec la maison ou les personnes auxquelles le sujet est attaché, comme en témoignent trois des manifestations suivantes (ou plus) :

(1) détresse excessive et récurrente dans les situations de séparation d'avec la maison ou les principales figures d'attachement, ou en anticipation de telles situations

(2) crainte excessive et persistante concernant la disparition des principales figures d'attachement ou un malheur pouvant leur arriver

(3) crainte excessive et persistante qu'un événement malheureux ne vienne séparer l'enfant de ses principales figures d'attachement (p. ex., se retrouver perdu ou être kidnappé)

(4) réticence persistante ou refus d'aller à l'école, ou ailleurs, en raison de la peur de la séparation

(5) appréhension ou réticence excessive et persistante à rester à la maison seul ou sans l'une des principales figures d'attachement, ou bien dans d'autres environnements sans des adultes de confiance

(6) réticence persistante ou refus d'aller dormir sans être à proximité de l'une des principales figures d'attachement, ou bien d'aller dormir en dehors de la maison

(7) cauchemars répétés à thèmes de séparation

(8) plaintes somatiques répétées (telles que maux de tête, douleurs abdominales, nausées, vomissements) lors des séparations d'avec les principales figures d'attachement, ou en anticipation de telles situations

B. La durée du trouble est d'au moins quatre semaines.

C. Début avant l'âge de 18 ans.

D. Le trouble entraîne une détresse cliniquement significative ou une altération du fonctionnement social, scolaire (professionnel), ou dans d'autres domaines importants.

E. Le trouble ne survient pas exclusivement au cours d'un Trouble envahissant du développement, d'une Schizophrénie ou d'un autre Trouble psychotique, et, chez les adolescents et les adultes, il n'est pas mieux expliqué par le diagnostic de Trouble panique avec agoraphobie.

Spécifier si :
Début précoce : si le début survient avant l'âge de 6 ans.

■ F94.0 [313. 23] Mutisme sélectif (*auparavant* Mutisme électif)

A. Incapacité régulière à parler dans des situations sociales spécifiques (situations dans lesquelles l'enfant est supposé parler, p. ex., à l'école) alors que l'enfant parle dans d'autres situations.

B. Le trouble interfère avec la réussite scolaire ou professionnelle, ou avec la communication sociale.

C. La durée du trouble est d'au moins 1 mois (pas seulement le premier mois d'école).

D. L'incapacité à parler n'est pas liée à un défaut de connaissance ou de maniement de la langue parlée nécessaire dans la situation sociale où le trouble se manifeste.

E. La perturbation n'est pas mieux expliquée par un Trouble de la communication (p. ex., Bégaiement) et elle ne survient pas exclusivement au cours d'un Trouble envahissant du développement, d'une Schizophrénie ou d'un autre Trouble psychotique.

■ F94.x [313. 89] Trouble réactionnel de l'attachement de la première ou de la deuxième enfance

A. Mode de relation sociale gravement perturbé et inapproprié au stade du développement, présent dans la plupart des situations et ayant débuté avant l'âge de 5 ans, comme en témoignent les manifestations (1) ou (2) :

(1) incapacité persistante, dans la plupart des situations, à engager des interactions sociales ou à y répondre d'une manière appropriée au stade du développement, qui se traduit par des réponses excessivement inhibées, hypervigilantes, ou nettement ambivalentes et contradictoires (p. ex.,

l'enfant se comporte vis-à-vis des personnes qui prennent soin de lui en alternant tentatives d'approche, réactions de fuite et refus de se laisser consoler, parfois il montre une « vigilance glacée »)

(2) liens d'attachement diffus, qui se manifestent par une sociabilité indifférenciée et une incapacité marquée à faire preuve d'attachements sélectifs (p. ex., familiarité excessive avec des étrangers ou absence de sélectivité dans le choix des figures d'attachement)

B. La perturbation décrite dans le critère A n'est pas uniquement imputable à un retard du développement (comme dans le Retard mental) et ne répond pas aux critères d'un Trouble envahissant du développement.

C. Carence de soins adaptés, comme en témoigne au moins un des éléments suivants :

(1) négligence persistante des besoins émotionnels élémentaires de l'enfant concernant le confort, la stimulation ou l'affection

(2) négligence persistante des besoins physiques élémentaires de l'enfant

(3) changements répétés des personnes prenant soin de l'enfant, empêchant l'établissement de liens d'attachement stables (p. ex., changements fréquents de nourrice ou de parents adoptifs)

D. On présume que la carence de soins décrite dans le critère C est responsable de la perturbation du comportement décrite dans le critère A (p. ex., la perturbation décrite en A a débuté à la suite de la carence de soins décrite en C).

Spécifier le type :
F94.1 Type inhibé : si le critère A1 prédomine dans le tableau clinique.

F94.2 Type désinhibé : si le critère A2 prédomine dans le tableau clinique.

■ F98.4 [307.3] Trouble : mouvements stéréotypés (*auparavant* Stéréotypies/comportements répétitifs)

A. Comportement moteur répétitif et non fonctionnel, que le sujet est apparemment contraint d'exécuter (p. ex., secouer ou agiter les mains, balancer le corps, se cogner la tête, mâcher des objets, se mordre, se pincer la peau ou les orifices corporels, frapper certaines parties de son corps).

B. Le comportement interfère sérieusement avec les activités normales ou provoque des blessures corporelles (automutilations) qui nécessitent un traitement médical (ou bien le comportement provoquerait des blessures si des mesures préventives n'étaient pas prises).

C. S'il existe un Retard mental, le comportement stéréotypé ou le comportement d'automutilation est de gravité suffisante pour réclamer un traitement spécifique.

D. Le comportement ne peut pas être considéré comme une compulsion (comme dans le Trouble obsessionnel-compulsif), comme un tic (comme dans un Trouble tic), comme une stéréotypie qui entrerait dans le cadre d'un Trouble envahissant du développement, ni comme un symptôme de Trichotillomanie.

E. Le comportement n'est pas dû aux effets physiologiques directs d'une substance ni à une affection médicale générale.

F. Le comportement persiste pendant 4 semaines ou davantage.

Spécifier si :
Avec comportement d'automutilation : si le comportement provoque des lésions corporelles qui nécessitent un traitement spécifique (ou bien provoquerait des lésions corporelles si des mesures préventives n'étaient pas prises)

■ F98.9 [313.9] Trouble de la première enfance, de la deuxième enfance ou de l'adolescence non spécifié

Cette catégorie est une catégorie résiduelle pour les troubles débutant pendant la première enfance, la deuxième enfance ou l'adolescence ne remplissant les critères spécifiques d'aucun des troubles décrits dans cette classification.

Deux catégories de la CIM-10 correspondent à cette catégorie résiduelle : F98.9 Troubles comportementaux et émotionnels apparaissant habituellement dans l'enfance ou à l'adolescence, sans précision et F89 Trouble du développement psychologique, sans précision (N.d.T.).

Delirium, démence, trouble amnésique et autres troubles cognitifs

Delirium

■ F05.0 [293.0] Delirium dû à...
(Indiquez l'Affection médicale générale)

A. Perturbation de la conscience (c'est-à-dire baisse d'une prise de conscience claire de l'environnement) avec diminution de la capacité à diriger, focaliser, soutenir ou mobiliser l'attention.

B. Modification du fonctionnement cognitif (telle qu'un déficit de la mémoire, une désorientation, une perturbation du langage) ou bien survenue d'une perturbation des perceptions qui n'est pas mieux expliquée par une démence pré-existante, stabilisée ou en évolution.

C. La perturbation s'installe en un temps court (habituellement quelques heures ou quelques jours) et tend à avoir une évolution fluctuante tout au long de la journée.

D. Mise en évidence, d'après l'histoire de la maladie, l'examen physique ou les examens complémentaires que la perturbation est due aux conséquences physiologiques directes d'une affection médicale générale.

Note de codage. Si le delirium est surajouté à une Démence vasculaire préexistante, indiquer le delirium en codant F01.41 [290.41] Démence vasculaire, avec delirium.

Note de codage. Noter le nom de l'affection médicale générale sur l'Axe I, par exemple F05.0 [293.0] Delirium dû à une encéphalopathie hépatique ; noter également l'affection médicale générale sur l'Axe III (v. l'annexe G pour les codes).

Delirium induit par une substance

■ Delirium dû à l'Intoxication par une substance

A. Perturbation de la conscience (c'est-à-dire baisse d'une prise de conscience claire de l'environnement) avec diminution de la capacité à diriger, focaliser, soutenir ou mobiliser l'attention.

B. Modification du fonctionnement cognitif (telle qu'un déficit de la mémoire, une désorientation, une perturbation du langage) ou bien survenue d'une perturbation des perceptions qui n'est pas mieux expliquée par une démence pré-existante, stabilisée ou en évolution.

C. La perturbation s'installe en un temps court (habituellement quelques heures ou quelques jours) et tend à avoir une évolution fluctuante tout au long de la journée.

D. Mise en évidence, d'après l'histoire de la maladie, l'examen physique ou les examens complémentaires, soit :

   (1) d'une apparition des symptômes des critères A et B au moment de l'Intoxication par une substance

   (2) d'une utilisation de médicaments liée étiologiquement à la perturbation*

N.-B. : Il ne faut porter ce diagnostic au lieu de celui d'Intoxication par une substance que si les symptômes cognitifs sont nettement plus marqués qu'ils ne le sont habituellement dans le syndrome d'intoxication et si ces symptômes sont suffisamment sévères pour justifier à eux seuls un examen clinique.

* **N.-B. :** Si le delirium est lié à l'utilisation de médicaments, il doit être enregistré comme Delirium induit par une substance. Les codes E des différents médicaments se trouvent à l'Annexe G.

Codification du Delirium dû à l'intoxication [par une substance spécifique] : F10.03 [291.0] Alcool ; F15.03 [292.81] Amphétamine (ou substance amphétaminique) ; F14.03 [292.81] Cocaïne ; F12.03 [292.81] Cannabis ; F16.03 [292.81] Hallucinogènes ; F18.03 [292.81] Solvants volatils ; F11.03 [292.81] Opiacés ; F19.03 [292.81] Phencyclidine (ou substances similaires) ; F13.03 [292.81] Sédatifs, hypnotiques ou anxiolytiques ; F19.4 [292.81] Substance autre (ou inconnue), par exemple cimétidine, digitaline, benztropine.

Note de codage. Voir p. 115 pour les procédures d'enregistrement

■ Delirium dû au sevrage d'une substance

A. Perturbation de la conscience (c'est-à-dire baisse d'une prise de conscience claire de l'environnement) avec diminution de la capacité à diriger, focaliser, soutenir ou mobiliser l'attention.

B. Modification du fonctionnement cognitif (telle qu'un déficit de la mémoire, une désorientation, une perturbation du langage) ou bien survenue d'une perturbation des perceptions qui n'est pas mieux expliquée par une démence pré-existante, stabilisée ou en évolution.

C. La perturbation s'installe en un temps court (habituellement quelques heures ou quelques jours) et tend à avoir une évolution fluctuante tout au long de la journée.

D. Mise en évidence, d'après l'histoire de la maladie, l'examen physique ou les examens complémentaires d'une apparition des symptômes des critères A et B au moment d'un syndrome de sevrage, ou bien peu de temps après.

N.-B. : Il ne faut porter ce diagnostic au lieu de celui de sevrage à une substance que si les symptômes cognitifs sont nettement plus marqués qu'ils ne le sont habituellement dans le syndrome de sevrage et si ces symptômes sont suffisamment sévères pour justifier à eux seuls un examen clinique.

Codification du Delirium dû au sevrage [d'une substance spécifique] : F10.4 [291.0] Alcool ; F13.4 [292.81] Sédatifs, hypnotiques ou anxiolytiques ; F19.4 [292.81] Substance autre (ou inconnue).

Note de codage. Voir p. 115 pour les procédures d'enregistrement.

■ Delirium dû à des étiologies multiples

A. Perturbation de la conscience (c'est-à-dire baisse de la prise de conscience claire de l'environnement) avec diminution de la capacité à diriger, focaliser, soutenir ou mobiliser l'attention.

B. Modification du fonctionnement cognitif (telle qu'un déficit de la mémoire, une désorientation, une perturbation du langage) ou bien survenue d'une perturbation des perceptions qui n'est pas mieux expliquée par une démence pré-existante, stabilisée ou en évolution.

C. La perturbation s'installe en un temps court (habituellement quelques heures ou quelques jours) et tend à avoir une évolution fluctuante tout au long de la journée.

D. Mise en évidence d'après l'histoire de la maladie, l'examen physique ou les examens complémentaires de plusieurs étiologies (p. ex., plusieurs affections médicales générales, ou une affection médicale générale en plus d'une Intoxication par une substance ou d'un effet secondaire d'un médicament).

N.-B. : Utiliser les divers codes correspondant aux delirium spécifiques et aux étiologies spécifiques, par exemple F05.0 [293.0] Delirium dû à une encéphalite virale ; F10.4 [291.0] Delirium du sevrage alcoolique.

Note de codage. Le Delirium dû à des étiologies multiples n'a pas de code séparé propre et ne doit pas être enregistré en tant que diagnostic. Par exemple, pour coder un delirium dû à la fois à une encéphalopathie hépatique et au sevrage d'alcool, le clinicien utilisera conjointement F05.0 [293.0] Delirium dû à une encéphalopathie hépatique et F10.4 [291.0] Delirium du sevrage alcoolique sur l'Axe I et K72.9 [572.2] Encéphalopathie hépatique sur l'Axe III.

■ F05.9 [780.09] Delirium non spécifié

Il faut utiliser cette catégorie pour faire le diagnostic d'un delirium qui ne répond aux critères diagnostiques d'aucun des types spécifiques de delirium décrits dans ce chapitre. Par exemple :

(1) Un tableau clinique de delirium dont on peut soupçonner qu'il est dû à une affection médicale générale ou à l'utilisation d'une substance mais sans que l'on parvienne à réunir les arguments en faveur d'une étiologie spécifique.
(2) Delirium dû à des causes qui ne figurent pas dans ce chapitre (p. ex., une privation sensorielle).

Démence

■ F00.xx [294.1x]* Démence de type Alzheimer

A. Apparition de déficits cognitifs multiples, comme en témoignent à la fois :

---

*Codes CIM-9-MC appliqués à partir du 1er octobre 2000.

    (1) une altération de la mémoire (altération de la capacité à apprendre des informations nouvelles ou à se rappeler les informations apprises antérieurement) ;

    (2) une (ou plusieurs) des perturbations cognitives suivantes :

        (a) aphasie (perturbation du langage)

        (b) apraxie (altération de la capacité à réaliser une activité motrice malgré des fonctions motrices intactes)

        (c) agnosie (impossibilité de reconnaître ou d'identifier des objets malgré des fonctions sensorielles intactes)

        (d) perturbation des fonctions exécutives (faire des projets, organiser, ordonner dans le temps, avoir une pensée abstraite)

B. Les déficits cognitifs des critères A1 et A2 sont tous les deux à l'origine d'une altération significative du fonctionnement social ou professionnel et représentent un déclin significatif par rapport au niveau de fonctionnement antérieur.

C. L'évolution est caractérisée par un début progressif et un déclin cognitif continu.

D. Les déficits cognitifs des critères A1 et A2 ne sont pas dus :

    (1) à d'autres affections du système nerveux central qui peuvent entraîner des déficits progressifs de la mémoire et du fonctionnement cognitif (p. ex., maladie cérébro-vasculaire, maladie de Parkinson, maladie de Huntington, hématome sous-dural, hydrocéphalie à pression normale, tumeur cérébrale)

    (2) à des affections générales pouvant entraîner une démence (p. ex., hypothyroïdie, carence en vitamine B12 ou en folates, pellagre, hypercalcémie, neurosyphilis, infection par le VIH)

    (3) à des affections induites par une substance

E. Les déficits ne surviennent pas de façon exclusive au cours de l'évolution d'un delirium.

F. La perturbation n'est pas mieux expliquée par un trouble de l'Axe I (p. ex., Trouble dépressif majeur, Schizophrénie).

Codification fondée sur la présence ou l'absence d'une perturbation significative du comportement :

F00.xx **[294.10]** **Sans perturbation du comportement :** si les troubles cognitifs ne s'accompagnent d'aucune perturbation cliniquement significative du comportement.

F00.xx **[294.11]** **Avec perturbation du comportement :** troubles cognitifs s'accompagnent d'une perturbation cliniquement significative (p. ex., errance, agitation) du comportement.

Spécifier le sous-type :

À début précoce : si le début se situe à 65 ans ou avant
À début tardif : si le début se situe après 65 ans

Note de codage. Coder aussi G30.0 [331.0] Maladie d'Alzheimer sur l'axe III. Indiquer les autres caractéristiques cliniques marquées liées à la Maladie d'Alzheimer sur l'axe I (p. ex., 293.83 Troubles de l'humeur dus à la Maladie d'Alzheimer, Avec caractéristiques dépressives, et 310.1 Modification de la personnalité due à la Maladie d'Alzheimer, Type agressif).

■ F01.xx [290.4 x] Démence vasculaire (*auparavant* Démence par infarctus multiples)

A. Apparition de déficits cognitifs multiples, comme en témoignent à la fois :

(1) une altération de la mémoire (altération de la capacité à apprendre des informations nouvelles ou à se rappeler les informations apprises antérieurement) ;

(2) une (ou plusieurs) des perturbations cognitives suivantes :

    (a) aphasie (perturbation du langage)
    (b) apraxie (altération de la capacité à réaliser une activité motrice malgré des fonctions motrices intactes)
    (c) agnosie (impossibilité de reconnaître ou d'identifier des objets malgré des fonctions sensorielles intactes)
    (d) perturbation des fonctions exécutives (faire des projets, organiser, ordonner dans le temps, avoir une pensée abstraite)

B. Les déficits cognitifs des critères A1 et A2 sont tous les deux à l'origine d'une altération significative du fonctionnement social ou professionnel et représentent un déclin significatif par rapport au niveau de fonctionnement antérieur.

C. Signes et symptômes neurologiques en foyer (p. ex., exagération des réflexes ostéo-tendineux, réflexe cutané plantaire en extension, paralysie pseudo-bulbaire, troubles de la marche, faiblesse d'une extrémité) ou mise en évidence d'après les examens complémentaires d'une maladie cérébro-vasculaire (p. ex., infarctus multiples dans le cortex et la substance blanche sous-corticale) jugée liée étiologiquement à la perturbation.

D. Les déficits ne surviennent pas exclusivement au cours de l'évolution d'un delirium.

Codification fondée sur les caractéristiques prédominantes :

F05.1	**[290.41]**	**Avec delirium :** si un delirium est surajouté à la démence
F01.x1	**[290.42]**	**Avec idées délirantes** : si les idées délirantes sont le symptôme prédominant
F01.x3	**[290.43]**	**Avec humeur dépressive** : si l'humeur dépressive (notamment des tableaux cli-

niques comportant les critères symptomatiques d'un Épisode dépressif majeur)
est la caractéristique prédominante. On
ne fait pas un diagnostic séparé de Trouble de l'humeur dû à une affection médicale générale

F01.x0 **[290.40]** **Non compliquée** : si aucun des symptômes ou des syndromes ci-dessus ne pré-
domine dans le tableau actuel.

Spécifier si : (peut s'appliquer à n'importe lequel des sous-types isolés ci-
dessus)

Avec perturbation du comportement : s'il existe une perturbation du comportement cliniquement significative (p. ex., errance)

Note de codage. Coder également l'affection vasculaire sur l'Axe III.
N.d.T. : Pour le codage selon la CIM-10, noter également F05.1 si un delirium
est surajouté à la démence.

■ F02.x [294.1x]* Démence due à d'autres affections médicales générales

A. Apparition de déficits cognitifs multiples, comme en témoignent à la fois :

(1) une altération de la mémoire (altération de la capacité à
apprendre des informations nouvelles ou à se rappeler les
informations apprises antérieurement) ;

(2) une (ou plusieurs) des perturbations cognitives suivantes :

(a) aphasie (perturbation du langage)
(b) apraxie (altération de la capacité à réaliser une activité
motrice malgré des fonctions motrices intactes)
(c) agnosie (impossibilité de reconnaître ou d'identifier
des objets malgré des fonctions sensorielles intactes)

*Codes CIM-9-MC appliqués à partir du 1er octobre 2000.

(d) perturbation des fonctions exécutives (faire des projets, organiser, ordonner dans le temps, avoir une pensée abstraite)

B. Les déficits cognitifs des critères A1 et A2 sont tous les deux à l'origine d'une altération significative du fonctionnement social ou professionnel et représentent un déclin significatif par rapport au niveau de fonctionnement antérieur.

C. Mise en évidence, d'après l'histoire de la maladie, l'examen physique ou les examens complémentaires que la perturbation est la conséquence physiologique directe d'une affection médicale générale autre que la maladie d'Alzheimer ou une affection cérébrovasculaire (p. ex., infection par le VIH, traumatisme crânien, maladie de Parkinson, maladie de Huntington, maladie de Pick, maladie de Creutzfeldt-Jakob, hydrocéphalie à pression normale, hypothyroïdie, tumeur cérébrale, ou carence en vitamine B12).

D. Les déficits ne surviennent pas exclusivement au cours de l'évolution d'un delirium.

Codification fondée sur la présence ou l'absence d'une perturbation significative du comportement :

[294.10]   **Sans perturbation du comportement :** si les troubles cognitifs ne s'accompagnent d'aucune perturbation cliniquement significative du comportement.

[294.11]   **Avec perturbation du comportement :** troubles cognitifs s'accompagnent d'une perturbation cliniquement significative (p. ex., errance, agitation) du comportement.

Note de codage. Coder aussi l'affection médicale générale sur l'Axe III (p. ex., B22.0 [042] ou [43.1] infection par le VIH, S09.9 [854.00] traumatisme crânien, G20 [332.0] maladie de Parkinson, G10 [333.4] maladie de Huntington, G31.0 [331.1] maladie de Pick, A81.0 [046.1] maladie de Creutzfeldt-Jakob, v. l'annexe G pour les codes).

■ F1x.73 Démence persistante induite par une substance

A. Apparition de déficits cognitifs multiples, comme en témoignent à la fois :

   (1) une altération de la mémoire (altération de la capacité à apprendre des informations nouvelles ou à se rappeler les informations apprises antérieurement) ;
   (2) une (ou plusieurs) des perturbations cognitives suivantes :

      (a) aphasie (perturbation du langage)
      (b) apraxie (altération de la capacité à réaliser une activité motrice malgré des fonctions motrices intactes)
      (c) agnosie (impossibilité de reconnaître ou d'identifier des objets malgré des fonctions sensorielles intactes)
      (d) perturbation des fonctions exécutives (faire des projets, organiser, ordonner dans le temps, avoir une pensée abstraite)

B. Les déficits cognitifs des critères A1 et A2 sont tous les deux à l'origine d'une altération significative du fonctionnement social ou professionnel et représentent un déclin significatif par rapport au niveau de fonctionnement antérieur.

C. Les déficits ne surviennent pas exclusivement au cours d'un delirium et persistent au-delà de la durée habituelle d'une Intoxication ou d'un Sevrage à une substance.

D. Mise en évidence d'après l'histoire de la maladie, l'examen physique ou les examens complémentaires que les déficits sont liés étiologiquement aux effets persistants de l'utilisation d'une substance (p. ex., une substance donnant lieu à abus, un médicament).

Codification de la Démence persistante induite par une substance :

F10.73 [291.2] Alcool ; F18.73 [292.82] Solvants volatils ; F13.73 [292.82] Sédatifs, hypnotiques ou anxiolytiques ; F19.73 [292.82] Substance autre [ou inconnue].

Note de codage. Voir. p. 116 pour les procédures d'enregistrement

■ F02.8 Démence due à des étiologies multiples

A. Apparition de déficits cognitifs multiples, comme en témoignent à la fois :

   (1) une altération de la mémoire (altération de la capacité à apprendre des informations nouvelles ou à se rappeler les informations apprises antérieurement) ;
   (2) une (ou plusieurs) des perturbations cognitives suivantes :
       (a) aphasie (perturbation du langage)
       (b) apraxie (altération de la capacité à réaliser une activité motrice malgré des fonctions motrices intactes)
       (c) agnosie (impossibilité de reconnaître ou d'identifier des objets malgré des fonctions sensorielles intactes)
       (d) perturbation des fonctions exécutives (faire des projets, organrser, ordonner dans le temps, avoir une pensée abstraite)

B. Les déficits cognitifs des critères A1 et A2 sont tous les deux à l'origine d'une altération significative du fonctionnement social ou professionnel et représentent un déclin significatif par rapport au niveau de fonctionnement antérieur.

C. Mise en évidence d'après l'histoire de la maladie, l'examen physique ou les examens complémentaires que la perturbation a plusieurs étiologies (p. ex., traumatisme crânien en plus de l'utilisation chronique d'alcool, Démence de type Alzheimer avec apparition secondaire d'une Démence vasculaire).

D. Les déficits ne surviennent pas exclusivement au cours de l'évolution d'un delirium.

Note de codage. La démence due à des étiologies multiples n'a pas de code séparé propre et ne doit pas être enregistrée en tant que diagnostic. Par exemple, chez un sujet ayant une Démence de type Alzheimer, à début tardif, non compliquée, qui, à la suite de plusieurs accidents vasculaires cérébraux, développe un déclin significatif du fonctionnement cognitif, le clinicien fera conjointement les diagnostics de F00.10 [294.10] Démence de type Alzheimer, avec début tardif, sans perturbation du comportement, et de F01.x0 [290.40] Démence vasculaire non compliquée sur l'Axe I puis G30.0 [331.0] Maladie d'Alzheimer et I61.9 [436] Accident vasculaire cérébral, sur l'Axe III.

■ F03 [294.8] Démence non spécifiée

Il faut utiliser cette catégorie pour faire le diagnostic d'une démence qui ne répond aux critères d'aucun des types spécifiques de démence décrits dans ce chapitre. Il en est ainsi d'un tableau clinique de démence pour lequel on manquerait d'arguments en faveur d'une étiologie spécifique.

Troubles amnésiques

■ F04 [294.0] Critères diagnostiques du Trouble amnésique dû à... *(Indiquez l'affection médicale générale)*

A. Apparition d'une altération de la mémoire dont témoigne une altération de la capacité à apprendre des informations nouvelles ou à se rappeler les informations apprises antérieurement.

B. La perturbation de la mémoire est à l'origine d'une altération significative du fonctionnement social ou professionnel et représente un déclin significatif par rapport au niveau de fonctionnement antérieur.

C. La perturbation de la mémoire ne survient pas exclusivement au cours de l'évolution d'un delirium ou d'une démence.

D. Mise en évidence d'après l'histoire de la maladie, l'examen physique ou les examens complémentaires que la perturbation est la conséquence physiologique directe d'une affection médicale générale (notamment un traumatisme physique).

Spécifier si :
Transitoire : si l'altération de la mémoire dure un mois ou moins
Chronique : si l'altération de la mémoire dure plus d'un mois

Note de codage. Noter le nom de l'affection médicale générale sur l'Axe I, p. ex., F04 [294.0] Trouble amnésique dû à un traumatisme crânien ; mentionner également l'affection médicale générale sur l'Axe III (v. l'annexe G pour les codes).

■ F1x.6 Trouble amnésique persistant induit par une substance

A. Apparition d'une altération de la mémoire dont témoigne une altération de la capacité à apprendre des informations nouvelles ou à se rappeler les informations apprises antérieurement.

B. La perturbation de la mémoire est à l'origine d'une altération significative du fonctionnement social ou professionnel et représente un déclin significatif par rapport au niveau de fonctionnement antérieur.

C. La perturbation de la mémoire ne survient pas exclusivement au cours de l'évolution d'un delirium ou d'une démence et persiste au-delà de la durée habituelle d'une Intoxication ou d'un Sevrage à une substance.

D. Mise en évidence d'après l'histoire de la maladie, l'examen physique ou les examens complémentaires que la perturbation de la mémoire est liée étiologiquement aux effets persistants de l'utilisation d'une substance (p. ex. une substance donnant lieu à abus, un médicament).

Codification du Trouble amnésique persistant induit [par une substance spécifique] : F10.6 [291.1] Alcool ; F13.6 [292.83] Sédatifs, hypnotiques ou anxiolytiques ; F19.6 [292.83] Substance autre (ou inconnue).

Note de codage. Voir p. 116 pour les procédures d'enregistrement.

■ R41.3 [294.8] Trouble amnésique non spécifié

Il faut utiliser cette catégorie pour faire le diagnostic d'un trouble amnésique qui ne répond aux critères d'aucun des types spécifiques de troubles amnésiques décrits dans ce chapitre.

Un tableau clinique d'amnésie pour lequel on manquerait d'arguments en faveur d'une étiologie spécifique (c'est-à-dire dissociative, induite par une substance ou due à une affection médicale générale) en est un exemple.

Autres troubles cognitifs

■ F06.x ou F07.x [294.9] Trouble cognitif non spécifié

Cette catégorie est réservée aux troubles qui sont caractérisés par un dysfonctionnement cognitif dont on présume qu'il est dû à l'effet physiologique direct d'une affection médicale générale, mais qui ne remplissent les critères d'aucun des troubles spécifiques décrits dans ce chapitre : delirium, démences ou troubles amnésiques, et qui ne seraient pas classés de manière plus adéquate comme Delirium non spécifié, Démence non spécifiée ou Trouble amnésique non spécifié. Lorsque le dysfonctionnement cognitif est dû à une substance spécifique ou inconnue, il faut utiliser la catégorie spécifique du Trouble lié à l'utilisation d'une substance non spécifiée. Par exemple :

(1) (F06.7) Trouble neuro-cognitif léger : altération du fonctionnement cognitif mise en évidence par des tests neuropsychologiques ou par une évaluation clinique quantifiée, accompagnée de signes objectifs d'une affection médicale générale systémique ou d'un dysfonctionnement du système nerveux central (voir l'annexe B du DSM-IV-TR pour les critères proposés pour la recherche).

(2) (F07.2) Trouble post-commotionnel : altération de la mémoire ou de l'attention et symptômes associés dans les suites d'un traumatisme crânien (voir l'annexe B du DSM-IV-TR pour les critères proposés pour la recherche)

Troubles mentaux
dus à une affection médicale générale

Un trouble mental dû à une affection médicale générale est caractérisé par la présence de symptômes psychiques considérés comme une conséquence physiologique directe d'une affection médicale générale. Le terme *affection médicale générale* se rapporte à des affections enregistrées sur l'Axe III et répertoriées, dans la CIM, en dehors du chapitre « Troubles mentaux » (voir l'Annexe G pour une liste abrégée de ces affections). Comme cela a déjà été mentionné dans l'introduction de ce manuel, le maintien d'une distinction entre trouble mental et affection médicale générale n'implique pas que ces deux entités soient conçues de façon fondamentalement différente, que les troubles mentaux soient sans rapport avec des facteurs ou des processus physiques ou biologiques, ou que les troubles physiques n'aient pas de relation avec des facteurs ou des processus comportementaux ou psychosociaux. La distinction entre troubles mentaux et affections médicales générales a pour but d'encourager les évaluations rigoureuses et de fournir un terme facilitant la communication entre les professionnels de santé. Cependant, en pratique clinique, on s'attend à ce qu'une terminologie plus spécifique soit utilisée pour identifier une affection spécifique particulière.

Dans le DSM-III-R, les Trouble mentaux dus à une affection médicale générale et les Troubles induits par une substance étaient regroupés dans la même section sous le terme « Troubles organiques ». Cette distinction des troubles mentaux « organiques » en tant qu'entité séparée impliquait que des troubles mentaux « non organiques » ou « fonctionnels » pouvaient d'une certaine manière être sans rapport avec des facteurs ou des processus physiques ou biologiques. Le DSM-IV élimine le terme *organique* et distingue les troubles mentaux sans étiologie spécifiée de ceux dus à une affection médicale générale et de ceux induits par une substance. Le terme *Trouble mental primaire* est utilisé pour indiquer les troubles mentaux non dus à une affection médicale générale et non induits par une substance.

Les critères de trois de ces troubles (c'est-à-dire, **Trouble catatonique dû à une affection médicale générale, Modification de la personnalité due à une affection médicale générale** et **Trouble mental non spécifié dû à une affection médicale générale**) sont repris dans cette section. Les critères des autres affections citées ci-après se trouvent dans les sections du manuel en rapport avec la phénoménologie présentée. Le manuel a été conçu de cette façon pour que, lors du diagnostic différentiel, l'attention du clinicien soit attirée par ces troubles.

F05.0	[293.0]	**Delirium dû à une affection médicale générale** (v. p. 83)
F02.8	[——.–]	**Démence due à une affection médicale générale** (v. p. 91)
F04	[294.0]	**Trouble amnésique dû à une affection médicale générale** (v. p. 94)
F06.x	[293.8x]	**Trouble psychotique dû à une affection médicale générale** (v. p. 158)
F06.3x	[293.83]	**Trouble de l'humeur dû à une affection médicale générale** (v. p. 187)
F06.4	[293.84]	**Trouble anxieux dû à une affection médicale générale** (v. p. 221)
F06.8	[——.–]	**Dysfonction sexuelle due à une affection médicale générale** (v. p. 247)
G47x	[780.5x]	**Trouble du sommeil dû à une affection médicale générale** (v. p. 273)

■ F06.1 [293.89] Trouble catatonique dû à…
(Indiquer l'affection médicale générale)

A. Présence d'une catatonie se manifestant par une immobilité, une activité motrice excessive (apparemment stérile et non influencée par des stimulations extérieures), un négativisme extrême ou du mutisme, une bizarrerie des mouvements volontaires ou de l'écholalie ou de l'échopraxie.

B. Mise en évidence d'après l'histoire de la maladie, l'examen physique ou les examens complémentaires que la perturbation est une conséquence physiologique directe d'une affection médicale générale.

C. La perturbation n'est pas mieux expliquée par un autre trouble mental (p. ex., un Épisode maniaque).

D. La perturbation ne survient pas exclusivement au cours d'un delirium.

Note de codage. Ajouter le nom de l'affection somatique sur l'axe I, p. ex., F06.1 [293.89] Trouble catatonique lié à une encéphalopathie hépatique ; enregistrer également l'affection médicale générale sur l'axe III (v. l'Annexe G pour les codes).

■ F07.0 [310.1] Modification de la personnalité due à…
(Indiquer l'affection médicale générale)

A. Perturbation persistante de la personnalité représentant un changement par rapport aux caractéristiques antérieures de personnalité de l'individu. (Chez l'enfant, la perturbation comporte une déviation marquée par rapport au développement normal ou un changement significatif dans les modes comportementaux habituels persistant au moins un an).

B. Mise en évidence d'après l'histoire de la maladie, l'examen physique ou les examens complémentaires que la perturbation est une conséquence physiologique directe d'une affection médicale générale.

C. La perturbation n'est pas mieux expliquée par un autre trouble mental (y compris les autres troubles mentaux liés à une affection médicale générale).

D. La perturbation ne survient pas exclusivement au cours d'un delirium.

E. La perturbation est à l'origine d'une souffrance marquée ou d'une altération du fonctionnement social, professionnel ou dans d'autres domaines importants.

Spécifier le type :

Type labile : si la caractéristique prédominante est une labilité affective.

Type désinhibé : si la caractéristique prédominante est un faible contrôle des impulsions, responsable, p. ex., de conduites sexuelles inconsidérées.

Type agressif : si la caractéristique prédominante est un comportement agressif.

Type apathique : si la caractéristique prédominante est une apathie marquée et de l'indifférence.

Type paranoïaque : si la caractéristique prédominante est une méfiance ou une idéation paranoïaque.

Type autre : si la présentation n'est caractérisée par aucun des sous-types ci-dessus.

Type combiné : si le tableau clinique est dominé par plus d'une caractéristique.

Type non spécifié

Note de codage. Ajouter le nom de l'affection médicale générale sur l'Axe I, p. ex., F07.0 [310.1] Modification de la personnalité due à une épilepsie temporale ; enregistrer également l'affection médicale générale sur l'Axe III (v. l'Annexe G pour les codes).

■ F09 [293.9] Trouble mental non spécifié dû à une affection médicale générale

Cette catégorie résiduelle est réservée aux situations pour lesquelles il est établi que la perturbation est due aux effets physiologiques directs d'une affection médicale générale mais ne répond pas aux critères d'un Trouble mental spécifique dû à une affection médicale générale (p. ex., des symptômes dissociatifs dus à une épilepsie partielle complexe).

Note de codage. Ajouter le nom de l'affection médicale générale sur l'axe I, p. ex., F09 [293.9] Trouble mental non spécifié dû à une maladie à VIH ; enregistrer par ailleurs l'affection somatique sur l'Axe III (voir l'Annexe G pour les codes).

Troubles liés à une substance

Les Troubles liés à une substance sont divisés en deux groupes : Troubles liés à l'utilisation d'une substance (Dépendance à une substance, Abus d'une substance) et les Troubles induits par une substance (Intoxication par une substance, Sevrage à une substance, Delirium induit par une substance, Démence persistante induite par une substance, Trouble amnésique persistant induit par une substance, Trouble psychotique induit par une substance, Trouble de l'humeur induit par une substance, Trouble anxieux induit par une substance, Dysfonction sexuelle induite par une substance, et Trouble du sommeil induit par une substance). La section commence par les critères concernant la Dépendance, l'Abus, l'Intoxication et le Sevrage, qui peuvent s'appliquer quelle que soit la catégorie de substances. Le tableau 1 indique quelles classes de substances entraînent un syndrome défini de Dépendance, Abus, Intoxication et Sevrage. Le reste de cette section est organisé par classes de substances et décrit les aspects spécifiques de la Dépendance, de l'Abus, de l'Intoxication et du Sevrage pour chacune des onze classes de substances. Pour faciliter le diagnostic différentiel, le texte et les critères pour les autres Troubles induits par une substance sont inclus dans la section de ce manuel avec les troubles dont ils partagent la présentation clinique.

Tableau 1. Diagnostics selon les différentes classes de substances

	Dépendance	Abus	Intoxication	Sevrage
Alcool	X	X	X	X
Amphétamines	X	X	X	X
Caféine			X	
Cannabis	X	X	X	
Cocaïne	X	X	X	X
Hallucinogènes	X	X	X	
Nicotine	X			X
Opiacés	X	X	X	X
Phencyclidine	X	X	X	
Sédatifs, hypnotiques ou anxiolytiques	X	X	X	X
Solvants volatils	X	X	X	
Plusieurs Substances	X			
Autres	X	X	X	X

N.-B. : X indique que cette catégorie figure dans le DSM-IV.

Le **Delirium induit par une substance** (v. p. 83) est inclus dans la section « Delirium Démence, Troubles amnésiques et autres Troubles cognitifs ».

La **Démence persistante induite par une substance** (v. p. 93) est incluse dans la section « Delirium, Démence, Troubles amnésiques et autres Troubles cognitifs ».

Le **Trouble amnésique persistant induit par une substance** (v. p. 96) est inclus dans la section « Delirium, Démence, Troubles amnésiques et autres Troubles cognitifs ».

Le **Trouble psychotique induit par une substance** (v. p. 159) est inclus dans la section « Schizophrénie et autres Troubles psychotiques » (dans le DSM-III-R ces troubles étaient classés dans

« l'État hallucinatoire organique » et le « Trouble délirant organique ».

Le **Trouble de l'humeur induit par une substance** (v. p. 188) est inclus dans la section « Troubles de l'humeur ».

Le **Trouble anxieux induit par une substance** (v. p. 222) est inclus dans la section « Troubles anxieux ».

La **Dysfonction sexuelle induite par une substance** (v. p. 249) est incluse dans la section « Troubles sexuels et Troubles de l'identité sexuelle ».

Le **Trouble du sommeil induit par une substance** (v. p. 274) est inclus dans la section « Troubles du sommeil ».

En outre, le **Trouble persistant des perceptions lié aux hallucinogènes** (flashbacks) (v. p. 131) est inclus dans cette section sous la rubrique « Troubles liés aux hallucinogènes ».

Les diagnostics de troubles induits par une substance figurant dans d'autres sections de la classification, et associés à chaque groupe spécifique de substances, sont donnés dans le tableau n° 2.

Troubles liés à l'utilisation d'une substance

■ Dépendance à une substance

Mode d'utilisation inadapté d'une substance conduisant à une altération du fonctionnement ou une souffrance, cliniquement significative, caractérisé par la présence de trois (ou plus) des manifestations suivantes, à un moment quelconque d'une période continue de 12 mois :

(1) tolérance, définie par l'un des symptômes suivants :

(a) besoin de quantités notablement plus fortes de la substance pour obtenir une intoxication ou l'effet désiré

Tableau 2. Troubles induits par une substance selon les différentes classes de substances

	Delirium par intoxication	Delirium du sevrage	Démence	Trouble amnésique	Troubles psychotiques	Troubles de l'humeur	Troubles anxieux	Dysfonctions sexuelles	Troubles du sommeil
Alcool	I	S	P	P	I/S	I/S	I/S	I	I/S
Amphétamines	I	–			I	I/S	I	–	I/S
Caféine							I		I
Cannabis	I				I		I		
Cocaïne	I	–			I	I/S	I/S	I	I/S
Hallucinogènes	I				I*	I	I		
Nicotine		S							
Opiacés	I				I	I		I	I/S
Phencyclidine	I				I	I	I		
Sédatifs, hypnotiques ou anxiolytiques	I	S	P	P	I/S	I/S	S	I	I/S
Solvants volatils	I		P		I	I	I		
Autres	I	S	P	P	I/S	I/S	I/S	I	I/S

* Y compris le Trouble persistant des perceptions dû aux hallucinogènes (flashbacks).

N.-B. : I, S, I/S ou P indiquent que la catégorie est reconnue par le DSM-IV. De plus, I indique que la spécification Avec début pendant l'intoxication peut être utilisée pour la catégorie (sauf pour le Delirium par intoxication) ; S indique que la spécification Avec début pendant le sevrage peut être utilisée pour la catégorie (sauf pour le Delirium du sevrage) ; et I/S indique que la spécification Avec début pendant l'intoxication ou Avec début pendant le sevrage peut être utilisée pour la catégorie. P indique que le trouble est persistant.

(b) effet notablement diminué en cas d'utilisation continue d'une même quantité de la substance

(2) sevrage, caractérisé par l'une ou l'autre des manifestations suivantes :

(a) syndrome de sevrage caractéristique de la substance (v. les critères A et B des critères de Sevrage à une substance spécifique)

(b) la même substance (ou une substance très proche) est prise pour soulager ou éviter les symptômes de sevrage

(3) la substance est souvent prise en quantité plus importante ou pendant une période plus prolongée que prévu

(4) il y a un désir persistant, ou des efforts infructueux, pour diminuer ou contrôler l'utilisation de la substance

(5) beaucoup de temps est passé à des activités nécessaires pour obtenir la substance (p. ex., consultation de nombreux médecins ou déplacement sur de longues distances), à utiliser le produit (p. ex., fumer sans discontinuer), ou à récupérer de ses effets

(6) des activités sociales, professionnelles ou de loisirs importantes sont abandonnées ou réduites à cause de l'utilisation de la substance

(7) l'utilisation de la substance est poursuivie bien que la personne sache avoir un problème psychologique ou physique persistant ou récurrent susceptible d'avoir été causé ou exacerbé par la substance (par exemple, poursuite de la prise de cocaïne bien que la personne admette une dépression liée à la cocaïne, ou poursuite de la prise de boissons alcoolisées bien que le sujet reconnaisse l'aggravation d'un ulcère du fait de la consommation d'alcool)

Spécifier si :
Avec dépendance physique : présence d'une tolérance ou d'un sevrage (c.-à-d. des items 1 ou 2)

Sans dépendance physique : absence de tolérance ou de sevrage (c.-à-d. tant de l'item 1 que de l'item 2)

Spécifications de l'évolution (v. le texte pour les définitions) : *Codification* de l'évolution de la Dépendance au 5ᵉ caractère

0 Rémission précoce complète
0 Rémission précoce partielle
0 Rémission prolongée complète
0 Rémission prolongée partielle
2 Traitement par agoniste
1 En environnement protégé
4 Légère/moyenne/grave

Six spécifications de l'évolution sont disponibles pour une Dépendance à une substance. Les quatre spécifications de rémission ne peuvent être appliquées que si aucun des critères de Dépendance ou d'Abus à une substance n'a été présent pendant au moins un mois. Pour les critères requérant des problèmes récurrents, une spécification de l'évolution ne s'applique que si aucun aspect du critère n'a été présent (p. ex., un accident de la route au cours d'une intoxication suffit à empêcher que le sujet soit considéré en rémission). La définition de ces quatre types de rémission est fondée sur l'intervalle de temps qui s'est écoulé depuis l'arrêt de la Dépendance (rémission précoce ou prolongée) et sur la présence persistante d'au moins un des items inclus dans les critères de Dépendance ou d'Abus (rémission partielle ou complète). Comme les 12 premiers mois après une Dépendance représentent une période comportant un risque particulièrement élevé de rechute, une rémission de moins de 12 mois est désignée comme rémission précoce. Après 12 mois de rémission précoce sans rechute de la Dépendance, la personne entre en rémission prolongée. Tant pour la rémission précoce que pour la rémission prolongée, une spécification additionnelle de « complète » est donnée si aucun critère de Dépendance ou d'Abus n'a été présent pendant la période de rémission ; une spécification de « partielle » est donnée si au moins un des critères de Dépendance ou d'Abus a été présent, par intermittence ou continuellement, pendant la période de rémission. La différenciation entre une rémission totale prolongée et une guérison (absence de Trouble actuel lié à l'utilisation d'une substance) repose sur la prise en considération de la durée écoulée depuis la dernière période comportant des anomalies, leur durée totale, et la nécessité de continuer la surveillance. Si après une période de rémission ou de guérison, le sujet redevient dépendant, la spécification de rémission précoce requiert qu'il y ait à nouveau au moins un mois pendant lequel aucun signe de Dépendance ou d'Abus n'est présent. Deux spécifications additionnelles sont fournies : Traitement par agoniste et En environnement protégé. Pour que la spécification de rémission précoce s'applique après l'arrêt d'un traitement agoniste ou la sortie d'un environnement protégé, il doit s'écouler une période d'un mois au cours de laquelle aucun des critères de Dépendance ou d'Abus n'est présent.

Les spécifications de rémission suivantes ne peuvent s'appliquer que si aucun critère de Dépendance ou d'Abus n'a été présent pendant au moins un mois. Ces spécifications ne s'appliquent pas si le sujet est sous traitement agoniste ou en environnement protégé (v. ci-dessous).

Rémission précoce complète

Cette spécification est utilisée si, pendant au moins un mois, mais pendant moins de douze mois, aucun critère de Dépendance ou d'Abus n'a été présent.

←-Dépendance-→←- 1 -→←- 0-11 mois ———→
                        mois

Rémission précoce partielle

Cette spécification est utilisée si, pendant au moins un mois, mais pendant moins de douze mois, au moins un critère de Dépendance ou d'Abus a été présent (sans que les critères complets de la Dépendance aient été présents).

—Dépendance— 1 —— 0-11 mois ——
              mois

Rémission prolongée complète

Cette spécification est utilisée si, à aucun moment pendant au moins douze mois, aucun critère de Dépendance ou d'Abus n'a été présent.

—Dépendance— 1 —— 11 + mois ——
              mois

Rémission prolongée partielle

Cette spécification est utilisée si, à aucun moment pendant au moins douze mois, les critères complets de Dépendance n'ont été présents ; toutefois, au moins un critère de Dépendance ou d'Abus a été présent.

—Dépendance— 1 —— 11 + mois ——
              mois

Les spécifications suivantes s'appliquent si le sujet est sous traitement agoniste ou en environnement protégé :

Sous traitement agoniste. Cette spécification est utilisée si le sujet reçoit une médication agoniste sur prescription comme la méthadone, et qu'aucun critère de Dépendance ou d'Abus n'a été présent pour cette classe de médication pendant au moins le dernier mois (sauf une tolérance ou un sevrage à l'agoniste). Cette catégorie s'applique aussi aux sujets traités pour une Dépendance à l'aide d'un agoniste partiel ou d'un agoniste/antagoniste.

En environnement protégé. Cette spécification est utilisée si le sujet est dans un environnement où l'accès à l'alcool et aux substances réglementées est limité et si aucun critère de Dépendance ou d'Abus n'a été présent pendant au moins le dernier mois. Des exemples de cet environnement sont les prisons avec surveillance intensive et interdiction des « substances psychoactives », les communautés thérapeutiques ou les unités fermées dans les hôpitaux.

■ Abus d'une substance

A. Mode d'utilisation inadéquat d'une substance conduisant à une altération du fonctionnement ou à une souffrance cliniquement significative, caractérisée par la présence d'au moins une des manifestations suivantes au cours d'une période de 12 mois :

(1) utilisation répétée d'une substance conduisant à l'incapacité de remplir des obligations majeures, au travail, à l'école, ou à la maison (par exemple, absences répétées ou mauvaises performances au travail du fait de l'utilisation de la substance, absences, exclusions temporaires ou définitives de l'école, négligence des enfants ou des tâches ménagères)

(2) utilisation répétée d'une substance dans des situations où cela peut être physiquement dangereux (par exemple, lors de la conduite d'une voiture ou en faisant fonctionner une machine alors qu'on est sous l'influence d'une substance)

(3) problèmes judiciaires répétés liés à l'utilisation d'une substance (par exemple, arrestations pour comportement anormal en rapport avec l'utilisation de la substance)

(4) utilisation de la substance malgré des problèmes interpersonnels ou sociaux, persistants ou récurrents, causés ou exacerbés par les effets de la substance (par exemple, disputes avec le conjoint à propos des conséquences de l'intoxication, bagarres)

B. Les symptômes n'ont jamais atteint, pour cette classe de substance, les critères de la Dépendance à une substance.

Troubles induits par une substance

■ Intoxication à une substance

A. Développement d'un syndrome réversible, spécifique d'une substance, dû à l'ingestion récente de (ou à l'exposition à) cette substance.

N.-B. : Des substances différentes peuvent produire des syndromes similaires ou identiques.

B. Changements comportementaux ou psychologiques inadaptés, cliniquement significatifs, dus aux effets de la substance sur le système nerveux central (par exemple : agressivité, labilité de l'humeur, altérations cognitives, altération du jugement, altération du fonctionnement social ou professionnel) qui se développent pendant ou peu après l'utilisation de la substance.

C. Les symptômes ne sont pas dus à une affection médicale générale, et ne sont pas mieux expliqués par un autre trouble mental.

■ Sevrage à une substance

A. Développement d'un syndrome spécifique d'une substance dû à l'arrêt (ou à la réduction) de l'utilisation prolongée et massive de cette substance.

B. Le syndrome spécifique de la substance cause une souffrance cliniquement significative ou une altération du fonctionnement social, professionnel, ou dans d'autres domaines importants.

C. Les symptômes ne sont pas dus à une affection médicale générale, et ne sont pas mieux expliqués par un autre trouble mental.

Procédures d'enregistrement pour la Dépendance, l'Abus, l'Intoxication et le Sevrage

Pour des substances donnant lieu à abus. Le clinicien doit utiliser le code qui s'applique à la classe de substances, mais noter le nom de la substance spécifique plutôt que le nom de la classe. Par exemple, le clinicien doit enregistrer F13.3 [292.0] Sevrage au sécobarbital (plutôt que Sevrage aux sédatifs, hypnotiques ou aux anxiolytiques) ou F15.1x [305.70] Abus de métamphétamine (plutôt que Abus d'amphétamines). Pour des substances qui ne correspondent à aucune des classes (p. ex., le nitrite d'amyle), le code approprié pour « Dépendance à une autre substance », « Abus d'une autre substance », « Intoxication par une autre substance », ou « Sevrage à une autre substance » doit être utilisé et la substance spécifique indiquée (p. ex., F18.1 [305.90] Abus de Nitrite d'amyle). Si la substance prise par le sujet est inconnue, le code pour la classe « Autre (ou Inconnue) » doit être utilisé (p. ex., F19.04 [292.89] Intoxication à une substance inconnue). Pour une substance particulière, si les critères correspondent à plus d'un Trouble lié à une substance, tous doivent être diagnostiqués (p. ex., F11.3x) [292.0] Sevrage à l'héroïne ; F11.2x [304.00] Dépendance à l'héroïne). S'il y a des symptômes ou des problèmes associés à une substance particulière mais que les critères ne correspondent à aucun des troubles spécifiques d'une substance, la catégorie Non spécifiée peut être utilisée (p. ex., F12.9 [292.9] Trouble lié au cannabis non spécifié). Si plusieurs substances sont utilisées tous les Troubles liés à ces substances, doivent être diagnostiqués (p. ex., F16.0x [292.89] Intoxication à la mescaline, F14.2x [304.20] Dépendance à la cocaïne). Les situations dans lesquelles le diagnostic de F19.2x Dépendance à plusieurs substances [304.80] doit être porté sont décrites p. 144.

Pour les médications et les substances toxiques. Pour les médications non évoquées ci-dessus (de même que pour les toxiques), le code pour « Autre substance » doit être utilisé. La médication spécifique peut aussi être codée en indiquant le code E approprié sur l'Axe I (voir Annexe G) (p. ex., 292.89 Intoxication à la benztropine ; E 941.1 benztropine). Les codes E doivent aussi être utilisés pour les classes de substances citées ci-dessous quand elles sont prises dans le cadre d'une prescription médicamenteuse (les opiacés p. ex.).

Procédures d'enregistrement pour les Troubles mentaux induits par les substances traités ailleurs dans ce manuel

Le nom du diagnostic comporte celui de la substance spécifique (p. ex., cocaïne, diazépam, dexaméthasone) qui est la cause présumée des symptômes. Le code du diagnostic est sélectionné dans la liste des classes de substances donnée dans les critères du Trouble induit par une substance spécifique. Pour les substances qui ne correspondent à aucune classe (p. ex., dexaméthasone), le code pour « Autre substance » doit être utilisé. De plus, pour les médications prescrites à des doses thérapeutiques, la médication spécifique peut être indiquée par le code [E] approprié sur l'Axe I (v. l'annexe G). Le nom du trouble (p. ex., Trouble psychotique induit par la cocaïne ; Trouble anxieux induit par le diazépam) est suivi par la spécification du principal syndrome présenté et du contexte dans lequel les symptômes se sont développés (p. ex., F14.5x [292.11] Trouble psychotique induit par la cocaïne, avec idées délirantes, avec début pendant l'intoxication ; F13.8 [292.89] Trouble anxieux induit par le diazépam, avec début pendant le sevrage). Quand plusieurs substances sont considérées comme jouant un rôle significatif dans le développement des symptômes, chacune doit être indiquée séparément. Si une substance est considérée comme un facteur étiologique, mais que la substance spécifique ou la classe de substances est inconnue, la classe « Substance inconnue » doit être utilisée.

Troubles liés à l'alcool

Troubles liés à l'utilisation d'alcool

F10.2x **[303.90]** **Dépendance alcoolique** (v. p. 117)
Spécifier si : Avec dépendance physique/Sans dépendance physique
Spécifier si : Avec rémission précoce complète/ Avec rémission précoce partielle/ Avec rémission prolongée complète/Avec rémission prolongée partielle/En environnement protégé

F10.1 **[305.00]** **Abus d'alcool** (v. p. 117)

Troubles induits par l'alcool

F10.0x **[303.00]** **Intoxication alcoolique** (v. p. 118)

F10.3x **[291.81]** **Sevrage alcoolique** (v. p. 118).
Spécifier si : Avec perturbations des perceptions

F10.03 **[291.0]** **Delirium par intoxication alcoolique** (v. p. 84)

F10.4x **[291.0]** **Delirium du sevrage alcoolique** (v. p. 85)

F10.73 **[291.2]** **Démence persistante induite par l'alcool** (v. p. 93)

F10.6 **[291.1]** **Trouble amnésique persistant induit par l'alcool** (v. p. 96)

F10.51 **[291.5]** **Trouble psychotique induit par l'alcool, avec idées délirantes** (v. p. 159).
Spécifier si : Avec début pendant l'intoxication/ Avec début pendant le sevrage

F10.52 **[291.3]** **Trouble psychotique induit par l'alcool, avec hallucinations** (v. p. 159).

Spécifier si : Avec début pendant l'intoxication/ Avec début pendant le sevrage

F10.8   [291.89]   Trouble de l'humeur induit par l'alcool (v. p. 188).

Spécifier si : Avec début pendant l'intoxication/ Avec début pendant le sevrage

F10.8   [291.89]   Trouble anxieux induit par l'alcool (v. p. 222).

Spécifier si : Avec début pendant l'intoxication/ Avec début pendant le sevrage

F10.8   [291.89]   Dysfonction sexuelle induite par l'alcool (v. p. 249).

Spécifier si : Avec début pendant l'intoxication/ Avec début pendant le sevrage

F10.8   [291.89]   Trouble du sommeil induit par l'alcool (v. p. 274).

Spécifier si : Avec début pendant l'intoxication/ Avec début pendant le sevrage

F10.9   [291.9]   Trouble lié à l'utilisation d'alcool non spécifié.

La catégorie du Trouble lié à l'utilisation d'alcool non spécifié est réservée aux troubles liés à l'utilisation d'alcool non classables dans l'une des catégories énumérées ci-dessus.

■ F10.0x [303.00] Intoxication alcoolique

A. Ingestion récente d'alcool.

B. Changements inadaptés, comportementaux ou psychologiques, cliniquement significatifs, (par exemple : comportement sexuel ou agressif inapproprié, labilité de l'humeur, altération du jugement, altération du fonctionnement social ou professionnel) qui se sont développés pendant ou peu après l'ingestion d'alcool.

C. Au moins un des signes suivants, se développant pendant ou peu après la consommation d'alcool :

    (1) discours bredouillant
    (2) incoordination motrice
    (3) démarche ébrieuse
    (4) nystagmus
    (5) altération de l'attention ou de la mémoire
    (6) stupeur ou coma

D. Les symptômes ne sont pas dus à une affection médicale générale, et ne sont pas mieux expliqués par un autre trouble mental.

■ F10.3x [291.81] Sevrage alcoolique

A. Arrêt (ou réduction) d'une utilisation d'alcool qui a été massive et prolongée.

B. Au moins deux des manifestations suivantes se développent de quelques heures à quelques jours après le critère A :

    (1) hyperactivité neurovégétative (par exemple, transpiration ou fréquence cardiaque supérieure à 100)
    (2) augmentation du tremblement des mains
    (3) insomnie
    (4) nausées ou vomissements
    (5) hallucinations ou illusions transitoires visuelles, tactiles ou auditives
    (6) agitation psychomotrice
    (7) anxiété
    (8) crises convulsives de type grand mal

C. Les symptômes du critère B causent une souffrance cliniquement significative ou une altération du fonctionnement social, professionnel, ou dans d'autres domaines importants.

D. Les symptômes ne sont pas dus à une affection médicale générale, et ne sont pas mieux expliqués par un autre trouble mental.

Spécifier si : **Avec perturbations des perceptions**

Avec perturbations des perceptions

Cette spécification peut être notée quand le sujet présente des hallucinations sans altération de l'appréciation de la réalité, ou des illusions auditives, visuelles ou tactiles, en l'absence d'un delirium. Une *appréciation intacte de la réalité*, signifie que la personne sait que les hallucinations sont induites par la substance et ne représentent pas la réalité extérieure. Quand les hallucinations se produisent en l'absence d'une appréciation intacte de la réalité, un diagnostic de Trouble psychotique induit par une substance, avec hallucinations, doit être envisagé.

Troubles liés à l'amphétamine (ou aux amphétaminiques)

Troubles liés à l'utilisation de l'amphétamine

F15.2x	**[304.40]**	**Dépendance à l'amphétamine** (v. p. 107)
		Spécifier si : Avec dépendance physique/Sans dépendance physique
		Spécifier si : Avec rémission précoce complète/ Avec rémission précoce partielle/ Avec rémission prolongée complète/Avec rémission prolongée partielle/En environnement protégé
F15.1	**[305.70]**	**Abus d'amphétamine** (v. p. 113)

Troubles induits par l'amphétamine

F15.0x	**[292.89]**	**Intoxication à l'amphétamine** (v. p. 121).
		Spécifier si : Avec perturbations des perceptions
F15.3x	**[292.0]**	**Sevrage à l'amphétamine** (v. p. 122)
F15.03	**[292.81]**	**Delirium par intoxication à l'amphétamine** (v. p. 83)

F15.51	**[292.11]**	**Trouble psychotique induit par l'amphétamine, avec idées délirantes** (v. p. 159).

Spécifier si : Avec début pendant l'intoxication

F15.52	**[292.12]**	**Trouble psychotique induit par l'amphétamine, avec hallucinations** (v. p. 159).

Spécifier si : Avec début pendant l'intoxication

F15.8	**[292.84]**	**Trouble de l'humeur induit par l'amphétamine** (v. p. 188).

Spécifier si : Avec début pendant l'intoxication/ Avec début pendant le sevrage

F15.8	**[292.89]**	**Trouble anxieux induit par l'amphétamine** (v. p. 222).

Spécifier si : Avec début pendant l'intoxication

F15.8	**[292.89]**	**Dysfonction sexuelle induite par l'amphétamine** (v. p. 249).

Spécifier si : Avec début pendant l'intoxication

F15.8	**[292.89]**	**Trouble du sommeil induit par l'amphétamine** (v. p. 274).

Spécifier si : Avec début pendant l'intoxication/ Avec début pendant le sevrage

F15.9	**[292.9]**	**Trouble lié à l'amphétamine, non spécifié.**

La catégorie du Trouble lié à l'amphétamine non spécifié est réservée aux troubles liés à l'utilisation d'amphétamine non classables dans l'une des catégories énumérées ci-dessus.

■ F15.0x [292.89] Intoxication à l'amphétamine

A. Utilisation récente d'amphétamine ou d'une substance apparentée (par exemple, méthylphénidate).

B. Changements comportementaux ou psychologiques, inadaptés, cliniquement significatifs (par exemple : euphorie ou émoussement affectif ; changement de la sociabilité ; hypervigilance ; sensitivité interpersonnelle ; anxiété, tension ou colère ;

comportements stéréotypés ; altération du jugement ; altération du fonctionnement social ou professionnel) qui se sont développés pendant ou peu après la prise d'amphétamine ou d'une substance apparentée.

C. Au moins deux des signes suivants, se développant pendant ou peu après la prise d'amphétamine ou d'une substance apparentée :

(1) tachycardie ou bradycardie
(2) dilatation pupillaire
(3) augmentation ou diminution de la pression artérielle
(4) transpiration ou frissons
(5) nausées ou vomissements
(6) perte de poids avérée
(7) agitation ou ralentissement psychomoteur
(8) faiblesse musculaire, dépression respiratoire, douleur thoracique, ou arythmies cardiaques
(9) confusion, crises convulsives, dyskinésies, dystonies, ou coma

D. Les symptômes ne sont pas dus à une affection médicale générale, et ne sont pas mieux expliqués par un autre trouble mental.

Spécifier si : **F15.04 Avec perturbations des perceptions.** Cette spécification peut être notée quand le sujet présente des hallucinations sans altération de l'appréciation de la réalité ou des illusions auditives, visuelles ou tactiles en l'absence d'un delirium. *Une appréciation intacte de la réalité* signifie que la personne sait que les hallucinations sont induites par la substance et ne représentent pas la réalité extérieure. Quand des hallucinations se produisent en l'absence d'une appréciation intacte de la réalité, un diagnostic de Trouble psychotique induit par une substance, avec hallucinations, doit être envisagé.

■ F15.3x [292.0] Sevrage à l'amphétamine

A. Arrêt (ou réduction) d'une utilisation d'amphétamine (ou d'une substance apparentée) qui a été massive et prolongée.

B. Humeur dysphorique et au moins deux des changements physiologiques suivants se développant de quelques heures à quelques jours après le critère A :

(1) fatigue
(2) rêves intenses et déplaisants
(3) insomnie ou hypersomnie
(4) augmentation de l'appétit
(5) agitation ou ralentissement psychomoteur

C. Les symptômes du critère B causent une souffrance cliniquement significative ou une altération du fonctionnement social, professionnel, ou dans d'autres domaines importants.

D. Les symptômes ne sont pas dus à une affection médicale générale, et ne sont pas mieux expliqués par un autre trouble mental.

Troubles liés à la caféine

Troubles induits par la caféine

F15.0x	**[305.90]**	**Intoxication à la caféine**
F15.8	**[292.89]**	**Trouble anxieux induit par la caféine** (v. p. 222).
		Spécifier si : Avec début pendant l'intoxication
F15.8	**[292.89]**	**Trouble du sommeil induit par la caféine** (v. p. 274).
		Spécifier si : Avec début pendant l'intoxication
F15.9	**[292.9]**	**Trouble lié à la caféine non spécifié**

La catégorie du Trouble lié à la caféine, non spécifié est réservée aux troubles liés à l'utilisation de caféine non classables dans l'une des catégories énumérées ci-dessus. Un exemple en est le sevrage à la caféine (voir l'Annexe B du DSM-IV-TR pour des critères proposés pour la recherche).

■ F15.0x [305.90] Intoxication à la caféine

A. Consommation récente de caféine, en général supérieure à 250 mg (p. ex., plus de 2 ou 3 tasses de café filtre).

B. Au moins cinq des signes suivants, se développant pendant ou peu après l'utilisation de caféine :

   (1) fébrilité
   (2) nervosité
   (3) excitation
   (4) insomnie
   (5) faciès vultueux
   (6) augmentation de la diurèse
   (7) troubles gastro-intestinaux
   (8) soubresauts musculaires
   (9) pensées et discours décousus
   (10) tachycardie ou arythmie cardiaque
   (11) périodes d'infatigabilité
   (12) agitation psychomotrice

C. Les symptômes du critère B causent une souffrance cliniquement significative ou une altération du fonctionnement social, professionnel, ou dans d'autres domaines importants.

D. Les symptômes ne sont pas dus à une affection médicale générale, et ne sont pas mieux expliqués par un autre trouble mental (par exemple, un Trouble anxieux).

Troubles liés au cannabis

Troubles liés à l'utilisation de cannabis

F12.2x   [304.30]   Dépendance au cannabis (v. p. 107)

Spécifier si : Avec dépendance physique/Sans dépendance physique
Spécifier si : Avec rémission précoce complète/ Avec rémission précoce partielle/ Avec rémission prolongée complète/Avec rémission prolongée partielle/En environnement protégé

F12.1   **[305.20]**   **Abus de cannabis** (v. p. 113)

Troubles induits par le cannabis

F12.0x   **[292.89]**   **Intoxication au cannabis** (v. p. 125).
Spécifier si : Avec perturbations des perceptions

F12.03   **[292.81]**   **Delirium par intoxication au cannabis** (v. p. 84)

F12.51   **[292.11]**   **Trouble psychotique induit par le cannabis, avec idées délirantes** (v. p. 159).
Spécifier si : Avec début pendant l'intoxication

F12.52   **[292.12]**   **Trouble psychotique induit par le cannabis, avec hallucinations** (v. p. 159).
Spécifier si : Avec début pendant l'intoxication

F12.8   **[292.89]**   **Trouble anxieux induit par le cannabis** (v. p. 222).
Spécifier si : Avec début pendant l'intoxication

F12.9   **[292.9]**   **Trouble lié au cannabis, non spécifié**
La catégorie du Trouble lié au cannabis non spécifié est réservée aux troubles liés à l'utilisation de cannabis non classables dans l'une des catégories énumérées ci-dessus.

■ F12.0x [292.89] Intoxication au cannabis

A. Utilisation récente de cannabis.

B. Changements comportementaux ou psychologiques, inadaptés, cliniquement significatifs (p. ex., : altération de la coordination motrice, euphorie, anxiété, sensation de ralentissement du temps, altération du jugement, retrait social) qui se sont développés pendant ou peu après l'utilisation de cannabis.

C. Au moins deux des signes suivants, se développant dans les deux heures suivant l'utilisation de cannabis :

(1) conjonctives injectées
(2) augmentation de l'appétit
(3) sécheresse de la bouche
(4) tachycardie

D. Les symptômes ne sont pas dus à une affection médicale générale, et ne sont pas mieux expliqués par un autre trouble mental.

Spécifier si : **F12.04 Avec perturbations des perceptions**. Cette spécification peut être notée quand le sujet présente des hallucinations sans altération de l'appréciation de la réalité ou des illusions auditives, visuelles ou tactiles en l'absence d'un delirium. *Une appréciation intacte de la réalité* signifie que la personne sait que les hallucinations sont induites par la substance et ne représentent pas la réalité extérieure. Quand des hallucinations se produisent en l'absence d'une appréciation intacte de la réalité, un diagnostic de Trouble psychotique induit par une substance, avec hallucinations, doit être envisagé.

Troubles liés à la cocaïne

Troubles liés à l'utilisation de cocaïne

F14.2x   [304.20]   Dépendance à la cocaïne (v. p. 107)
Spécifier si : Avec dépendance physique/Sans dépendance physique
Spécifier si : Avec rémission précoce complète/ Avec rémission précoce partielle/ Avec rémis-

sion prolongée complète/Avec rémission prolongée partielle/En environnement protégé

F14.1   **[305.60]**   **Abus de cocaïne** (v. p. 113)

Troubles induits par la cocaïne

F14.0x   **[292.89]**   **Intoxication par la cocaïne** (v. p. 128).
Spécifier si : Avec perturbations des perceptions

F14.3x   **[292.0]**   **Sevrage à la cocaïne** (v. p. 129)

F14.03   **[292.81]**   **Delirium par intoxication par la cocaïne** (v. p. 84)

F14.51   **[292.11]**   **Trouble psychotique induit par la cocaïne, avec idées délirantes** (v. p. 159).
Spécifier si : Avec début pendant l'intoxication

F14.52   **[292.12]**   **Trouble psychotique induit par la cocaïne, avec hallucinations** (v. p. 159).
Spécifier si : Avec début pendant l'intoxication

F14.8   **[292.84]**   **Trouble de l'humeur induit par la cocaïne** (v. p. 188).
Spécifier si : Avec début pendant l'intoxication/Avec début pendant le sevrage

F14.8   **[292.89]**   **Trouble anxieux induit par la cocaïne** (v. p. 222).
Spécifier si : Avec début pendant l'intoxication/Avec début pendant le sevrage

F14.8   **[292.89]**   **Dysfonction sexuelle induite par la cocaïne** (v. p. 249).
Spécifier si : Avec début pendant l'intoxication

F14.8   **[292.89]**   **Trouble du sommeil induit par la cocaïne** (v. p. 274).
Spécifier si : Avec début pendant l'intoxication/Avec début pendant le sevrage

F14.9   **[292.9]**   **Trouble lié à la cocaïne, non spécifié**
La catégorie du Trouble lié à la cocaïne non spécifié est réservée aux troubles liés à l'utilisation de cocaïne non classables dans l'une des catégories énumérées ci-dessus.

■ F14.0x [292.89] Intoxication à la cocaïne

A. Utilisation récente de cocaïne.

B. Changements comportementaux ou psychologiques, inadaptés, cliniquement significatifs, (par exemple : euphorie ou émoussement affectif ; changement de la sociabilité ; hypervigilance ; sensitivité interpersonnelle ; anxiété, tension ou colère ; comportements stéréotypés ; altération du jugement ; ou altération du fonctionnement social ou professionnel) qui se sont développés pendant ou peu après l'utilisation de cocaïne.

C. Au moins deux des signes suivants, se développant pendant ou peu après l'utilisation de cocaïne :

(1) tachycardie ou bradycardie
(2) dilatation pupillaire
(3) augmentation ou diminution de la pression artérielle
(4) transpiration ou frissons
(5) nausées ou vomissements
(6) perte de poids avérée
(7) agitation ou ralentissement psychomoteur
(8) faiblesse musculaire, dépression respiratoire, douleur thoracique, ou arythmies cardiaques
(9) confusion, crises convulsives, dyskinésies, dystonies, ou coma

D. Les symptômes ne sont pas dus à une affection médicale générale, et ne sont pas mieux expliqués par un autre trouble mental.

Note de codage. Avec perturbations des perceptions, coder F14.04.

Spécifier si :
F 14.04 Avec perturbations des perceptions. Cette spécification peut être notée quand le sujet présente des hallucinations sans altération de l'appréciation de la réalité ou des illusions auditives, visuelles ou tactiles en l'absence d'un delirium. *Une appréciation intacte de la réalité* signifie que la personne sait que les hallucina-

tions sont induites par la substance et ne représentent pas la réalité extérieure. Quand des hallucinations se produisent en l'absence d'une appréciation intacte de la réalité, un diagnostic de Trouble psychotique induit par une substance, avec hallucinations, doit être envisagé.

■ F14.3x [292.0] Sevrage à la cocaïne

A. Arrêt (ou réduction) d'une utilisation de cocaïne qui a été massive et prolongée.

B. Humeur dysphorique avec au moins deux des changements physiologiques suivants qui se développent de quelques heures à quelques jours après le critère A :

   (1) fatigue
   (2) rêves intenses et déplaisants
   (3) insomnie ou hypersomnie
   (4) augmentation de l'appétit
   (5) agitation ou ralentissement psychomoteur

C. Les symptômes du critère B causent une souffrance cliniquement significative ou une altération du fonctionnement social, professionnel, ou dans d'autres domaines importants.

D. Les symptômes ne sont pas dus à une affection médicale générale, et ne sont pas mieux expliqués par un autre trouble mental.

Troubles liés aux hallucinogènes

Troubles liés à l'utilisation des hallucinogènes

F16.2x   [304.50]   Dépendance aux hallucinogènes
(v. p. 107)

Spécifier si : Avec rémission précoce complète/
Avec rémission précoce partielle/ Avec rémission prolongée complète/Avec rémission prolongée partielle/En environnement protégé

F16.1   [305.30]   Abus d'hallucinogènes (v. p. 113)

Troubles induits par les hallucinogènes

F16.0x   [292.89]   Intoxication aux hallucinogènes
(v. p. 131)

**F16.70   [292.89]   Trouble persistant des perceptions
dû aux hallucinogènes (Flashbacks)**
(v. p. 131)

**F16.03   [292.81]   Delirium par intoxication aux halluci-
nogènes** (v. p. 84)

**F16.51   [292.11]   Trouble psychotique induit par les
hallucinogènes, avec idées délirantes**
(v. p. 159).
Spécifier si : Avec début pendant l'intoxication

**F16.52   [292.12]   Trouble psychotique induit par les
hallucinogènes, avec hallucinations**
(v. p. 159).
Spécifier si : Avec début pendant l'intoxication

**F16.8   [292.84]   Trouble de l'humeur induit par les
hallucinogènes** (v. p. 188).
Spécifier si : Avec début pendant l'intoxication

**F16.8   [292.89]   Trouble anxieux induit par les halluci-
nogènes** (v. p. 222).
Spécifier si : Avec début pendant l'intoxication

**F16.9   [292.9]   Trouble lié aux hallucinogènes, non
spécifié**
La catégorie du Trouble lié aux hallucinogènes
non spécifié est réservée aux troubles liés à l'utilisation d'hallucinogènes non classables dans
l'une des catégories énumérées ci-dessus.

■ F16.0x [292.89] Intoxication aux hallucinogènes

A. Utilisation récente d'un hallucinogène.

B. Changements comportementaux ou psychologiques, inadaptés, cliniquement significatifs (par exemple : anxiété ou dépression marquées, idées de référence, peur de devenir fou, mode de pensée persécutoire, altération du jugement, altération du fonctionnement social ou professionnel) qui se sont développés pendant ou peu après l'utilisation d'un hallucinogène.

C. Altérations des perceptions survenant en pleine conscience, dans un état de plein éveil (par exemple, intensification subjective des perceptions, dépersonnalisation, déréalisation, illusions, hallucinations, synesthésies) qui se sont développés pendant ou peu après l'utilisation d'un hallucinogène.

D. Au moins deux des signes suivants, se développant pendant ou peu après l'utilisation d'un hallucinogène :

(1) dilatation pupillaire
(2) tachycardie
(3) transpiration
(4) palpitations
(5) vision trouble
(6) tremblements
(7) incoordination motrice

E. Les symptômes ne sont pas dus à une affection médicale générale, et ne sont pas mieux expliqués par un autre trouble mental.

■ F16.70 [292.89] Trouble persistant des perceptions dû aux hallucinogènes (Flash-backs)

A. Après avoir cessé l'utilisation d'un hallucinogène, au moins un des symptômes perceptifs qui ont été ressentis au moment de l'intoxication par l'hallucinogène (p. ex., hallucinations géométriques, fausses perceptions de mouvement à la périphérie du champ visuel, flashs de couleur, traînées d'images lors de la vision d'objets en mouvement, persistance des images après disparition des objets, halos autour des objets, macropsie et micropsie) est à nouveau éprouvé.

B. Les symptômes du critère A causent une souffrance cliniquement significative ou une altération du fonctionnement social, professionnel, ou dans d'autres domaines importants.

C. Les symptômes ne sont pas dus à une affection médicale générale (par exemple, lésions anatomiques et infections cérébrales, épilepsies visuelles), et ne sont pas mieux expliqués par un autre trouble mental (par exemple, delirium, démence, Schizophrénie), ou par des hallucinations hypnopompiques.

Troubles liés aux solvants volatils

Troubles liés à l'utilisation de solvants volatils

F18.2x	[304.60]	**Dépendance à des solvants volatils** (v. p. 107)

Spécifier si : Avec rémission précoce complète/ Avec rémission précoce partielle/ Avec rémission prolongée complète/Avec rémission prolongée partielle/En environnement protégé

F18.1	[305.90]	**Abus de solvants volatils** (v. p. 113)

Troubles induits par des solvants volatils

F18.0x	[292.89]	**Intoxication par des solvants volatils** (v. ci-dessous)
F18.03	[292.81]	**Delirium par intoxication par des solvants volatils** (v. p. 84)

F18.73	**[292.82]**	**Démence persistante induite par des solvants volatils** (v. p. 93)
F18.51	**[292.11]**	**Trouble psychotique induit par des solvants volatils, avec idées délirantes** (v. p. 159).
		Spécifier si : Avec début pendant l'intoxication
F18.52	**[292.12]**	**Trouble psychotique induit par des solvants volatils, avec hallucinations** (v. p. 159).
		Spécifier si : Avec début pendant l'intoxication
F18.8	**[292.84]**	**Trouble de l'humeur induit par des solvants volatils** (v. p. 188).
		Spécifier si : Avec début pendant l'intoxication
F18.8	**[292.89]**	**Trouble anxieux induit par des solvants volatils** (v. p. 222).
		Spécifier si : Avec début pendant l'intoxication
F18.9	**[292.9]**	**Trouble lié aux solvants volatils, non spécifié**

La catégorie du Trouble lié aux solvants volatils non spécifié est réservée aux troubles liés à l'utilisation de solvants volatils non classables dans l'une des catégories énumérées ci-dessus.

■ **F18.0x [292.89] Intoxication par des solvants volatils**

A. Utilisation intentionnelle récente ou exposition de courte durée à des solvants volatils à forte dose (en excluant les gaz anesthésiques, et les vasodilatateurs à courte durée d'action).

B. Changements comportementaux ou psychologiques, inadaptés, cliniquement significatifs (p. ex., bagarre, agressivité, apathie, altération du jugement, altération du fonctionnement social ou professionnel) qui se sont développés pendant ou peu après l'utilisation ou l'exposition à des solvants volatils.

C. Au moins deux des signes suivants, se développant pendant ou peu après l'utilisation ou l'exposition à des solvants volatils :

(1) étourdissements
(2) nystagmus
(3) incoordination motrice
(4) discours bredouillant
(5) démarche ébrieuse
(6) léthargie
(7) diminution des réflexes
(8) ralentissement moteur
(9) tremblements
(10) faiblesse musculaire généralisée
(11) vision trouble ou diplopie
(12) stupeur ou coma
(13) euphorie

D. Les symptômes ne sont pas dus à une affection médicale générale, et ne sont pas mieux expliqués par un autre trouble mental.

Troubles liés à la nicotine

Trouble lié à l'utilisation de nicotine

F17.2x   [305.1]   Dépendance à la nicotine (v. p. 107)
Spécifier si : Avec dépendance physique/Sans dépendance physique
Spécifier si : Avec rémission précoce complète/ Avec rémission précoce partielle/ Avec rémission prolongée complète/Avec rémission prolongée partielle

Trouble induit par la nicotine

F17.3x   [292.0]   Sevrage à la nicotine (v. p. 135)
F17.9   [292.9]   Trouble lié à la nicotine, non spécifié
La catégorie du Trouble lié à la nicotine non spécifié est réservée aux troubles liés à l'utilisation de nicotine non classables dans l'une des catégories énumérées ci-dessus.

■ F17.3x [292.0] Sevrage à la nicotine

A. Utilisation quotidienne de nicotine pendant au moins plusieurs semaines.

B. Arrêt brutal de l'utilisation, ou réduction de la quantité de nicotine utilisée, suivie, dans les 24 heures, d'au moins quatre des signes suivants :

   (1) humeur dysphorique ou dépressive
   (2) insomnie
   (3) irritabilité, frustration, colère
   (4) anxiété
   (5) difficultés de concentration
   (6) fébrilité
   (7) diminution du rythme cardiaque
   (8) augmentation de l'appétit ou prise de poids

C. Les symptômes du critère B causent une souffrance cliniquement significative ou une altération du fonctionnement social, professionnel, ou dans d'autres domaines importants.

D. Les symptômes ne sont pas dus à une affection médicale générale, et ne sont pas mieux expliqués par un autre trouble mental.

Troubles liés aux opiacés

Troubles liés à l'utilisation d'opiacés

F11.2x **[304.00]** **Dépendance aux opiacés** (v. p. 107)
Spécifier si : Avec dépendance physique/Sans dépendance physique

Spécifier si : Avec rémission précoce complète/ Avec rémission précoce partielle/ Avec rémission prolongée complète/Avec rémission prolongée partielle/En environnement protégé/Sous traitement agoniste

F11.1   [305.50]   Abus d'opiacés (v. p. 113)

Troubles induits par les opiacés

F11.0x   [292.89]   Intoxication par les opiacés (v. ci-dessous).

Spécifier si : Avec perturbations des perceptions

F11.3x   [292.0]   Sevrage aux opiacés (v. p. 137)

F11.03   [292.81]   Delirium par intoxication aux opiacés (v. p. 84)

F11.51   [292.11]   Trouble psychotique induit par les opiacés, avec idées délirantes (v. p. 159).

Spécifier si : Avec début pendant l'intoxication

F11.52   [292.12]   Trouble psychotique induit par les opiacés, avec hallucinations (v. p. 159).

Spécifier si : Avec début pendant l'intoxication

F11.8   [292.84]   Trouble de l'humeur induit par les opiacés (v. p. 188).

Spécifier si : Avec début pendant l'intoxication

F11.8   [292.89]   Dysfonction sexuelle induite par les opiacés (v. p. 249).

Spécifier si : Avec début pendant l'intoxication

F11.9   [292.89]   Trouble du sommeil induit par les opiacés (v. p. 274).

Spécifier si : Avec début pendant l'intoxication/ avec début pendant le sevrage

F11.9   [292.9]   Trouble lié aux opiacés non spécifié
La catégorie du Trouble lié aux opiacés non spécifié est réservée aux troubles liés à l'utilisation d'opiacés non classables dans l'une des catégories énumérées ci-dessus.

■ F11.0x [292.89] Intoxication aux opiacés

A. Utilisation récente d'un opiacé.

B. Changements comportementaux ou psychologiques, inadaptés, cliniquement significatifs (p. ex., euphorie initiale suivie par de l'apathie, dysphorie, agitation ou ralentissement moteur, altération du jugement, ou altération du fonctionnement social ou professionnel) qui se sont développés pendant ou peu après l'utilisation d'un opiacé.

C. Constriction pupillaire (ou dilatation pupillaire due à l'anoxie en cas de surdose grave) et au moins un des signes suivants, se développant pendant ou peu après l'utilisation d'opiacés :

   (1) somnolence ou coma
   (2) discours bredouillant
   (3) altération de l'attention ou de la mémoire

D. Les symptômes ne sont pas dus à une affection médicale générale, et ne sont pas mieux expliqués par un autre trouble mental.

Spécifier si : **F11.04 Avec perturbation des perceptions.** Cette spécification peut être notée dans les rares cas où des hallucinations avec une appréciation intacte de la réalité, ou des illusions auditives, visuelles ou tactiles se produisent en l'absence d'un delirium. Une *appréciation intacte de la réalité*, signifie que la personne sait que les hallucinations sont induites par la substance et ne représentent pas la réalité extérieure. Quand les hallucinations se produisent en l'absence d'une appréciation intacte de la réalité, un diagnostic de Trouble psychotique induit par une substance, avec hallucinations, doit être envisagé.

■ F11.3x [292.0] Sevrage aux opiacés

A. L'une ou l'autre des circonstances suivantes :

   (1) arrêt (ou réduction) d'une utilisation d'opiacés qui a été massive et prolongée (au moins plusieurs semaines)

(2) administration d'un antagoniste opiacé après une période d'utilisation d'opiacés

B. Au moins trois des manifestations suivantes se développant de quelques minutes à quelques jours après le critère A :

(1) humeur dysphorique
(2) nausées ou vomissements
(3) douleurs musculaires
(4) larmoiement ou rhinorrhée
(5) dilatation pupillaire, piloérection, ou transpiration
(6) diarrhée
(7) bâillement
(8) fièvre
(9) insomnie

C. Les symptômes du critère B causent une souffrance cliniquement significative ou une altération du fonctionnement social, professionnel, ou dans d'autres domaines importants.

D. Les symptômes ne sont pas dus à une affection médicale générale, et ne sont pas mieux expliqués par un autre trouble mental.

Troubles liés à la phencyclidine (ou aux substances similaires)

Troubles liés à l'utilisation de phencyclidine

F19.2x   [304.60]   Dépendance à la phencyclidine
(v. p. 107)
Spécifier si : Avec rémission précoce complète/ Avec rémission précoce partielle/ Avec rémission prolongée complète/Avec rémission prolongée partielle/En environnement protégé

F19.1   [305.90]   Abus de phencyclidine (v. p. 113)

Troubles induits par la phencyclidine

F19.0x   [292.89]   Intoxication à la phencyclidine
(v. p. 139).
Spécifier si : Avec perturbations des perceptions

**F19.03   [292.81]   Delirium par intoxication à la phency-
clidine** (v. p. 84)

**F19.51   [292.11]   Trouble psychotique induit par la
phencyclidine, avec idées délirantes**
(v. p. 159).
Spécifier si : Avec début pendant l'intoxication

**F19.52   [292.12]   Trouble psychotique induit par la phen-
cyclidine, avec hallucinations** (v. p. 159).
Spécifier si : Avec début pendant l'intoxication

**F19.8   [292.84]   Trouble de l'humeur induit par la
phencyclidine** (v. p. 188).
Spécifier si : Avec début pendant l'intoxication

**F19.8   [292.89]   Trouble anxieux induit par la phency-
clidine** (v. p. 222).
Spécifier si : Avec début pendant l'intoxication

**F19.9   [292.9]   Trouble lié à la phencyclidine non spé-
cifié**
La catégorie du Trouble lié à la phencyclidine
non spécifié est réservée aux troubles liés à l'utilisation de phencyclidine non classables dans
l'une des catégories énumérées ci-dessus.

■ F19.0x [292.89] Intoxication par la phencyclidine

A. Utilisation récente de phencyclidine (ou d'une substance voisine).

B. Changements comportementaux ou psychologiques, inadaptés, cliniquement significatifs (p. ex., bagarres, agressivité,

impulsivité, imprévisibilité, agitation psychomotrice, altération du jugement, ou altération du fonctionnement social ou professionnel) qui se sont développés pendant ou peu après l'utilisation de phencyclidine.

C. Au moins deux des signes suivants se développent dans l'heure qui suit (moins si la substance a été fumée, « sniffée » ou utilisée par voie intraveineuse) :

(1) nystagmus horizontal ou vertical
(2) hypertension ou tachycardie
(3) engourdissement ou diminution de la réponse à la douleur
(4) ataxie
(5) dysarthrie
(6) rigidité musculaire
(7) crises convulsives ou coma
(8) hyperacousie

D. Les symptômes ne sont pas dus à une affection médicale générale, et ne sont pas mieux expliqués par un autre trouble mental.

Spécifier si : **F19.04 Avec perturbation des perceptions.** Cette spécification peut être utilisée quand des hallucinations avec une *appréciation intacte de la réalité*, ou des illusions auditives, visuelles ou tactiles se produisent en l'absence d'un delirium. Une *appréciation intacte de la réalité* signifie que la personne sait que les hallucinations sont induites par la substance et ne représentent pas la réalité extérieure. Quand les hallucinations se produisent en l'absence d'une appréciation intacte de la réalité, un diagnostic de Trouble psychotique induit par une substance, avec hallucinations, doit être envisagé.

Troubles liés aux sédatifs, hypnotiques ou anxiolytiques

Troubles liés à l'utilisation des sédatifs, hypnotiques ou anxiolytiques

F13.2x	**[304.10]**	**Dépendance aux sédatifs, hypnotiques ou anxiolytiques** (v. p. 107) *Spécifier si* : Avec dépendance physique/Sans dépendance physique *Spécifier si* : Avec rémission précoce complète/ Avec rémission précoce partielle/ Avec rémission prolongée complète/Avec rémission prolongée partielle/En environnement protégé
F13.1	**[305.40]**	**Abus de sédatifs, hypnotiques ou anxiolytiques** (v. p. 113)

Troubles induits par les sédatifs, hypnotiques ou anxiolytiques

F13.0x	**[292.89]**	**Intoxication aux sédatifs, hypnotiques ou anxiolytiques** (v. p. 143)
F13.3x	**[292.0]**	**Sevrage aux sédatifs, hypnotiques ou anxiolytiques** (v. p. 143) *Spécifier si* : Avec perturbations des perceptions
F13.03	**[292.81]**	**Delirium par intoxication aux sédatifs, hypnotiques ou anxiolytiques** (v. p. 84)
F13.4x	**[292.81]**	**Delirium du sevrage aux sédatifs, hypnotiques ou anxiolytiques** (v. p. 85)
F13.73	**[292.82]**	**Démence persistante induite par les sédatifs, hypnotiques ou anxiolytiques** (v. p. 93)
F13.6	**[292.83]**	**Trouble amnésique persistant induit par les sédatifs, hypnotiques ou anxiolytiques** (v. p. 96)

F13.51 **[292.11]** **Trouble psychotique induit par les sédatifs, hypnotiques ou anxiolytiques, avec idées délirantes** (v. p. 159)
Spécifier si : Avec début pendant l'intoxication/ Avec début pendant le sevrage

F13.52 **[292.12]** **Trouble psychotique induit par les sédatifs, hypnotiques ou anxiolytiques, avec hallucinations** (v. p. 159)
Spécifier si : Avec début pendant l'intoxication/ Avec début pendant le sevrage

F13.8 **[292.84]** **Trouble de l'humeur induit par les sédatifs, hypnotiques ou anxiolytiques** (v. p. 188)
Spécifier si : Avec début pendant l'intoxication/ Avec début pendant le sevrage

F13.8 **[292.89]** **Trouble anxieux induit par les sédatifs, hypnotiques ou anxiolytiques** (v. p. 222)
Spécifier si : Avec début pendant le sevrage

F13.8 **[292.89]** **Dysfonction sexuelle induite par les sédatifs, hypnotiques ou anxiolytiques** (v. p. 249)
Spécifier si : Avec début pendant l'intoxication

F13.8 **[292.89]** **Trouble du sommeil induit par les sédatifs, hypnotiques ou anxiolytiques** (v. p. 274)
Spécifier si : Avec début pendant l'intoxication/ Avec début pendant le sevrage

F13.9 **[292.9]** **Trouble lié aux sédatifs, hypnotiques ou anxiolytiques, non spécifié**
La catégorie du Trouble lié aux sédatifs, hypnotiques ou anxiolytiques non spécifié est réservée aux troubles liés à l'utilisation de sédatifs, hypnotiques ou anxiolytiques non classables dans l'une des catégories énumérées ci-dessus.

■ F13.0x [292.89] Intoxication aux sédatifs, hypnotiques ou anxiolytiques

A. Utilisation récente d'un sédatif, d'un hypnotique ou d'un anxiolytique.

B. Changements comportementaux ou psychologiques inadaptés, cliniquement significatifs (p. ex., comportement sexuel ou agressivité inappropriés, labilité de l'humeur, altération du jugement, altération du fonctionnement social ou professionnel) qui se sont développés pendant ou peu après l'utilisation d'un sédatif, d'un hypnotique ou d'un anxiolytique.

C. Au moins un des signes suivants, se développant pendant ou peu après l'utilisation d'un sédatif, d'un hypnotique ou d'un anxiolytique :

   (1) discours bredouillant
   (2) incoordination motrice
   (3) démarche ébrieuse
   (4) nystagmus
   (5) altération de l'attention ou de la mémoire
   (6) stupeur ou coma

D. Les symptômes ne sont pas dus à une affection médicale générale, et ne sont pas mieux expliqués par un autre trouble mental.

■ F13.3x [292.0] Sevrage aux sédatifs, hypnotiques ou anxiolytiques

A. Arrêt (ou réduction) d'une utilisation de sédatifs, hypnotiques ou anxiolytiques qui a été massive et prolongée.

B. Au moins deux des manifestations suivantes se développant de quelques heures à quelques jours après le critère A :

(1) hyperactivité neurovégétative (p. ex., transpiration ou fréquence cardiaque supérieure à 100)

(2) augmentation du tremblement des mains

(3) insomnie

(4) nausées ou vomissements

(5) hallucinations ou illusions transitoires visuelles, tactiles ou auditives

(6) agitation psychomotrice

(7) anxiété

(8) crises convulsives de type grand mal

C. Les symptômes du critère B causent une souffrance cliniquement significative ou une altération du fonctionnement social, professionnel, ou dans d'autres domaines importants.

D. Les symptômes ne sont pas dus à une affection médicale générale, et ne sont pas mieux expliqués par un autre trouble mental.

Avec perturbations des perceptions. Cette spécification peut être notée quand des hallucinations avec une appréciation intacte de la réalité, ou des illusions auditives, visuelles ou tactiles se produisent en l'absence d'un delirium. Une *appréciation intacte de la réalité*, signifie que la personne sait que les hallucinations sont induites par la substance et ne représentent pas la réalité extérieure. Quand les hallucinations se produisent en l'absence d'une appréciation intacte de la réalité, un diagnostic de Trouble psychotique induit par une substance, avec hallucinations, doit être envisagé.

Trouble lié à plusieurs substances

■ F19.2x [304.80] Dépendance à plusieurs substances

Ce diagnostic est réservé au comportement d'une personne qui pendant une période continue de 12 mois a utilisé de manière répétitive au moins trois groupes de substances (en ne comptant ni la caféine ni la nicotine), sans que prédomine l'une des substances. De plus, pendant cette période, les critères de Dépendance sont remplis pour les substances considérées en général mais pour aucune substance en particulier. Par exemple, un diagnostic de Dépendance à plusieurs substances pourrait s'appliquer au sujet qui, pendant une même période de 12 mois, a eu des arrêts de travail en raison d'une prise importante d'alcool, a continué à prendre de la cocaïne bien qu'il ait éprouvé des manifestations dépressives graves après plusieurs nuits de consommation importante, et, à plusieurs reprises, n'a pas pu rester dans les limites de prise de codéine qu'il s'était imposées. Dans cet exemple, bien que les difficultés associées à l'une ou l'autre de ces substances n'ait pas été suffisantes pour justifier un diagnostic de Dépendance, l'utilisation globale de ces substances a altéré de façon significative son fonctionnement et justifie ainsi un diagnostic de Dépendance à ces substances considérées dans leur ensemble. Un tel mode d'utilisation peut s'observer par exemple dans un environnement où l'utilisation de substances est prévalent de façon élevée mais où les drogues choisies changent fréquemment. Dans les situations où l'on voit des problèmes associés avec plusieurs drogues et où les critères de plusieurs troubles spécifiques liés à une substance sont remplis (p. ex., Dépendance à la cocaïne, Dépendance à l'alcool et Dépendance au cannabis), chaque diagnostic doit être porté.

> *Spécifier si* : Avec dépendance physique/Sans dépendance physique
> *Spécifier si* : Avec rémission précoce complète/Avec rémission précoce partielle/Avec rémission prolongée complète/Avec rémission prolongée partielle/En environnement protégé/Sous traitement agoniste

Troubles liés à une substance autre (ou inconnue)

La catégorie des Troubles liés à une substance autre (ou inconnue) sert à classer les Troubles liés à une substance qui ne sont pas associées aux substances citées ci-dessus. Ces substances, qui sont décrites plus en détail ci-dessous, incluent, par exemple, les stéroïdes anabolisants, les nitrites inhalés (« poppers »), le protoxyde d'azote, des médications sur prescription ou en vente libre non couvertes par ailleurs par les onze catégories (p. ex., cortisone, antihistaminiques, benztropine) et d'autres substances qui ont des effets psychoactifs. De plus, cette catégorie peut être utilisée quand la substance spécifique n'est pas connue (p. ex., intoxication après la prise d'un tube de comprimés, sans étiquette).

Troubles liés à l'utilisation d'une substance autre (ou inconnue)

F19.2x   [304.90]   Dépendance à une substance autre (ou inconnue) (v. p. 107)
Spécifier si : Avec dépendance physique/Sans dépendance physique
Spécifier si : Avec rémission précoce complète/ Avec rémission précoce partielle/ Avec rémission prolongée complète/Avec rémission prolongée partielle/En environnement protégé/Sous traitement agoniste

F19.1   [305.90]   Abus d'une substance autre (ou inconnue) (v. p. 113)
N.d.T. : Dans la CIM-10 l'Abus de substance n'entraînant pas de dépendance est codé F55.x

Troubles induits par une substance autre (ou inconnue)

F19.0x   [292.89]   **Intoxication à une substance autre (ou inconnue)** (v. p. 114)
Spécifier si : Avec perturbations des perceptions

F19.3x   [292.0]   **Sevrage à une substance autre (ou inconnue)** (v. p. 114)
Spécifier si : Avec perturbations des perceptions

F19.03   [292.81]   **Delirium par intoxication à une substance autre (ou inconnue)** (v. p. 84)

F19.73   [292.82]   **Démence persistante induite par une substance autre (ou inconnue)** (v. p. 93)

F19.6   [292.83]   **Trouble amnésique persistant induit par une substance autre (ou inconnue)** (v. p. 96)

F19.51   [292.11]   **Trouble psychotique induit par une substance autre (ou inconnue), avec idées délirantes** (v. p. 159)
Spécifier si : Avec début pendant l'intoxication/ Avec début pendant le sevrage

F19.52   [292.12]   **Trouble psychotique induit par une substance autre (ou inconnue), avec hallucinations** (v. p. 159)
Spécifier si : Avec début pendant l'intoxication/ Avec début pendant le sevrage

F19.8   [292.84]   **Trouble de l'humeur induit par une substance autre (ou inconnue)** (v. p. 188)
Spécifier si : Avec début pendant l'intoxication/ Avec début pendant le sevrage

F19.8   [292.89]   **Trouble anxieux induit par une substance autre (ou inconnue)** (v. p. 222)
Spécifier si : Avec début pendant l'intoxication/ Avec début pendant le sevrage

F19.8   [292.89]   **Dysfonction sexuelle induite par une substance autre (ou inconnue)** (v. p. 249)
Spécifier si : Avec début pendant l'intoxication

F19.8	**[292.89]**	**Trouble du sommeil induit par une substance autre (ou inconnue)** (v. p. 274) *Spécifier si* : Avec début pendant l'intoxication/ Avec début pendant le sevrage
F19.9	**[292.9]**	**Trouble induit par une substance autre (ou inconnue), non spécifié**

Schizophrénie
et Autres Troubles psychotiques

■ Schizophrénie

A. *Symptômes caractéristiques* : Deux (ou plus) des manifestations suivantes sont présentes, chacune pendant une partie significative du temps pendant une période d'1 mois (ou moins quand elles répondent favorablement au traitement) :

(1) idées délirantes
(2) hallucinations
(3) discours désorganisé (c.-à-d., coq-à-l'âne fréquents ou incohérence)
(4) comportement grossièrement désorganisé ou catatonique
(5) symptômes négatifs, p. ex., émoussement affectif, alogie, ou perte de volonté

N.-B. : Un seul symptôme du critère A est requis si les idées délirantes sont bizarres ou si les hallucinations consistent en une voix commentant en permanence le comportement ou les pensées du sujet, ou si, dans les hallucinations, plusieurs voix conversent entre elles.

B. *Dysfonctionnement social/des activités* : Pendant une partie significative du temps depuis la survenue de la perturbation, un ou plusieurs domaines majeurs du fonctionnement tels que le travail, les relations interpersonnelles, ou les soins personnels sont nettement inférieurs au niveau atteint avant la survenue de la perturbation (ou, en cas de survenue dans l'enfance ou l'adolescence, incapacité à atteindre le niveau de réalisation interpersonnelle, scolaire, ou dans d'autres activités auquel on aurait pu s'attendre).

C. *Durée* : Des signes permanents de la perturbation persistent pendant au moins 6 mois. Cette période de 6 mois doit comprendre au moins 1 mois de symptômes (ou moins quand ils répondent favorablement au traitement) qui répondent au Critère A (c.-à-d., symptômes de la phase active) et peut comprendre des périodes de symptômes prodromiques ou résiduels.

Pendant ces périodes prodromiques ou résiduelles, les signes de la perturbation peuvent se manifester uniquement par des symptômes négatifs ou par deux ou plus des symptômes figurant dans le Critère A présents sous une forme atténuée (p. ex., croyances bizarres, perceptions inhabituelles).

D. *Exclusion d'un Trouble schizo-affectif et d'un Trouble de l'humeur* : Un Trouble schizo-affectif et un Trouble de l'humeur avec caractéristiques psychotiques ont été éliminés soit (1) parce qu'aucun épisode dépressif majeur, maniaque ou mixte n'a été présent simultanément aux symptômes de la phase active ; soit (2) parce que si des épisodes thymiques ont été présents pendant les symptômes de la phase active, leur durée totale a été brève par rapport à la durée des périodes actives et résiduelles.

E. *Exclusion d'une affection médicale générale/due à une substance* : La perturbation n'est pas due aux effets physiologiques directs d'une substance (c.-à-d. une drogue donnant lieu à abus, un médicament) ou à une affection médicale générale.

F. *Relation avec un Trouble envahissant du développement* : En cas d'antécédent de Trouble autistique ou d'un autre Trouble envahissant du développement, le diagnostic additionnel de Schizophrénie n'est fait que si des idées délirantes ou des hallucinations prononcées sont également présentes pendant au moins un mois ou moins quand elles répondent favorablement au traitement

Sous-types de la Schizophrénie

Les sous-types de la Schizophrénie sont définis par la symptomatologie prédominante au moment de l'évaluation.

■ F20.0x [295.30] Type paranoïde

Un type de Schizophrénie qui répond aux critères suivants :

A. Une préoccupation par une ou plusieurs idées délirantes ou par des hallucinations auditives fréquentes.

B. Aucune des manifestations suivantes n'est au premier plan : discours désorganisé, comportement désorganisé ou catatonique, ou affect abrasé ou inapproprié.

■ F20.1x [295.10] Type désorganisé

Un type de Schizophrénie qui répond aux critères suivants :

A. Toutes les manifestations suivantes sont au premier plan :

    (1) discours désorganisé
    (2) comportement désorganisé
    (3) affect abrasé ou inapproprié

B. Ne répond pas aux critères du type catatonique.

■ F20.2x [295.20] Type catatonique

Un type de Schizophrénie dominé par au moins deux des manifestations suivantes :

(1) immobilité motrice se manifestant par une catalepsie (comprenant une flexibilité cireuse catatonique) ou une stupeur catatonique

(2) activité motrice excessive (apparemment stérile et non influencée par des stimulations extérieures)

(3) négativisme extrême (résistance apparemment immotivée à tout ordre ou maintien d'une position rigide s'opposant aux tentatives destinées à la modifier) ou mutisme

(4) particularités des mouvements volontaires se manifestant par des positions catatoniques (maintien volontaire d'une position inappropriée ou bizarre), des mouvements stéréotypés, des maniérismes manifestes, ou des grimaces manifestes

(5) écholalie ou échopraxie

■ F20.3x [295.90] Type indifférencié

Un type de Schizophrénie comprenant des symptômes répondant au Critère A, mais ne répondant pas aux critères du type paranoïde, désorganisé, ou catatonique.

■ F20.5x [295.60] Type résiduel

Un type de Schizophrénie qui répond aux critères suivants :

A. Absence d'idées délirantes manifestes, d'hallucinations, de discours désorganisé, et de comportement grossièrement désorganisé ou catatonique.

B. Persistance d'éléments de la maladie, comme en témoigne la présence de symptômes négatifs ou de deux ou plusieurs symptômes figurant dans le Critère A de la Schizophrénie, présents sous une forme atténuée (p. ex., croyances bizarres, perceptions inhabituelles).

Classification de l'évolution longitudinale de la schizophrénie.

Ces spécifications ne peuvent s'appliquer qu'après un délai d'un an à partir de la survenue des symptômes de la phase active initiale.

Épisodique avec symptômes résiduels entre les épisodes. Cette spécification s'applique quand l'évolution est caractérisée par des épisodes au cours desquels le Critère A de la Schizophrénie est rempli et quand il y a des symptômes résiduels cliniquement significatifs entre les épisodes. **Avec symptômes négatifs prononcés** peut être ajouté si des symptômes négatifs prononcés sont présents au cours de ces périodes résiduelles.

Épisodique sans symptômes résiduels entre les épisodes. Cette spécification s'applique quand l'évolution est caractérisée par des épisodes au cours desquels le Critère A de la Schizophrénie est rempli et quand il n'y a pas de symptômes résiduels cliniquement significatifs entre les épisodes.

Continue. Cette spécification s'applique quand les symptômes caractéristiques du Critère A sont remplis tout au long (ou presque) de l'évolution. **Avec symptômes négatifs prononcés** peut être ajouté si des symptômes négatifs prononcés sont également présents.

Épisode isolé en rémission partielle. Cette spécification s'applique quand il y a eu un seul épisode au cours duquel le Critère A de la Schizophrénie était rempli et quand il persiste des symptômes résiduels cliniquement significatifs. **Avec symptômes négatifs prononcés** peut être ajouté si ces symptômes résiduels incluent des symptômes négatifs prononcés.

Épisode isolé en rémission complète. Cette spécification s'applique quand il y a eu un seul épisode au cours duquel le

Critère A de la Schizophrénie était rempli et quand il ne persiste aucun symptôme résiduel cliniquement significatif.

Autre cours évolutif ou cours évolutif non spécifié. Cette spécification est employée si un autre cours évolutif ou si un cours évolutif non spécifié a été présent.

Moins d'une année depuis la survenue des symptômes de la phase active initiale.

■ F20.8 [295.40] Trouble schizophréniforme

A. Répond aux critères A, D, et E de la Schizophrénie.

B. L'épisode pathologique (englobant les phases prodromique, active et résiduelle) dure au moins 1 mois mais moins de 6 mois. (Quand on doit faire un diagnostic sans attendre la guérison, on doit qualifier celui-ci de « provisoire »).

Spécifier si :
Sans caractéristiques de bon pronostic
Avec caractéristiques de bon pronostic : deux (ou plus) des manifestations suivantes :

    (1) survenue de symptômes psychotiques importants dans les 4 semaines succédant au premier changement observable du comportement ou du fonctionnement habituel
    (2) confusion ou perplexité à l'acmé de l'épisode psychotique
    (3) bon fonctionnement social et professionnel prémorbide
    (4) absence d'émoussement ou d'abrasion de l'affect

■ F25.x [295.70] Trouble schizo-affectif

A. Période ininterrompue de maladie caractérisée par la présence simultanée, à un moment donné, soit d'un Épisode dépressif majeur, soit d'un Épisode maniaque, soit d'un Épisode mixte, et de symptômes répondant au critère A de la Schizophrénie.

N. B. : L'Épisode dépressif majeur doit comprendre le Critère A1 : humeur dépressive.

B. Au cours de la même période de la maladie, des idées délirantes ou des hallucinations ont été présentes pendant au moins 2 semaines, en l'absence de symptômes thymiques marqués.

C. Les symptômes qui répondent aux critères d'un épisode thymique sont présents pendant une partie conséquente de la durée totale des périodes actives et résiduelles de la maladie.

D. La perturbation n'est pas due aux effets physiologiques directs d'une substance (p. ex., une substance donnant lieu à abus, un médicament) ou d'une affection médicale générale.

Spécification du sous-type :

.0 Type bipolaire : si la perturbation comprend un Épisode maniaque ou un Épisode mixte (ou un Épisode maniaque ou un Épisode mixte et des Épisodes dépressifs majeurs).

.1 Type dépressif : si la perturbation comprend uniquement des Épisodes dépressifs majeurs.

■ F22.0 [297.1] Trouble délirant

A. Idées délirantes non bizarres (c.-à-d. impliquant des situations rencontrées dans la réalité telles que : être poursuivi(e), empoisonné(e), contaminé(e), aimé(e) à distance, ou trompé(e) par le conjoint ou le partenaire, ou être atteint(e) d'une maladie), persistant au moins 1 mois.

B. N'a jamais répondu au Critère A de la Schizophrénie. **N.-B. :** des hallucinations tactiles et olfactives peuvent être présentes dans le trouble délirant si elles sont en rapport avec le thème du délire.

C. En dehors de l'impact de l'idée (des idées) délirante (s) ou de ses (leurs) ramifications, il n'y a pas d'altération marquée du fonctionnement ni de singularités ou de bizarreries manifestes du comportement.

D. En cas de survenue simultanée d'épisodes thymiques et d'idées délirantes, la durée totale des épisodes thymiques a été brève par rapport à la durée des périodes de délire.

E. La perturbation n'est pas due aux effets physiologiques directs d'une substance (p. ex., une substance donnant lieu à abus, un médicament) ou d'une affection médicale générale.

Spécification du type : la désignation des types suivants est fondée sur le thème délirant prédominant :

Type érotomaniaque : idées délirantes dont le thème est qu'une personne, habituellement d'un niveau plus élevé, est amoureuse du sujet.

Type mégalomaniaque : idées délirantes dont le thème est une idée exagérée de sa propre valeur, de son pouvoir, de ses connaissances, de son identité, ou d'une relation exceptionnelle avec une divinité ou une personne célèbre.

A Type de jalousie : idées délirantes dont le thème est que le partenaire sexuel du sujet lui est infidèle

A Type de persécution : idées délirantes dont le thème est que l'on se conduit d'une façon malveillante envers le sujet (ou envers une personne qui lui est proche).

Type somatique : idées délirante dont le thème est que la personne est atteinte d'une imperfection physique ou d'une affection médicale générale.

Type mixte : idées délirantes caractéristiques de plus d'un des types précédents, mais sans prédominance d'aucun thème.

Type non spécifié.

■ F23.8x [298.8] Trouble psychotique bref

A. Présence d'un (ou plus) des symptômes suivants :

(1) idées délirantes
(2) hallucinations
(3) discours désorganisé (c.-à-d. coq-à-l'âne fréquents ou incohérence)
(4) comportement grossièrement désorganisé ou catatonique

N.-B. : Ne pas inclure un symptôme s'il s'agit d'une modalité de réaction culturellement admise.

B. Au cours d'un épisode, la perturbation persiste au moins 1 jour, mais moins d'1 mois, avec retour complet au niveau de fonctionnement prémorbide.

C. La perturbation n'est pas mieux expliquée par un Trouble de l'humeur avec caractéristiques psychotiques, un Trouble schizo-affectif, ou une Schizophrénie et n'est pas due aux effets physiologiques directs d'une substance (p. ex., une substance donnant lieu à abus, un médicament) ou d'une affection médicale générale.

Spécifier si :

.81 Avec facteur(s) de stress marqué(s) (psychose réactionnelle brève) : si les symptômes surviennent peu de temps après – et apparemment en réaction à – des événements qui, isolément ou réunis, produiraient un stress marqué chez la plupart des sujets dans des circonstances similaires et dans la même culture.

.80 Sans facteur(s) de stress marqué(e) : si les symptômes psychotiques *ne surviennent pas* peu de temps après – ou ne sont pas apparemment réactionnels à – des événements qui, isolément ou réunis, produiraient un stress marqué chez la plupart des sujets dans des circonstances similaires et dans la même culture.

Avec début lors du post-partum : si les symptômes surviennent dans les 4 semaines du post-partum.

■ F24 [297.3] Trouble psychotique partagé (Folie à Deux)[1]

A. Survenue d'idées délirantes chez un sujet dans le contexte d'une relation étroite avec une ou plusieurs personnes ayant déjà des idées délirantes avérées.

B. Le contenu des idées délirantes est similaire à celui de la personne ayant déjà des idées délirantes avérées.

C. La perturbation n'est pas mieux expliquée par un autre Trouble psychotique (p. ex une Schizophrénie) ou un Trouble de l'humeur avec caractéristiques psychotiques et n'est pas due aux effets physiologiques directs d'une substance (p. ex., une substance donnant lieu à abus, un médicament) ou d'une affection médicale générale.

■ F06.x [293.xx] Trouble psychotique dû à… (indiquer l'affection médicale générale)

A. Hallucinations ou idées délirantes au premier plan.

B. Mise en évidence d'après l'histoire de la maladie, l'examen physique ou les examens complémentaires, d'une affection médicale générale dont la perturbation est la conséquence physiologique directe.

---

1. En français dans la version originale du DSM-IV-TR (N.d.T.).

C. La perturbation n'est pas mieux expliquée par un autre trouble mental.

D. La perturbation ne survient pas de façon exclusive au cours de l'évolution d'un delirium.

Code fondé sur le symptôme prédominant :

.2   [**.81] Avec idées délirantes :** si des idées délirantes sont le symptôme prédominant

.0   [**.82] Avec hallucinations :** si des hallucinations sont le symptôme prédominant

Note de codage. Inclure le nom de l'affection médicale générale sur l'Axe I, p. ex., F06.2 [293.81] Trouble psychotique dû à un cancer du poumon, avec idées délirantes ; coder aussi l'affection médicale générale sur l'Axe III (v. l'Annexe G pour les codes).

Note de codage. Si les idées délirantes font partie d'une Démence vasculaire, indiquer les idées délirantes en codant le sous-type approprié, p. ex., F01.x1 [290.42] Démence vasculaire, avec idées délirantes.

■ F1x.5 Trouble psychotique induit par une substance

A. Hallucinations ou idées délirantes au premier plan. **N.-B. :** Ne pas tenir compte d'hallucinations dont le sujet est conscient qu'elles sont induites par une substance.

B. Mise en évidence d'après l'histoire de la maladie, l'examen physique ou les examens complémentaires, soit de (1), soit de (2) :

(1) les symptômes du Critère A sont apparus pendant une Intoxication ou un Sevrage à une substance, ou dans le mois qui a suivi

(2) la prise d'un médicament est liée étiologiquement à l'affection

C. L'affection n'est pas mieux expliquée par un trouble psychotique non induit par une substance. Les manifestations suivantes peuvent permettre de mettre en évidence que les symptômes sont attribuables à un Trouble psychotique non induit par une substance : les symptômes précèdent le début de la prise de substance (ou de la prise de médicament) ; les symptômes persistent pendant une période de temps conséquente (c.-à-d. environ un mois) après la fin d'un sevrage aigu ou d'une intoxication sévère, ou dépassent largement ce à quoi on aurait pu s'attendre étant donné le type de substance, la quantité prise ou la durée d'utilisation ; ou d'autres éléments probants suggèrent l'existence indépendante d'un Trouble psychotique non induit par une substance (p. ex., des antécédents d'épisodes récurrents non liés à une substance).

D. L'affection ne survient pas de façon exclusive au cours de l'évolution d'un delirium.

N.-B. : On doit faire ce diagnostic et non celui d'une Intoxication par une substance ou d'un Sevrage à une substance uniquement quand les symptômes excèdent ceux qui sont généralement associés à une intoxication ou un syndrome de sevrage et quand ils sont suffisamment sévères pour justifier à eux seuls un examen clinique.

Codage du Trouble psychotique induit par une substance spécifique :

(F10.51 [291.5] Alcool, avec idées délirantes ; F10.52 [291.3] Alcool, avec hallucinations ; F15.51 [292.11] Amphétamine (ou substance amphétaminique), avec idées délirantes ; F15.52 [292.12] Amphétamine (ou substance amphétaminique), avec hallucinations ; F12.51 [292.11] Cannabis, avec idées délirantes ; F12.52 [292.12] Cannabis, avec hallucinations ; F14.51 [292.11] Cocaïne, avec idées délirantes ; F14.52 [292.12] Cocaïne, avec hallucinations ; F16.51 [292.11] Hallucinogènes, avec idées délirantes ; F16.52 [292.12] Hallucinogènes, avec hallucinations ; F18.51 [292.11] Solvants volatils, avec idées délirantes ; F18.52 [292.12] Solvants volatils, avec hallucinations ; F11.51 [292.11] Opiacés, avec idées délirantes ; F11.52 [292.12] Opiacés, avec hallucinations ; F19.51 [292.11] Phencyclidine (ou substance similaire), avec idées délirantes ; F19.52 [292.12] Phencyclidine (ou substance similaire), avec hallucinations ; F13.51 [292.11] Sédatifs, Hypnotiques ou Anxiolytiques, avec idées délirantes ; F13.52 [292.12] Sédatifs, Hypnotiques ou Anxiolytiques, avec hallucinations ; F19.51 [292.11] Autre substance (ou substance inconnue), avec idées délirantes ; F19.52 [292.12] Autre substance (ou substance inconnue), avec hallucinations).

Note de codage. Le code diagnostique dépend de la prédominance dans le tableau clinique d'idées délirantes ou d'hallucinations (Voir p. 116 pour les procédures d'enregistrement).

Spécifier le mode de survenue (vérifier s'il s'applique à la substance considérée en consultant le tableau de la page 106) :

Avec début pendant l'intoxication : répond aux critères d'une intoxication à la substance et les symptômes sont apparus pendant l'intoxication.

Avec début pendant le sevrage : répond aux critères d'un sevrage à la substance et les symptômes sont apparus pendant le syndrome de sevrage ou peu de temps après.

■ F29 [298.9] Trouble psychotique non spécifié

Cette catégorie inclut une symptomatologie psychotique (p. ex., idées délirantes, hallucinations, discours désorganisé, comportement grossièrement désorganisé ou catatonique) pour laquelle on manque d'informations adéquates pour porter un diagnostic spécifique ou pour laquelle on dispose d'informations contradictoires, ou inclut des troubles avec des symptômes psychotiques qui ne répondent aux critères d'aucun Trouble psychotique spécifique.

(1) Une psychose du post-partum qui ne répond pas aux critères d'un Trouble de l'humeur, avec caractéristiques psychotiques, d'un Trouble psychotique bref, d'un Trouble psychotique dû à une affection médicale générale ou d'un Trouble psychotique induit par une substance psychoactive.

(2) Des symptômes psychotiques qui ont persisté moins d'1 mois, mais qui ne se sont pas encore amendés, si bien que les critères du Trouble psychotique bref ne sont pas remplis.

(3) Hallucinations auditives persistantes en l'absence de toute autre caractéristique.

(4) Idées délirantes persistantes non bizarres avec des périodes d'épisodes thymiques intercurrents qui ont été présentes pendant une partie conséquente de la perturbation délirante.

(5) Situation dans laquelle le clinicien a conclu à la présence d'un Trouble psychotique mais où il est incapable de déterminer si celui-ci est primaire, dû à une affection médicale générale ou induit par une substance.

Troubles de l'humeur

Cette section est divisée en trois parties. La première partie décrit les **épisodes thymiques** (Épisode dépressif majeur, Épisode maniaque, Épisode mixte et Épisode hypomaniaque) qui sont présentés à part, au début de cette section pour faciliter le diagnostic des différents troubles de l'humeur. Il n'existe pas de code spécifique à ces épisodes qui ne peuvent être diagnostiqués comme des entités autonomes ; cependant ce sont les éléments qui sont utilisés pour construire les diagnostics des troubles. La deuxième partie décrit les **Troubles de l'humeur** (p. ex., Trouble dépressif majeur, Trouble dysthymique, Trouble bipolaire I). La présence ou l'absence d'un épisode thymique décrit dans la première partie de la section fait partie des critères requis pour la plupart des troubles de l'humeur. La troisième partie comprend les **spécifications** décrivant l'épisode thymique le plus récent ou l'évolution des épisodes récurrents.

Épisodes thymiques

☐ Épisode dépressif majeur

A. Au moins cinq des symptômes suivants doivent avoir été présents pendant une même période d'une durée de deux semaines et avoir représenté un changement par rapport au fonctionnement antérieur ; au moins un des symptômes est soit (1) une humeur dépressive, soit (2) une perte d'intérêt ou de plaisir.

N.-B. : Ne pas inclure des symptômes qui sont manifestement imputables à une affection médicale générale, à des idées délirantes ou à des hallucinations non congruentes à l'humeur.

(1) Humeur dépressive présente pratiquement toute la journée, presque tous les jours, signalée par le sujet (p. ex., se sent triste ou vide) ou observée par les autres (p. ex., pleure). **N.-B. :** Éventuellement irritabilité chez l'enfant et l'adolescent

(2) Diminution marquée de l'intérêt ou du plaisir pour toutes ou presque toutes les activités pratiquement toute la journée, presque tous les jours (signalée par le sujet ou observée par les autres)

(3) Perte ou gain de poids significatif en l'absence de régime (p. ex., modification du poids corporel en un mois excédant 5 %), ou diminution ou augmentation de l'appétit presque tous les jours. **N.-B. :** Chez l'enfant, prendre en compte l'absence de l'augmentation de poids attendue

(4) Insomnie ou hypersomnie presque tous les jours

(5) Agitation ou ralentissement psychomoteur presque tous les jours (constaté par les autres, non limité à un sentiment subjectif de fébrilité ou de ralentissement intérieur)

(6) Fatigue ou perte d'énergie presque tous les jours

(7) Sentiment de dévalorisation ou de culpabilité excessive ou inappropriée (qui peut être délirante) presque tous les jours (pas seulement se faire grief ou se sentir coupable d'être malade)

(8) Diminution de l'aptitude à penser ou à se concentrer ou indécision presque tous les jours (signalée par le sujet ou observée par les autres)

(9) Pensées de mort récurrentes (pas seulement une peur de mourir), idées suicidaires récurrentes sans plan précis ou tentative de suicide ou plan précis pour se suicider.

B. Les symptômes ne répondent pas aux critères d'Épisode mixte (v. p. 167)

C. Les symptômes induisent une souffrance cliniquement significative ou une altération du fonctionnement social, professionnel ou dans d'autres domaines importants.

D. Les symptômes ne sont pas imputables aux effets physiologiques directs d'une substance (p. ex., une substance donnant lieu à abus, un médicament) ou d'une affection médicale générale (p. ex., hypothyroïdie).

E. Les symptômes ne sont pas mieux expliqués par un Deuil, c.-à-d. après la mort d'un être cher, les symptômes persistent pendant plus de deux mois ou s'accompagnent d'une altération marquée du fonctionnement, de préoccupations morbides de dévalorisation, d'idées suicidaires, de symptômes psychotiques ou d'un ralentissement psychomoteur.

☐ **Épisode maniaque**

A. Une période nettement délimitée durant laquelle l'humeur est élevée de façon anormale et persistante, pendant au moins une semaine (ou toute autre durée si une hospitalisation est nécessaire).

B. Au cours de cette période de perturbation de l'humeur, au moins 3 des symptômes suivants (4 si l'humeur est seulement irritable) ont persisté avec une intensité suffisante :

(1) augmentation de l'estime de soi ou idées de grandeur

(2) réduction du besoin de sommeil (p. ex., le sujet se sent reposé après seulement 3 heures de sommeil)

(3) plus grande communicabilité que d'habitude ou désir de parler constamment

(4) fuite des idées ou sensations subjectives que les pensées défilent

(5) distractibilité (p. ex., l'attention est trop facilement attirée par des stimulus extérieurs sans importance ou insignifiants)

(6) augmentation de l'activité orientée vers un but (social, professionnel, scolaire ou sexuel) ou agitation psychomotrice

(7) engagement excessif dans des activités agréables mais à potentiel élevé de conséquences dommageables (p. ex., la personne se lance sans retenue dans des achats inconsidérés, des conduites sexuelles inconséquentes ou des investissements commerciaux déraisonnables)

C. Les symptômes ne répondent pas aux critères d'un Épisode mixte (voir p. 167).

D. La perturbation de l'humeur est suffisamment sévère pour entraîner une altération marquée du fonctionnement professionnel, des activités sociales ou des relations interpersonnelles, ou pour nécessiter l'hospitalisation afin de prévenir des conséquences dommageables pour le sujet ou pour autrui, ou bien il existe des caractéristiques psychotiques.

E. Les symptômes ne sont pas dus aux effets physiologiques directs d'une substance (p ex. substance donnant lieu à abus, médicament ou autre traitement) ou d'une affection médicale générale (p. ex., hyperthyroïdie).

N.-B. : Des épisodes d'allure maniaque clairement secondaires à un traitement antidépresseur somatique (p. ex., médicament, sismothérapie, photothérapie) ne doivent pas être pris en compte pour le diagnostic de Trouble bipolaire I.

☐ Épisode mixte

A. Les critères sont réunis à la fois pour un Épisode maniaque (v. p. 165) et pour un Épisode dépressif majeur (à l'exception du critère de durée) (v. p. 163), et cela presque tous les jours pendant au moins une semaine.

B. La perturbation de l'humeur est suffisamment sévère pour entraîner une altération marquée du fonctionnement professionnel, des activités sociales ou des relations interpersonnelles, ou pour nécessiter l'hospitalisation afin de prévenir des conséquences dommageables pour le sujet ou pour autrui, ou il existe des caractéristiques psychotiques.

C. Les symptômes ne sont pas dûs aux effets physiologiques directs d'une substance (p. ex., substance donnant lieu à abus, médicament ou autre traitement) ou d'une affection médicale générale (p. ex., hyperthyroïdie).

N.-B. : Des Épisodes d'allure mixte clairement secondaires à un traitement antidépresseur somatique (médicament, sismothérapie, photothérapie) ne doivent pas être pris en compte pour le diagnostic de Trouble bipolaire I.

☐ Épisode hypomaniaque

A. Une période nettement délimitée durant laquelle l'humeur est élevée de façon persistante, expansive ou irritable, clairement différente de l'humeur non dépressive habituelle, et ce tous les jours pendant au moins 4 jours.

B. Au cours de cette période de perturbation de l'humeur, au moins 3 des symptômes suivants (quatre si l'humeur est seulement irritable) ont persisté avec une intensité significative :

(1) augmentation de l'estime de soi ou idées de grandeur

(2) réduction du besoin de sommeil (p. ex., le sujet se sent reposé après seulement 3 heures de sommeil)

(3) plus grande communicabilité que d'habitude ou désir de parler constamment

(4) fuite des idées ou sensations subjectives que les pensées défilent

(5) distractibilité (p. ex., l'attention est trop facilement attirée par des stimulus extérieurs sans importance ou insignifiants)

(6) augmentation de l'activité orientée vers un but (social, professionnel, scolaire ou sexuel) ou agitation psychomotrice

(7) engagement excessif dans des activités agréables mais à potentiel élevé de conséquences dommageables (p. ex., la personne se lance sans retenue dans des achats inconsidérés, des conduites sexuelles inconséquentes ou des investissements commerciaux déraisonnables)

C. L'épisode s'accompagne de modifications indiscutables du fonctionnement, qui diffère de celui du sujet hors période symptomatique.

D. La perturbation de l'humeur et la modification du fonctionnement sont manifestes pour les autres.

E. La sévérité de l'épisode n'est pas suffisante pour entraîner une altération marquée du fonctionnement professionnel ou social, ou pour nécessiter l'hospitalisation, et il n'existe pas de caractéristiques psychotiques.

F. Les symptômes ne sont pas dus aux effets physiologiques directs d'une substance (p. ex., substance donnant lieu à abus, médicament, ou autre traitement) ou d'une affection médicale générale (p. ex., hyperthyroïdie).

N.-B. : Des épisodes d'allure hypomaniaque clairement secondaires à un traitement antidépresseur somatique (médicament, sismothérapie, photothérapie) ne doivent pas être pris en compte pour le diagnostic de Trouble bipolaire II.

Troubles dépressifs

■ F32.x [296.2x] Trouble dépressif majeur, Épisode isolé

A. Présence d'un Épisode dépressif majeur (v. p. 163)

B. L'Épisode dépressif majeur n'est pas mieux expliqué par un Trouble schizo-affectif et n'est pas surajouté à une Schizophrénie, un Trouble schizophréniforme, un Trouble délirant, ou un Trouble psychotique non spécifié.

C. Il n'y a jamais eu d'Épisode maniaque (v. p. 165), mixte (v. p. 167), ou hypomaniaque (v. p. 167).

N.-B. : Cette règle d'exclusion ne s'applique pas si tous les épisodes d'allure maniaque, mixte, ou hypomaniaque ont été induits par une substance ou par un traitement, ou s'ils sont dus aux effets physiologiques directs d'une affection médicale générale.

Si tous les critères sont actuellement remplis pour un Épisode dépressif majeur, spécifier son statut clinique actuel et/ou ses caractéristiques :

Léger, Moyen, Sévère sans caractéristiques psychotiques, Sévère avec caractéristiques psychotiques (v. p. 193)

Chronique (v. p. 197)
Avec caractéristiques catatoniques (v. p. 197)
Avec caractéristiques mélancoliques (v. p. 198)
Avec caractéristiques atypiques (v. p. 199)
Avec début lors du post-partum (p. 200)

Si tous les critères ne sont pas remplis actuellement pour un Épisode dépressif majeur, *spécifier* le statut clinique actuel du Trouble dépressif majeur ou les caractéristiques de l'épisode le plus récent :

En rémission partielle, en rémission complète (v. p. 194)
Chronique (v. p. 197)
Avec caractéristiques catatoniques (v. p. 197)
Avec caractéristiques mélancoliques (v. p. 198)
Avec caractéristiques atypiques (v. p. 199)
Avec début lors du post-partum (v. p. 200)

Note de codage. Voir p. 171 pour les procédures d'enregistrement.

■ F33.x [296.3x] Trouble dépressif majeur, récurrent

A. Présence d'au moins deux Épisodes dépressifs majeurs (voir p. 163).

N.-B. : Deux épisodes sont considérés comme étant distincts lorsqu'il sont séparés par une période d'au moins deux mois consécutifs durant laquelle les critères d'un Épisode dépressif majeur ne sont pas remplis.

B. Les Épisodes dépressifs majeurs ne sont pas mieux expliqués par un Trouble schizo-affectif et ne sont pas surajoutés à une Schizophrénie, à un Trouble schizophréniforme, à un Trouble délirant, ou à un Trouble psychotique non spécifié.

C. Il n'y a jamais eu d'Épisode maniaque (v. p. 165), mixte (v. p. 167), ou hypomaniaque (voir p. 167).

N.-B. : Cette règle d'exclusion ne s'applique pas si tous les épisodes d'allure maniaque, mixte, ou hypomaniaque ont été induits par une substance ou par un traitement, ou s'ils sont dus aux effets physiologiques directs d'une affection médicale générale.

Si tous les critères sont actuellement remplis pour un Épisode dépressif majeur, spécifier son statut clinique actuel et/ou ses caractéristiques :
Léger, moyen, sévère sans caractéristiques psychotiques, Sévère avec caractéristiques psychotiques (v. p. 193)
Chronique (v. p. 197)
Avec caractéristiques catatoniques (v. p. 197)

Avec caractéristiques mélancoliques (v. p. 198)
Avec caractéristiques atypiques (v. p. 199)
Avec début lors du post-partum (v. p. 200)

Si tous les critères ne sont pas remplis actuellement pour un Épisode dépressif majeur, spécifier le statut clinique actuel du Trouble dépressif majeur ou les caractéristiques de l'épisode le plus récent :

En rémission partielle, en rémission complète (v. p. 194)
Chronique (v. p. 197)
Avec caractéristiques catatoniques (v. p. 197)
Avec caractéristiques mélancoliques (v. p. 198)
Avec caractéristiques atypiques (v. p. 199)
Avec début lors du post-partum (v. p. 200)

Spécifier :
**Les spécifications de l'évolution longitudinale
(avec ou sans guérison entre les épisodes)** (v. p. 201)
Avec caractère saisonnier (v. p. 203)

Procédures d'enregistrement

Les codes diagnostiques pour le Trouble dépressif majeur sont choisis comme suit :

(1) Les trois premiers caractères sont F3x [296].

(2) Le quatrième caractère est ou bien 2 (s'il existe seulement un Épisode dépressif majeur isolé), ou bien 3 (en présence d'Episodes dépressifs majeurs récurrents).

(3) Le cinquième chiffre précise, si tous les critères de l'Épisode dépressif majeur sont remplis, le niveau de sévérité comme suit : 1 pour une sévérité légère, 2 pour une sévérité moyenne, 3 pour sévère sans caractéristiques psychotiques, 4 pour sévère avec caractéristiques psychotiques. Si tous les critères pour un Épisode dépressif majeur ne sont pas actuellement remplis, le cinquième chiffre indique le statut clinique actuel du Trouble dépressif majeur comme suit : 5 pour En rémission partielle, 6 pour En rémission complète. Si le niveau de sévérité ou le statut clinique actuel n'est pas spé-

cifié, on code 0 pour le cinquième chiffre. D'autres spécifications pour un Trouble dépressif majeur ne peuvent être codées.

Lorsque l'on enregistre le nom d'un diagnostic, les termes doivent être présentés dans l'ordre suivant : Trouble dépressif majeur, spécifications codées par le quatrième caractère (p. ex., récurrent), spécifications codées par le cinquième caractère (p. ex., léger, sévère avec caractéristiques psychotiques, en rémission partielle), autant de spécifications que nécessaires (sans codes) pour l'épisode actuel ou l'épisode le plus récent (p. ex., avec caractéristiques mélancoliques, avec début lors du post-partum), et autant de spécifications que nécessaires (sans code) pour l'évolution des épisodes (p. ex., avec guérison intercurrente complète) ; p. ex., F33.1 [296.32] Trouble dépressif majeur, récurrent, sévérité moyenne, avec caractéristiques atypiques, avec caractère saisonnier, avec guérison intercurrente complète.

■ F34.1 [300.4] Trouble dysthymique

A. Humeur dépressive présente pratiquement toute la journée, plus d'un jour sur deux pendant au moins deux ans, signalée par le sujet ou observée par les autres. **N.-B. :** Chez les enfants et les adolescents, l'humeur peut être irritable et la durée doit être d'au moins un an.

B. Quand le sujet est déprimé, il présente au moins deux des symptômes suivants :

   (1) perte d'appétit ou hyperphagie
   (2) insomnie ou hypersomnie
   (3) baisse d'énergie ou fatigue
   (4) faible estime de soi
   (5) difficultés de concentration ou difficultés à prendre des décisions
   (6) sentiments de perte d'espoir

C. Au cours de la période de deux ans (un an pour les enfants et les adolescents) de perturbation thymique, le sujet n'a jamais eu de périodes de plus de deux mois consécutifs sans présenter les symptômes des critères A et B.

D. Au cours des deux premières années (de la première année pour les enfants et les adolescents) de la perturbation thymique, aucun Épisode dépressif majeur n'a été présent ; c'est-à-dire que la perturbation thymique n'est pas mieux expliquée par un Trouble dépressif majeur chronique ou par un Trouble dépressif majeur en rémission partielle.

N.-B. : En cas d'Épisode dépressif majeur antérieur, celui-ci doit avoir été en rémission complète (absence de signes ou de symptômes significatifs pendant deux mois) avant le développement du Trouble dysthymique. Par ailleurs, après les deux premières années (la première année pour les enfants et les adolescents) du Trouble dysthymique, des épisodes de Trouble dépressif majeur peuvent se surajouter : dans ce cas, les deux diagnostics doivent être portés si les critères d'un Épisode dépressif majeur sont remplis.

E. Il n'y a jamais eu d'Épisode maniaque (v. p. 165), mixte (v. p. 167), ou hypomaniaque (v. p. 167), et les critères du Trouble cyclothymique n'ont jamais été réunis.

F. La perturbation thymique ne survient pas uniquement au cours de l'évolution d'un Trouble psychotique chronique, tel une Schizophrénie ou un Trouble délirant.

G. Les symptômes ne sont pas dus aux effets physiologiques directs d'une substance (p. ex., une drogue donnant lieu à abus, un médicament) ou d'une affection médicale générale (p. ex., hypothyroïdie).

H. Les symptômes entraînent une souffrance cliniquement significative, ou une altération du fonctionnement social, professionnel, ou dans d'autres domaines importants.

Spécifier si :
Début précoce : si survenue du trouble avant l'âge de 21 ans
Début tardif : si survenue du trouble à l'âge de 21 ans ou après

Spécifier (pour les deux années les plus récentes du Trouble dysthymique) :
Avec caractéristiques atypiques (v. p. 199)

■ F32.9 ou F33.9 [311] Trouble dépressif non spécifié

La catégorie du Trouble dépressif non spécifié comprend les troubles ayant des caractéristiques dépressives qui ne remplissent pas les critères d'un Trouble dépressif majeur, d'un Trouble dysthymique, d'un Trouble de l'adaptation avec humeur dépressive, ou d'un Trouble de l'adaptation avec à la fois anxiété et humeur dépressive (v. p. 282). Parfois les symptômes dépressifs sont présents dans le cadre d'un Trouble anxieux non spécifié (v. p. 224). Les exemples de Trouble dépressif non spécifié comprennent :

1. Le Trouble dysphorique prémenstruel : lors de la plupart des cycles menstruels de l'année écoulée, des symptômes (p. ex., humeur dépressive marquée, anxiété marquée, labilité émotionnelle marquée, diminution de l'intérêt pour les activités) sont survenus régulièrement au cours de la phase lutéale (et ont diminué peu de jours après le début des règles). Ces symptômes doivent être suffisamment sévères pour nettement perturber le travail, la scolarité, ou les activités habituelles, et doivent être complètement absents pendant au moins 1 semaine après les règles (voir l'annexe B du DSM-IV-TR pour les critères proposés pour la recherche).

2. Trouble dépressif mineur : des épisodes d'au moins 2 semaines de symptômes dépressifs mais comportant moins de symptômes que les cinq requis pour un Trouble dépressif majeur (voir

l'annexe B du DSM-IV-TR pour les critères proposés pour la recherche).

3. F38.10 Trouble dépressif bref récurrent : des épisodes dépressifs d'une durée de 2 jours à 2 semaines, survenant au moins une fois par mois pendant 12 mois (non associés au cycle menstruel) (voir l'annexe B du DSM-IV-TR pour les critères proposés pour la recherche).

4. F20.4 Trouble dépressif postpsychotique de la Schizophrénie : un Épisode dépressif majeur survenant au cours de la phase résiduelle d'une Schizophrénie (voir l'annexe B du DSM-IV-TR pour les critères proposés pour la recherche).

5. Un Épisode dépressif majeur surajouté à un Trouble délirant, un Trouble psychotique non spécifié, ou à la phase active d'une Schizophrénie.

6. Toutes les situations où un trouble dépressif est présent d'après le clinicien, mais pour lequel ce dernier ne peut déterminer s'il est primaire, dû à une affection médicale générale, ou induit par une substance.

Troubles bipolaires

Trouble bipolaire I

Il existe six séries de critères distincts pour le Trouble bipolaire I : Épisode maniaque isolé, Épisode le plus récent hypomaniaque, Épisode le plus récent maniaque, Épisode le plus récent mixte, Épisode le plus récent dépressif, et Épisode le plus récent non spécifié. Le diagnostic de Trouble bipolaire I, Épisode maniaque isolé, est utilisé chez les sujets présentant un premier Épisode maniaque. Les autres séries de critères sont utilisées pour préciser la nature de l'épisode actuel (ou du plus récent), chez des sujets ayant eu des troubles de l'humeur récurrents.

■ F30.x [296.0x] Trouble bipolaire I, Épisode maniaque isolé

A. Présence d'un seul Épisode maniaque (v. p. 165) et aucun antécédent d'Épisode dépressif majeur.

N.-B. : La récurrence est définie soit par le changement de polarité d'une dépression, soit par l'existence d'un intervalle d'au moins 2 mois sans symptômes maniaques.

B. L'Épisode maniaque n'est pas mieux expliqué par un Trouble schizo-affectif et n'est pas surajouté à une Schizophrénie, un Trouble schizophréniforme, un Trouble délirant, ou un Trouble psychotique non spécifié

Spécifier :
Mixte : si les symptômes remplissent les critères d'un Épisode mixte (v. p. 167)

Si tous les critères sont actuellement remplis pour un Épisode maniaque, mixte ou un Épisode dépressif majeur, *spécifier* sa forme clinique actuelle et/ou ses caractéristiques : **léger, moyen ou sévère sans caractéristiques psychotiques/sévère**
Avec caractéristiques psychotiques (v. p. 194)
Avec caractéristiques catatoniques (v. p. 197)
Avec début lors du post-partum (v. p. 200)

Si tous les critères ne sont actuellement pas remplis pour un Épisode maniaque, mixte ou un Épisode dépressif majeur, *spécifier* la forme clinique actuelle du Trouble bipolaire I ou les caractéristiques de l'épisode le plus récent : **en rémission partielle, en rémission complète** (v. p. 194)
Avec caractéristiques catatoniques (v. p. 197)
Avec début lors du post-partum (v. p. 200)

Note de codage. Voir p. 182 pour les procédures d'enregistrement.

■ F31.0 [296.40] Trouble bipolaire I, Épisode le plus récent hypomaniaque

A. Épisode hypomaniaque actuel (où l'épisode le plus récent est un Épisode hypomaniaque) (v. p. 167).

B. Au moins un antécédent d'Épisode maniaque (v. p. 165) ou d'Épisode mixte (v. p. 167).

C. Les symptômes thymiques entraînent une souffrance cliniquement significative ou une altération du fonctionnement social, professionnel, ou dans d'autres domaines importants.

D. Les épisodes thymiques évoqués aux critères A et B ne sont pas mieux expliqués par un Trouble schizoaffectif et ils ne sont pas surajoutés à une Schizophrénie, un Trouble schizophréniforme, un Trouble délirant, ou un Trouble psychotique non spécifié.

Spécifier :
Les spécifications de l'évolution longitudinale (avec ou sans guérison entre les épisodes) (v. p. 201)
Avec caractère saisonnier (ne s'applique qu'à l'évolution des Épisodes dépressifs majeurs) (v. p. 203)
Avec cycles rapides (v. p. 203)

Note de codage. Voir p. 182 pour les procédures d'enregistrement.

■ F31.x [296.4x] Trouble bipolaire I, Épisode le plus récent maniaque

A. Épisode maniaque actuel (ou l'épisode le plus récent est un Épisode maniaque) (v. p. 165).

B. Au moins un antécédent d'Épisode dépressif majeur (v. p. 163), d'Épisode maniaque (v. p. 165) ou d'Épisode mixte (v. p. 167).

C. Les épisodes thymiques évoqués aux critères A et B ne sont pas mieux expliqués par un Trouble schizo-affectif et ils ne sont pas surajoutés à une Schizophrénie, un Trouble schizophréniforme, un Trouble délirant, ou un Trouble psychotique non spécifié.

Si tous les critères sont actuellement remplis pour un Épisode maniaque, *spécifier* sa forme clinique actuelle et/ou ses caractéristiques :
Léger, moyen ou sévère sans caractéristiques psychotiques/ Sévère Avec caractéristiques psychotiques (v. p. 194)
Avec caractéristiques catatoniques (v. p. 197)
Avec début lors du post-partum (v. p. 200)

Si tous les critères ne sont actuellement pas remplis pour un Épisode maniaque, *spécifier* la forme clinique actuelle du Trouble bipolaire I ou les caractéristiques de l'Épisode maniaque le plus récent :
En rémission partielle, en rémission complète (v. p. 195)
Avec caractéristiques catatoniques (v. p. 197)
Avec début lors du post-partum (v. p. 200)

Spécifier :
    Les spécifications de l'évolution longitudinale (avec ou sans guérison entre les épisodes) (v. p. 201)
    Avec caractère saisonnier (ne s'applique qu'à l'évolution des Épisodes dépressifs majeurs) (v. p. 203)
    Avec cycles rapides (v. p. 203)

Note de codage. Voir p. 182 pour les procédures d'enregistrement.

■ F31.6 [296.6x] Trouble bipolaire I, Épisode le plus récent mixte

A. Épisode mixte actuel (ou l'épisode le plus récent est un Épisode mixte) (v. p. 167).

B. Au moins un antécédent d'Épisode dépressif majeur (v. p. 163), d'Épisode maniaque (v. p. 165) ou d'Épisode mixte (v. p. 167).

C. Les épisodes thymiques évoqués aux critères A et B ne sont pas mieux expliqués par un Trouble Schizoaffectif et ils ne sont pas surajoutés à une Schizophrénie, un Trouble schizophréniforme, un Trouble délirant, ou un Trouble psychotique non spécifié.

Si tous les critères sont actuellement remplis pour un Épisode mixte, spécifier sa forme clinique actuelle et/ou ses caractéristiques :
Léger, moyen ou sévère sans caractéristiques psychotiques/ Sévère Avec caractéristiques psychotiques (v. p. 196)
Avec caractéristiques catatoniques (v. p. 197)
Avec début lors du post-partum (v. p. 200)
Si tous les critères ne sont actuellement pas remplis pour un Épisode mixte, *spécifier* la forme clinique actuelle du Trouble bipolaire I ou les caractéristiques de l'Épisode mixte le plus récent :
En rémission partielle, en rémission complète (v. p. 197)
Avec caractéristiques catatoniques (v. p. 197)
Avec début lors du post-partum(v. p. 200)

Spécifier :
Les spécifications de l'évolution longitudinale (avec ou sans guérison entre les épisodes) (v. p. 201)
Avec caractère saisonnier (ne s'applique qu'à l'évolution des Épisodes dépressifs majeurs) (v. p. 203)
Avec cycles rapides (v. p. 203)

Note de codage. Voir p. 182 pour les procédures d'enregistrement.

■ F31.x [296.5x] Trouble bipolaire I, Épisode le plus récent dépressif

A. Épisode dépressif majeur actuel (ou l'épisode le plus récent est un Épisode dépressif majeur) (v. p. 163).

B. Au moins un antécédent d'Épisode maniaque (v. p. 165) ou d'Épisode mixte (v. p. 167).

C. Les épisodes thymiques évoqués aux critères A et B ne sont pas mieux expliqués par un Trouble schizo-affectif et ils ne sont pas surajoutés à une Schizophrénie, un Trouble schizophréniforme, un Trouble délirant, ou un Trouble psychotique non spécifié.

Si tous les critères sont actuellement remplis pour un Épisode dépressif majeur, *spécifier* sa forme clinique actuelle et/ou ses caractéristiques :

Léger, moyen ou sévère sans caractéristiques psychotiques/ Sévère Avec caractéristiques psychotiques (v. p. 193)
Chronique (v. p. 197)
Avec caractéristiques catatoniques (v. p. 197)
Avec caractéristiques mélancoliques (v. p. 198)
Avec caractéristiques atypiques (v. p. 199)
Avec début lors du post-partum (v. p. 200)

Si tous les critères ne sont actuellement pas remplis pour un Épisode dépressif majeur, *spécifier* la forme clinique actuelle du Trouble bipolaire I ou les caractéristiques de l'Épisode dépressif majeur le plus récent :

En rémission partielle, en rémission complète (v. p. 194)
Chronique (v. p. 197)
Avec caractéristiques catatoniques (v. p. 197)
Avec caractéristiques mélancoliques (v. p. 198)
Avec caractéristiques atypiques (v. p. 199)
Avec début lors du post-partum (v. p. 200)

Spécifier :

Les spécifications de l'évolution longitudinale (avec ou sans guérison entre les épisodes) (v. p. 201)

Avec caractère saisonnier (ne s'applique qu'à l'évolution des Épisodes dépressifs majeurs) (v. p. 203)

Avec cycles rapides (v. p. 203)

Note de codage. Voir p. 182 pour les procédures d'enregistrement.

■ F31.9 [296.7] Trouble bipolaire I, Épisode le plus récent non spécifié

A. Les critères, sauf pour la durée, sont actuellement réunis (ou l'ont été lors de l'épisode le plus récent) pour un diagnostic d'épisode maniaque (v. p. 165), hypomaniaque (v. p. 167), mixte (v. p. 167) ou dépressif majeur (v. p. 163).

B. Au moins un antécédent d'Épisode maniaque (v. p. 165) ou d'Épisode mixte (v. p. 167).

C. Les symptômes thymiques entraînent une souffrance cliniquement significative ou une altération du fonctionnement social, professionnel, ou dans d'autres domaines importants.

D. Les symptômes thymiques évoqués aux critères A et B ne sont pas mieux expliqués par un Trouble schizo-affectif et ils ne sont pas surajoutés à une Schizophrénie, un Trouble schizophréniforme, un Trouble délirant, ou un Trouble psychotique non spécifié.

E. Les symptômes thymiques évoqués aux critères A et B ne sont pas dus aux effets physiologiques directs d'une substance (p. ex., une substance donnant lieu à abus, un médicament ou un autre traitement) ou d'une affection médicale générale (p. ex., une hypothyroïdie).

Spécifier :
Les spécifications de l'évolution longitudinale (avec ou sans guérison entre les épisodes) (v. p. 201)
Avec caractère saisonnier (ne s'applique qu'à l'évolution des Épisodes dépressifs majeurs) (v. p. 203)
Avec cycles rapides (v. p. 203)

Procédures d'enregistrement

Les codes diagnostiques pour le Trouble bipolaire I sont établis ainsi :

1. Les trois premiers caractères sont F30 [296].

2. Le quatrième caractère est 0 en cas d'épisode maniaque isolé. Pour les épisodes récurrents, le quatrième caractère précise la nature de l'épisode actuel (ou, si le Trouble bipolaire I est actuellement en rémission partielle ou complète, la nature de l'épisode le plus récent) : 4 si l'épisode actuel ou le plus récent est un Épisode hypomaniaque ou un Épisode maniaque, 5 s'il s'agit d'un Épisode dépressif majeur, 6 si c'est un Épisode mixte, et 7 si l'épisode actuel ou le plus récent est non spécifié.

3. Le cinquième chiffre (excepté pour le Trouble bipolaire I, Épisode le plus récent hypomaniaque et le Trouble bipolaire I, Épisode le plus récent non spécifié) précise, si tous les critères sont remplis pour un Épisode maniaque, mixte ou dépressif majeur, le niveau de sévérité comme suit : 1 pour sévérité légère, 2 pour sévérité moyenne, 3 pour sévère sans caractéristiques psychotiques, 4 pour sévère avec caractéristiques psychotiques. Si tous les critères ne sont pas remplis pour un Épisode maniaque, mixte ou dépressif majeur, le cinquième chiffre indique la forme clinique actuelle du Trouble bipolaire I de la façon suivante : 5 en rémission par-

tielle, 6 en rémission complète. Si la sévérité actuelle ou l'état actuel est non spécifié, le cinquième caractère est 0. D'autres spécifications du Trouble bipolaire I ne peuvent être codées. Pour le Trouble bipolaire I, Épisode le plus récent hypomaniaque, le cinquième chiffre est toujours 0. Pour le Trouble bipolaire I, Épisode le plus récent non spécifié, il n'y a pas de cinquième caractère.

Pour l'enregistrement du diagnostic, les termes doivent être énoncés dans l'ordre suivant : Trouble bipolaire I, spécifications codées par le quatrième caractère (p. ex., Épisode le plus récent maniaque), spécifications codées par le cinquième chiffre (p. ex., léger, sévère avec caractéristiques psychotiques, en rémission partielle), autant de spécifications que nécessaire (sans codes) pour l'évolution des épisodes (p. ex., avec cycles rapides) ; par exemple 296.54 Trouble bipolaire I, Épisode le plus récent dépressif, d'intensité sévère avec caractéristiques psychotiques, avec caractéristiques mélancoliques, avec cycles rapides.

À noter que si l'épisode isolé d'un Trouble bipolaire I est un Épisode mixte, le diagnostic doit être F30.x [296.0x] Trouble bipolaire I, Épisode maniaque isolé, mixte.

■ F31.8 [296.89] Trouble bipolaire II (Épisodes dépressifs majeurs récurrents avec Épisodes hypomaniaques)

A. Présence (ou antécédent) d'un ou de plusieurs Épisodes dépressifs majeurs (v. p. 163)

B. Présence (ou antécédent) d'au moins un Épisode hypomaniaque (v. p. 167)

C. Il n'a jamais existé d'Épisode maniaque (v. p. 165) ni d'Épisode mixte (v. p. 167)

D. Les symptômes thymiques évoqués aux critères A et B ne sont pas mieux expliqués par un Trouble schizo-affectif et ne sont pas surajoutés à une Schizophrénie, un Trouble schizophréniforme, un Trouble délirant, ou un Trouble psychotique non spécifié.

E. Les symptômes entraînent une souffrance cliniquement significative ou une altération du fonctionnement social, professionnel, ou dans d'autres domaines importants.

Spécifier épisode actuel ou le plus récent :

Hypomaniaque : Si L'épisode Actuel (Ou Le Plus Récent) Est Un Épisode Hypomaniaque (V. P. 167)

Dépressif : si l'épisode actuel (ou le plus récent) est un Épisode dépressif majeur (v. p. 163)

Si tous les critères sont actuellement remplis pour un Épisode dépressif majeur, spécifier sa forme clinique actuelle et/ou ses caractéristiques :

Léger, moyen ou sévère sans caractéristiques psychotiques/ sévère Avec caractéristiques psychotiques (v. p. 193).

N.-B. : Les codes du cinquième chiffre spécifiés p. 193 ne peuvent être utilisés ici car le code du Trouble bipolaire II utilise déjà le cinquième chiffre.

Chronique (v. p. 197)

Avec caractéristiques catatoniques (v. p. 197)

Avec caractéristiques mélancoliques (v. p. 198)

Avec caractéristiques atypiques (v. p. 199)

Avec début lors du post-partum (v. p. 200)

Si tous les critères ne sont actuellement pas remplis pour un Épisode hypomaniaque ou un Épisode dépressif majeur, *spécifier* la forme clinique actuelle du Trouble bipolaire II et/ou les caractéristiques de l'Épisode dépressif majeur le plus récent

(uniquement s'il s'agit du type d'épisode thymique le plus récent) :
En rémission partielle, en rémission complète (v. p. 194)
Chronique (v. p. 197)
Avec caractéristiques catatoniques (v. p. 197)
Avec caractéristiques mélancoliques (v. p. 198)
Avec caractéristiques atypiques (v. p. 199)
Avec début lors du post-partum (v. p. 200)
Spécifier :
Les spécifications de l'évolution longitudinale (avec ou sans guérison entre les épisodes) (v. p. 201)
Avec caractère saisonnier (v. p. 203)
Avec cycles rapides (v. p. 203)

■ F34.0 [301.13] Trouble cyclothymique

A. Existence, pendant au moins 2 ans, de nombreuses périodes pendant lesquelles des symptômes hypomaniaques (v. p. 167) sont présents et de nombreuses périodes pendant lesquelles des symptômes dépressifs sont présents sans que soient réunis les critères d'un Épisode dépressif majeur. **N.-B. :** Chez les enfants et les adolescents, la durée doit être d'au moins un an.

B. Durant la période de 2 ans décrite ci-dessus (1 an chez les enfants et les adolescents), le sujet n'a pas connu de période de plus de 2 mois consécutifs sans les symptômes décrits au Critère A.

C. Aucun Épisode dépressif majeur (v. p. 163), Épisode maniaque (v. p. 165) ou mixte (v. p. 167) n'est survenu au cours des 2 premières années du trouble.

N.-B. : Après la période initiale de 2 ans (1 an chez les enfants et les adolescents) du Trouble cyclothymique, il peut exister des Épisodes maniaques ou mixtes (auquel cas les diagnostics de Trouble bipolaire I et de Trouble cyclothymique peuvent être portés conjointement) ou des Épisodes dépressifs

majeurs (auquel cas les diagnostics de Trouble bipolaire II et de Trouble cyclothymique peuvent être portés conjointement).

D. Les symptômes thymiques évoqués au critère A ne sont pas
    mieux expliqués par un Trouble schizo-affectif et ils ne sont
    pas surajoutés à une Schizophrénie, un Trouble schizophréni-
    forme, un Trouble délirant, ou un Trouble psychotique non spé-
    cifié.

E. Les symptômes thymiques évoqués au critère A ne sont pas dus
    aux effets physiologiques directs d'une substance (p. ex., une
    substance donnant lieu à abus ou un médicament) ou d'une
    affection médicale générale (p. ex., une hyperthyroïdie).

F. Les symptômes entraînent une souffrance cliniquement signifi-
    cative ou une altération du fonctionnement social, profession-
    nel, ou dans d'autres domaines importants.

■ F30.9 ou F31.9 [296.80] Trouble bipolaire non spécifié

La catégorie du Trouble bipolaire non spécifié regroupe des
troubles ayant des caractéristiques bipolaires qui ne répondent aux
critères d'aucun Trouble bipolaire spécifié. Des exemples en sont :

1. Une alternance très rapide, sur quelques jours, de symptômes
    maniaques et dépressifs qui atteignent le seuil de critères sympto-
    matiques mais pas les critères de durée minimale d'Épisode
    maniaque, d'Épisode hypomaniaque ou d'Épisode dépressif
    majeur.

2. Des Épisodes hypomaniaques récurrents sans symptômes
    dépressifs entre les épisodes.

3. Un Épisode maniaque ou mixte surajouté à un Trouble délirant, à une Schizophrénie résiduelle, ou à un Trouble psychotique non spécifié.

4. Des épisodes hypomaniaques, s'accompagnant de symptômes dépressifs chroniques, qui ne sont pas assez fréquents pour remplir les critères diagnostiques de Trouble cyclothymique.

5. Une situation au cours de laquelle le clinicien a conclu à l'existence d'un Trouble bipolaire mais n'est pas en mesure de déterminer s'il s'agit d'un trouble primaire, ou d'un trouble dû à une affection médicale générale ou induit par une substance.

Autres Troubles de l'humeur

■ F06.3x [293.83] Trouble de l'humeur dû à... [*indiquer l'affection médicale générale*]

A. Une perturbation thymique au premier plan et persistante domine le tableau clinique et est caractérisée par l'un des deux (ou les deux) critères suivants :

(1) humeur dépressive ou diminution marquée de l'intérêt ou du plaisir pour toutes ou presque toutes les activités
(2) élévation de l'humeur, ou humeur expansive ou irritable

B. Les antécédents, l'examen physique ou les examens complémentaires montrent clairement que la perturbation est la conséquence physiologique directe d'une affection médicale générale.

C. La perturbation n'est pas mieux expliquée par un autre trouble mental (p. ex., Trouble de l'adaptation avec humeur dépressive en réponse au stress lié à une affection médicale générale).

D. La perturbation ne survient pas uniquement au décours d'un delirium.

E. Les symptômes entraînent une souffrance cliniquement significative ou une altération du fonctionnement social, professionnel, ou dans d'autres domaines importants.

Spécifier le type :

   Avec caractéristiques dépressives : si une humeur dépressive prédomine, mais que les critères pour un Épisode dépressif majeur ne sont pas remplis.

   Avec épisode d'allure de dépression majeure : si tous les critères pour un Épisode dépressif majeur sont réunis (à l'exception du critère D) (voir p. 163).

   Avec caractéristiques maniaques : si une élévation de l'humeur ou une humeur expansive ou irritable prédomine.

   Avec caractéristiques mixtes : si des symptômes dépressifs et maniaques sont présents, mais qu'aucun des deux ne prédomine.

Note de codage. Inclure le nom de l'affection médicale générale sur l'Axe I ; p. ex., F06.32 [293.83] Trouble de l'humeur dû à une hypothyroïdie, avec caractéristiques dépressives. Coder également l'affection médicale générale sur l'Axe III. (Voir l'Annexe G pour les codes.)

Note de codage. Si les symptômes dépressifs surviennent dans le cadre d'une Démence vasculaire , indiquer la présence de symptômes dépressifs en codant le sous-type de démence approprié, p. ex., F01.x3 [290.43] Démence vasculaire, avec humeur dépressive.

■ F19.8 Trouble de l'humeur induit par une substance

A. Une perturbation thymique au premier plan et persistante domine le tableau clinique et est caractérisée par l'un des deux (ou les deux) critères suivants :

    (1) humeur dépressive ou diminution marquée de l'intérêt ou du plaisir pour toutes ou presque toutes les activités

    (2) élévation de l'humeur, ou humeur expansive ou irritable

B. Les antécédents, l'examen physique ou les résultats des examens complémentaires montrent clairement que soit (1), soit (2) :

    (1) les symptômes du critère A se sont développés pendant ou dans le mois ayant suivi une Intoxication par une substance ou un Sevrage

    (2) la perturbation est étiologiquement liée à la prise d'un médicament

C. La perturbation n'est pas mieux expliquée par un autre trouble de l'humeur non induit par une substance. Les éléments suivants sont à prendre en compte pour montrer que les symptômes ne sont pas mieux expliqués par un Trouble de l'humeur non induit par une substance : la survenue des symptômes a précédé le début de la prise de la substance (ou de médicaments) ; les symptômes ont persisté pendant une période de temps conséquente (p. ex., environ un mois) après la fin d'un sevrage aigu ou d'une intoxication grave, ou ils sont disproportionnés par rapport à ce qui peut être attendu étant donné le type et la quantité de substance prise ou la durée de consommation ; ou bien encore, d'autres signes évoquent l'existence indépendante d'un Trouble de l'humeur non induit par une substance (p. ex., antécédents d'Épisodes dépressifs majeurs récurrents).

D. La perturbation ne survient pas uniquement au décours d'un delirium.

E. Les symptômes entraînent une souffrance cliniquement significative ou une altération du fonctionnement social, professionnel, ou dans d'autres domaines importants.

N.-B. : Ce diagnostic, et non celui d'une Intoxication par une substance ou d'un Sevrage à une substance, doit être porté uniquement lorsque les symptômes thymiques sont disproportionnés par rapport à ceux habituellement associés à une intoxication ou à un syndrome de sevrage, et lorsque les symptômes sont suffisamment sévères pour justifier à eux seuls un examen clinique.

Codage. Trouble de l'humeur induit par… [indiquer la substance]

F10.8 [291.89] Alcool ; F15.8 [292.84] Amphétamine [ou substance amphétaminique] ; F14.8 [292.84] Cocaïne ; F16.8 [292.84] Hallucinogènes ; F18.8 [292.84] Solvants volatils ; F11.8 [292.84] Opiacés ; F19.8 [292.84] Phencyclidine [ou substance similaire] ; F13.8 [292.84] Sédatifs, hypnotiques, ou anxiolytiques ; F19.8 [292.84] Autre substance [ou substance inconnue].

Note de codage. Pour les autres traitements somatiques (p. ex., sismothérapie, on doit utiliser le code pour autre substance). Voir p. 116 pour les procédures d'enregistrement.

Spécifier le type :
Avec caractéristiques dépressives : si une humeur dépressive prédomine.
Avec caractéristiques maniaques : si une élévation de l'humeur ou une humeur expansive ou irritable prédomine.
Avec caractéristiques mixtes : si des symptômes dépressifs et maniaques sont présents, mais qu'aucun des deux ne prédomine.

Spécifier si (applicabilité pour chacune des substances : se référer au tableau p. 106)
Avec début pendant une intoxication : si les critères pour une Intoxication par la substance sont réunis, et si les symptômes se sont développés pendant le syndrome d'intoxication
Avec début pendant un sevrage : si les critères pour un Sevrage à la substance sont réunis, et si les symptômes se sont développés pendant, ou juste après, un syndrome de sevrage.

■ F39 [296.90] Trouble de l'humeur non spécifié

Cette catégorie comprend des troubles comportant des symptômes thymiques qui ne répondent pas aux critères d'un Trouble de l'humeur spécifique et pour lesquels le choix entre Trouble dépressif non spécifié et Trouble bipolaire non spécifié est difficile (p. ex., agitation aiguë).

Spécifications décrivant l'épisode le plus récent

Un certain nombre de spécifications sont proposées pour les Troubles de l'humeur afin d'augmenter la spécificité du diagnostic et de créer des sous-groupes plus homogènes, d'aider au choix du traitement ou d'améliorer les prévisions pronostiques. Les spécifications sévérité/psychotique/en rémission décrivent la forme clinique actuelle du Trouble de l'humeur. Les spécifications suivantes décrivent les symptômes ou les caractéristiques évolutives de l'épisode thymique actuel (ou le plus récent épisode thymique si les critères d'aucun épisode ne sont remplis actuellement) : chronique, avec caractéristiques catatoniques, avec caractéristiques mélancoliques, avec début lors du post-partum. Les spécifications qui décrivent la sévérité, la rémission ou les caractéristiques psychotiques peuvent être codées au cinquième chiffre du code diagnostique pour la plupart des Troubles de l'humeur. Les autres spécifications ne peuvent pas être codées. Le tableau 1 montre quelles spécifications pour un épisode s'appliquent dans le cadre de chaque Trouble de l'humeur.

Tableau 1 : Spécifications d'un épisode s'appliquant aux troubles de l'humeur

	Sévérité/ psychotique/ en rémission	Chronique	Avec caractéristiques catatoniques	Avec caractéristiques mélancoliques	Avec caractéristiques atypiques	Avec début lors du post-partum
Épisode dépressif majeur épisode isolé	X	X	X	X	X	X
Épisode dépressif majeur récurrent	X	X	X	X	X	X
Trouble dysthymique					X	
Trouble bipolaire I Épisode maniaque isolé	X		X			X
Trouble bipolaire I Épisode le plus récent hypomaniaque						
Trouble bipolaire I Épisode le plus récent maniaque	X		X			X
Trouble bipolaire I Épisode le plus récent mixte	X		X			X
Trouble bipolaire I Épisode le plus récent dépressif	X	X	X	X	X	X
Trouble bipolaire I Épisode le plus récent non spécifié						
Trouble bipolaire II hypomaniaque						
Trouble bipolaire II dépressif	X	X	X	X	X	X
Trouble cyclothymique						

□ Spécification pour sévérité/psychotique/ en rémission d'un Épisode dépressif majeur actuel (ou le plus récent)

N.-B. : Coder à l'aide du cinquième chiffre. Léger, Moyen, Sévère sans caractéristiques psychotiques et Sévère avec caractéristiques psychotiques peuvent s'appliquer uniquement si les critères d'un Épisode dépressif majeur sont actuellement remplis. En rémission partielle ou En rémission complète peuvent s'appliquer au plus récent Épisode dépressif majeur au cours d'un Trouble dépressif majeur et à un Épisode dépressif majeur au cours d'un Trouble bipolaire I ou II mais seulement s'il s'agit de l'épisode thymique le plus récent.

.x1–Léger : peu ou pas de symptômes supplémentaires par rapport au nombre nécessaire pour répondre au diagnostic. L'altération du fonctionnement professionnel ou des relations avec les autres ou des activités sociales courantes est seulement mineure.

.x2–Moyen : symptômes et altération du fonctionnement compris entre « léger » et « sévère ».

.x3–Sévère sans caractéristiques psychotiques : plusieurs symptômes supplémentaires par rapport au nombre nécessaire pour répondre au diagnostic, **et** les symptômes perturbent nettement les activités professionnelles, les activités sociales courantes ou les relations avec les autres.

.x4–Sévère avec caractéristiques psychotiques : idées délirantes ou hallucinations. Spécifier si possible, quand les caractéristiques psychotiques sont congruentes ou non congruentes à l'humeur :

Caractéristiques psychotiques congruentes à l'humeur : le contenu des idées délirantes ou des hallucinations concorde avec les thèmes dépressifs typiques de dévalorisation, de culpabilité, de maladie, de mort, de nihilisme ou de punition méritée.

Caractéristiques psychotiques non congruentes à l'humeur : le contenu des idées délirantes ou des hallucinations ne comporte

pas les thèmes dépressifs typiques de dévalorisation, de culpabilité, de maladie, de mort, de nihilisme ou de punition méritée. On
retrouve des symptômes tels que des idées délirantes de persécution (non liées directement à des thèmes dépressifs), de pensée
imposée, de diffusion de la pensée ou des idées délirantes
d'influence.

.x5–En rémission partielle : les symptômes d'un Épisode dépressif
majeur sont présents mais les critères complets ne sont pas remplis ou il existe une période d'une durée inférieure à deux mois
suivant la fin d'un Épisode dépressif majeur sans aucun symptôme significatif d'Épisode dépressif majeur (si l'Épisode
dépressif majeur était surajouté à un Trouble dysthymique on ne
retient que le diagnostic de Trouble dysthymique dès lors que
les critères pour l'Épisode dépressif majeur ne sont plus réunis).

.x6–En rémission complète : il n'existe aucun signe ou symptôme
significatif de l'affection depuis deux mois.

.x0–Non spécifié.

☐ Spécifications pour sévérité/psychotique/ en rémission d'un Épisode maniaque actuel (ou le plus récent)

N.-B. : Coder à l'aide du cinquième chiffre. Léger, Moyen, Sévère sans caractéristiques psychotiques et Sévère avec caractéristiques psychotiques peuvent
s'appliquer uniquement si les critères d'un Épisode maniaque sont actuellement
remplis. En rémission partielle ou En rémission complète peuvent s'appliquer
à un Épisode maniaque mais seulement s'il s'agit de l'épisode thymique le plus
récent.

.x1–Léger : le nombre de symptômes présentés est le minimum
requis pour un Épisode maniaque.

.x2–Moyen : augmentation très importante de l'activité ou altération du jugement.

.x3–Sévère sans caractéristiques psychotiques : une surveillance constante est nécessaire pour éviter des dommages physiques au sujet ou aux autres.

.x4–Sévère avec caractéristiques psychotiques : idées délirantes ou hallucinations. Spécifier dans la mesure du possible si les caractéristiques psychotiques sont congruentes ou non congruentes à l'humeur :

Caractéristiques psychotiques congruentes à l'humeur : le contenu du délire et des hallucinations concorde entièrement avec les thèmes maniaques typiques de surestimation de sa valeur, de son pouvoir, de ses connaissances, de son identité ou de ses relations avec une personne célèbre ou une divinité ;

Caractéristiques psychotiques non congruentes à l'humeur : le contenu des idées délirantes ou des hallucinations ne comporte pas les thèmes maniaques typiques de surestimation de sa valeur, de son pouvoir, de ses connaissances, de son identité ou de ses relations privilégiées avec une personne célèbre ou une divinité. On retrouve des symptômes tels que des idées délirantes de persécution (non liées directement à des thèmes ou idées de grandeur), de pensée imposée ou des idées délirantes d'influence.

.x5–En rémission partielle : les symptômes maniaques sont présents mais les critères complets ne sont pas remplis ou il existe une période d'une durée inférieure à deux mois suivant la fin d'un Épisode maniaque sans aucun symptôme significatif d'Épisode maniaque.

.x6–En rémission complète : il n'existe aucun signe ou symptôme significatif de l'affection depuis deux mois.

.x0–Non spécifié.

□ Spécifications pour sévérité/psychotique/ en rémission d'un Épisode mixte

N.-B. : Coder à l'aide du cinquième chiffre. Léger, Moyen, Sévère sans caractéristiques psychotiques et Sévère avec caractéristiques psychotiques peuvent s'appliquer uniquement si les critères d'un Épisode mixte sont actuellement remplis. En rémission partielle ou En rémission complète peuvent s'appliquer à l'Épisode mixte d'un Trouble bipolaire I seulement s'il s'agit de l'épisode thymique le plus récent.

.x1–Léger : le nombre de symptômes présentés est le minimum requis pour les critères d'un Épisode maniaque et d'un Épisode dépressif majeur.

.x2–Moyen : symptômes et altération du fonctionnement compris entre « léger » et « sévère ».

.x3–Sévère sans caractéristiques psychotiques : une surveillance constante est nécessaire pour éviter des dommages physiques au sujet ou aux autres.

.x4–Sévère avec caractéristiques psychotiques : idées délirantes ou hallucinations. Spécifier dans la mesure du possible, si les caractéristiques psychotiques sont congruentes ou non congruentes à l'humeur :

Caractéristiques psychotiques congruentes à l'humeur : le contenu des idées délirantes ou des hallucinations concorde entièrement avec les thèmes maniaques ou dépressifs typiques.

Caractéristiques psychotiques non congruentes à l'humeur : le contenu des idées délirantes ou des hallucinations ne comporte pas les thèmes maniaques ou dépressifs typiques. On retrouve des symptômes tels que des idées délirantes de persécution (non liées directement à des thèmes de grandeur ou dépressifs), de pensée imposée ou des idées délirantes d'influence.

.x5–En rémission partielle : les symptômes d'un Épisode mixte sont présents mais les critères complets ne sont pas remplis ou il existe une période d'une durée inférieure à deux mois suivant la fin d'un Épisode mixte sans symptômes nets d'un Épisode mixte.

.x6–En rémission complète : il n'existe pas de signes ou de symptômes nets de l'affection depuis deux mois.

.x0–Non spécifié.

☐ Spécification de chronicité

Spécifier si :

    Chronique (peut s'appliquer à l'Épisode dépressif majeur actuel ou le plus récent d'un Trouble dépressif majeur et à un Épisode dépressif majeur d'un Trouble bipolaire I ou II seulement s'il s'agit de l'épisode thymique le plus récent).

Les critères d'un Épisode dépressif majeur ont été présents continuellement depuis au moins deux ans.

☐ Spécification des caractéristiques catatoniques

Spécifier si :

    Avec caractéristiques catatoniques (peut s'appliquer à l'Épisode dépressif majeur, maniaque ou mixte actuel ou le plus récent d'un Trouble dépressif majeur, d'un Trouble bipolaire I ou d'un Trouble bipolaire II).

Le tableau clinique est dominé par au moins deux des éléments suivants :

(1) immobilité motrice se traduisant par une catalepsie (y compris une flexibilité cireuse) ou un état de stupeur

(2) activité motrice excessive (apparemment sans but et non influencée par les stimulus externes)

(3) négativisme extrême (résistance sans motif apparent à toutes les consignes ou maintien d'une posture rigide résistant à toute tentative de mobilisation) ou mutisme

(4) mouvements volontaires bizarres se manifestant par l'adoption de postures (maintien volontaire de postures inappropriées ou bizarres), de mouvements stéréotypés, d'un maniérisme ou d'une mimique grimaçante prononcée

(5) écholalie ou échopraxie

☐ Spécification des caractéristiques mélancoliques

Spécifier si :

Avec caractéristiques mélancoliques (peut s'appliquer à l'Épisode dépressif majeur actuel ou le plus récent d'un Trouble dépressif majeur ou à l'Épisode dépressif majeur d'un Trouble bipolaire I ou Trouble bipolaire II seulement s'il s'agit de l'épisode thymique le plus récent).

A. L'un des éléments suivants a été présent au cours de la période la plus grave de l'épisode actuel :

(1) perte du plaisir pour toutes ou presque toutes les activités
(2) absence de réactivité aux stimulus habituellement agréables (ne se sent pas beaucoup mieux, même temporairement, lorsqu'un événement agréable survient)

B. Trois éléments (ou plus) parmi les suivants :

(1) qualité particulière de l'humeur dépressive (c.-à-d. l'humeur dépressive est ressentie comme qualitativement différente du sentiment éprouvé après la mort d'un être cher)

(2) dépression régulièrement plus marquée le matin

(3) réveil matinal précoce (au moins 2 heures avant l'heure habituelle du réveil)

(4) agitation ou ralentissement psychomoteur marqué

(5) anorexie ou perte de poids significative

(6) culpabilité excessive ou inappropriée

☐ Spécification des caractéristiques atypiques

Spécifier si :

Avec caractéristiques atypiques (peut s'appliquer quand ces caractéristiques prédominent pendant les deux semaines les plus récentes de l'Épisode dépressif majeur d'un Trouble dépressif majeur ou d'un Trouble bipolaire I ou Trouble bipolaire II, quand un Épisode dépressif majeur actuel est le type le plus récent d'épisode thymique, ou quand ces caractéristiques prédominent pendant les deux années les plus récentes d'un Trouble dysthymique ; si l'Épisode dépressif majeur n'est pas actuel, la spécification s'applique si les caractéristiques ont prédominé durant n'importe quelle période de 2 semaines).

A. Réactivité de l'humeur (c.-à-d. les événements positifs réels ou potentiels améliorent l'humeur).

B. Deux des caractéristiques suivantes :

(1) prise de poids ou augmentation de l'appétit significative

(2) hypersomnie

   (3) membres « en plomb » (c.-à-d. sensation de lourdeur, « de plomb » dans les bras et les jambes)

   (4) la sensibilité au rejet dans les relations est un trait durable (c.-à-d. qu'elle n'est pas limitée aux épisodes de trouble thymique) qui induit une altération significative du fonctionnement social ou professionnel

C. Ne répond pas aux critères avec caractéristiques mélancoliques ou avec caractéristiques catatoniques au cours du même épisode.

☐ Spécification d'un début lors du post-partum

Spécifier si :

Avec début lors du post-partum (peut s'appliquer à l'Épisode dépressif majeur, maniaque ou mixte d'un Trouble dépressif majeur, d'un Trouble bipolaire I ou d'un Trouble bipolaire II ou du Trouble psychotique bref).

Le début de l'épisode survient dans les quatre premières semaines du post-partum.

Spécifications décrivant l'évolution des épisodes récurrents

Les spécifications qui décrivent l'évolution des épisodes récurrents comprennent les spécifications pour l'évolution longitudinale (avec ou sans rémission complète entre les épisodes), le caractère saisonnier et les cycles rapides. Ces spécifications ne peuvent pas être codées. Le tableau 2 montre quelles spécifications de l'évolution s'appliquent pour chaque Trouble de l'humeur (v. p. 201).

Tableau 2 : Spécifications de l'évolution applicables
aux Troubles de l'humeur

	Avec/sans guérison entre les épisodes	caractère saisonnier	cycles rapides
Trouble dépressif majeur, Épisode isolé			
Trouble dépressif majeur, récurrent	X	X	
Trouble dysthymique			
Trouble bipolaire I, Épisode maniaque isolé			
Trouble bipolaire I, Épisode le plus récent hypomaniaque	X	X	X
Trouble bipolaire I, Épisode le plus récent maniaque	X	X	X
Trouble bipolaire I, Épisode le plus récent mixte	X	X	X
Trouble bipolaire I, Épisode le plus récent dépressif	X	X	X
Trouble bipolaire I, Épisode le plus récent non spécifié	X	X	X
Trouble bipolaire II, hypomaniaque	X	X	X
Trouble bipolaire II, dépressif	X	X	X
Trouble cyclothymique	X	X	X

☐ Spécifications de l'évolution longitudinale

Spécifier si : (peut s'appliquer au Trouble dépressif majeur récurrent ou au Trouble bipolaire I ou II).

Avec guérison complète entre les épisodes : si une rémission complète a été obtenue entre les deux épisodes thymiques les plus récents.

Sans guérison complète entre les épisodes : si une rémission complète n'a pas été obtenue entre les deux derniers épisodes.

Les quatre courbes ci-dessous schématisent quatre types d'évolution.

A. Récurrent, avec guérison complète entre les épisodes, sans Trouble dysthymique.

B. Récurrent, sans guérison complète entre les épisodes, sans Trouble dysthymique.

C. Récurrent, avec guérison complète entre les épisodes, surajouté à un Trouble dysthymique (coder aussi F34.1 [300.4]).

D. Récurrent, sans guérison complète entre les épisodes, surajouté à un Trouble dysthymique (coder aussi F34.1 [300.4]).

□ Spécification du caractère saisonnier

Spécifier si :

> **Avec caractère saisonnier** (peut s'appliquer aux modalités évolutives des Épisodes dépressifs majeurs, des Troubles bipolaires I et II ou du Trouble dépressif majeur récurrent).

A. Il existe une relation temporelle régulière entre la survenue des Épisodes dépressifs majeurs du Trouble bipolaire I ou bipolaire II ou du Trouble dépressif majeur récurrent et une période particulière de l'année (p. ex., début régulier des Épisodes dépressifs majeurs à l'automne ou en hiver).

N.-B. : Ne pas inclure les cas où il y a une relation évidente entre la saison et un stress psychosocial (p. ex., chômage régulier chaque hiver).

B. Les rémissions complètes (ou la transformation d'une dépression en une manie ou une hypomanie) surviennent aussi au cours d'une période particulière de l'année (p. ex., disparition de la dépression au printemps).

C. Présence d'au moins deux Épisodes dépressifs majeurs au cours des deux dernières années, confirmant la présence d'une relation temporelle saisonnière selon la définition des critères A et B. Aucun Épisode dépressif majeur de caractère non saisonnier n'est survenu au cours de cette période.

D. Au cours de la vie entière du sujet, les Épisodes dépressifs majeurs saisonniers (décrits ci-dessus) sont nettement plus nombreux que les Épisodes dépressifs majeurs non saisonniers.

□ Spécification des cycles rapides

Spécifier si :

> **Avec cycles rapides** (peut s'appliquer au Trouble bipolaire I ou bipolaire II).

Au cours des 12 derniers mois au moins quatre épisodes thymiques répondaient aux critères d'un Épisode : dépressif majeur, maniaque, mixte ou hypomaniaque.

N.-B. : Les épisodes sont délimités par la survenue d'une rémission complète ou partielle d'au moins deux mois ou par le virage à un épisode de polarité opposée (p. ex., Épisode dépressif majeur vers Épisode maniaque).

Troubles anxieux

Dans la mesure où les Attaques de panique et l'Agoraphobie surviennent dans le contexte de plusieurs troubles de cette section, les groupes de critères d'une Attaque de panique et de l'Agoraphobie sont présentés séparément au début. Ils n'ont pas, cependant, leurs propres codes diagnostiques et ne peuvent pas être diagnostiqués en tant qu'entités séparées.

☐ Attaque de panique

N.-B. : Une Attaque de panique ne peut pas être codée en tant que telle. Coder le diagnostic spécifique dans lequel survient l'Attaque de panique (p. ex., F40.01 [300.21] Trouble panique avec agoraphobie (p. 208).

Une période bien délimitée de crainte ou de malaise intense, dans laquelle au minimum quatre des symptômes suivants sont survenus de façon brutale et ont atteint leur acmé en moins de dix minutes :

(1) palpitations, battements de cœur ou accélération du rythme cardiaque
(2) transpiration
(3) tremblements ou secousses musculaires
(4) sensations de « souffle coupé » ou impression d'étouffement
(5) sensation d'étranglement

(6) douleur ou gêne thoracique

(7) nausée ou gêne abdominale

(8) sensation de vertige, d'instabilité, de tête vide ou impression d'évanouissement

(9) déréalisation (sentiments d'irréalité) ou dépersonnalisation (être détaché de soi)

(10) peur de perdre le contrôle de soi ou de devenir fou

(11) peur de mourir

(12) paresthésies (sensations d'engourdissement ou de picotements)

(13) frissons ou bouffées de chaleur

☐ Agoraphobie

N.-B. : L'Agoraphobie ne peut pas être codée en tant que telle. Attribuer le code en rapport avec le trouble spécifique dans lequel survient l'Agoraphobie (p. ex., F40.01 [300.21] Trouble panique avec agoraphobie (p. 208) ou F40.00 [300.22] Agoraphobie sans antécédents de Trouble panique (p. 209).

A. Anxiété liée au fait de se retrouver dans des endroits ou des situations d'où il pourrait être difficile (ou gênant) de s'échapper ou dans lesquelles on pourrait ne pas trouver de secours en cas d'Attaque de panique soit inattendue soit facilitée par des situations spécifiques ou bien en cas de symptômes à type de panique. Les peurs agoraphobiques regroupent typiquement un ensemble de situations caractéristiques incluant le fait de se trouver seul en dehors de son domicile ; d'être dans une foule ou dans une file d'attente ; sur un pont ou dans un autobus, un train ou une voiture.

N.-B. : Envisager le diagnostic de Phobie spécifique si l'évitement est limité à une ou seulement quelques situations spécifiques, ou celui de Phobie sociale si l'évitement est limité aux situations sociales.

B. Les situations sont soit évitées (p. ex., restriction des voyages) soit subies avec une souffrance intense ou bien avec la crainte d'avoir une Attaque de panique ou des symptômes à type de panique ou bien nécessitent la présence d'un accompagnant.

C. L'anxiété ou l'évitement phobique n'est pas mieux expliqué par un autre trouble mental, tel une Phobie sociale (par ex. évitement limité aux situations sociales par peur d'être embarrassé), une Phobie spécifique (p. ex., évitement limité à une situation unique comme les ascenseurs), un Trouble obsessionnel-compulsif (p. ex., évitement de la saleté chez quelqu'un ayant une obsession de la contamination), un État de stress post-traumatique (p. ex., évitement des stimulus associés à un facteur de stress sévère) ou un Trouble anxiété de séparation (évitement lié au départ du domicile ou à la séparation d'avec les membres de la famille).

■ F41.0x [300.01] Trouble panique sans agoraphobie

A. A la fois (1) et (2) :

(1) attaques de panique récurrentes et inattendues (v. p. 205)
(2) au moins une des attaques s'est accompagnée pendant un mois (ou plus) de l'un (ou plus) des symptômes suivants :
  (a) crainte persistante d'avoir d'autres attaques de panique
  (b) préoccupations à propos des implications possibles de l'attaque ou bien de ses conséquences (par ex. perdre le contrôle, avoir une crise cardiaque, « devenir fou »)
  (c) changement de comportement important en relation avec les attaques

B. Absence d'Agoraphobie (v. p. 206)

C. Les Attaques de panique ne sont pas dues aux effets physiologiques directs d'une substance (p. ex., une substance donnant

lieu à abus, un médicament) ou d'une affection médicale générale (p. ex., hyperthyroïdie).

D. Les Attaques de panique ne sont pas mieux expliquées par un
autre trouble mental, tel une Phobie sociale (p. ex., survenant
lors de l'exposition aux situations sociales redoutées), une Phobie spécifique (p. ex., lors de l'exposition à une situation phobogène spécifique), un Trouble obsessionnel-compulsif (p. ex.,
lors de l'exposition à la saleté chez quelqu'un ayant une obsession de la contamination), un État de stress post-traumatique
(p. ex., en réponse à des stimulus associés à un facteur de stress
sévère) ou à un Trouble anxiété de séparation (p. ex., en
réponse au fait d'être éloigné du domicile ou des proches).

■ F40.01 [300.21] Trouble panique avec agoraphobie

A. A la fois (1) et (2) :

(1) attaques de panique récurrentes et inattendues (voir p. 205)
(2) au moins une des attaques s'est accompagnée pendant un
mois (ou plus) de l'un (ou plus) des symptômes suivants :
(a) crainte persistante d'avoir d'autres attaques de panique
(b) préoccupations à propos des implications possibles
de l'attaque ou bien de ses conséquences (par ex., perdre le contrôle, avoir une crise cardiaque, « devenir
fou »)
(c) changement de comportement important en relation
avec les attaques

B. Présence d'Agoraphobie (voir p. 206).

C. Les Attaques de panique ne sont pas dues aux effets physiologiques directs d'une substance (p. ex., une substance donnant

lieu à abus, un médicament) ou d'une affection médicale générale (p. ex., hyperthyroïdie).

D. Les Attaques de panique ne sont pas mieux expliquées par un autre trouble mental, tel une Phobie sociale (p. ex., survenant lors de l'exposition aux situations sociales redoutées), une Phobie spécifique (p. ex., lors de l'exposition à une situation phobogène spécifique), un Trouble obsessionnel-compulsif (p. ex., lors de l'exposition à la saleté chez quelqu'un ayant une obsession de la contamination), un État de stress post-traumatique (p. ex., en réponse à des stimulus associés à un facteur de stress sévère) ou à un Trouble anxiété de séparation (p. ex., en réponse au fait d'être éloigné du domicile ou des proches).

■ F40.00 [300.22] Agoraphobie sans antécédent de Trouble panique

A. Présence d'Agoraphobie (voir p. 206) liée à la peur de développer des symptômes de type panique (p. ex., vertiges ou diarrhée).

B. N'a jamais satisfait aux critères du Trouble panique (voir p. 207).

C. La perturbation n'est pas due aux effets physiologiques directs d'une substance (p. ex., une substance donnant lieu à abus, un médicament) ou d'une affection médicale générale (p. ex., hyperthyroïdie).

D. Si une affection médicale générale associée est présente, la peur décrite dans le critère A est manifestement excessive par rapport à celle habituellement associée à cette affection.

■ F40.2 [300.29] Phobie spécifique (auparavant Phobie simple)

A. Peur persistante et intense à caractère irraisonné ou bien excessive, déclenchée par la présence ou l'anticipation de la confrontation à un objet ou une situation spécifique (p. ex., prendre l'avion, les hauteurs, les animaux, avoir une injection, voir du sang).

B. L'exposition au stimulus phobogène provoque de façon quasi systématique une réaction anxieuse immédiate qui peut prendre la forme d'une Attaque de panique liée à la situation ou facilitée par la situation. **N.-B. :** Chez les enfants, l'anxiété peut s'exprimer par des pleurs, des accès de colère, des réactions de figement ou d'agrippement.

C. Le sujet reconnaît le caractère excessif ou irrationnel de la peur. **N.-B. :** Chez l'enfant, ce caractère peut être absent.

D. La (les) situation(s) phobogène(s) est (sont) évitée(s) ou vécue(s) avec une anxiété ou une détresse intense.

E. L'évitement, l'anticipation anxieuse ou la souffrance dans la (les) situation(s) redoutée(s) perturbent, de façon importante les habitudes de l'individu, ses activités professionnelles (ou scolaires) ou bien ses activités sociales ou ses relations avec autrui, ou bien le fait d'avoir cette phobie s'accompagne d'un sentiment de souffrance important.

F. Chez les individus de moins de 18 ans, la durée est d'au moins 6 mois.

G. L'anxiété, les Attaques de panique ou l'évitement phobique associé à l'objet ou à la situation spécifique ne sont pas mieux expliqués par un autre trouble mental tel un Trouble obsessionnel-compulsif (p. ex., lors de l'exposition à la saleté chez quelqu'un ayant une obsession de la contamination), un État de stress post-traumatique (p. ex., en réponse à des stimulus associés à un facteur de stress sévère), un Trouble anxiété de séparation (p. ex., évitement scolaire), une Phobie sociale (p. ex., évitement des situations sociales par peur d'être embarrassé), un Trouble panique avec agoraphobie ou une Agoraphobie sans antécédents de trouble panique.

Spécifier le type

Type animal : ce sous-type doit être spécifié si la peur est induite par les animaux ou les insectes. Ce sous-type a généralement un début dans l'enfance.

Type environnement naturel : ce sous-type doit être spécifié si la peur est induite par des éléments de l'environnement naturel tels les orages, les hauteurs ou l'eau. Ce sous-type a généralement un début dans l'enfance.

Type sang — injection — accident : ce sous-type doit être spécifié si la peur est induite par le fait de voir du sang ou un accident ou d'avoir une injection ou toute autre procédure médicale invasive. Ce sous-type est hautement familial et est souvent caractérisé par une réponse vaso-vagale intense.

Type situationnel : ce sous-type doit être spécifié si la peur est induite par une situation spécifique comme les transports publics, les tunnels, les ponts, les ascenseurs, les voyages aériens, le fait de conduire une voiture ou les endroits clos. Ce sous-type a une distribution bimodale d'âge de début avec un pic dans l'enfance et un autre pic entre 20 et 30 ans. Ce sous-type semble être identique au Trouble panique avec Agoraphobie en ce qui concerne sa répartition selon le sexe, ses modalités d'agrégation familiale et son âge de début, caractéristiques.

Autre type : ce sous-type doit être spécifié si la peur est induite par d'autres stimulus. Ces stimulus peuvent comprendre la peur de s'étouffer, de vomir ou de contracter une maladie ; la « phobie de l'espace » (c.-à-d. le sujet craint de tomber s'il est loin de murs ou d'autres moyens de support physique) et les peurs qu'ont les enfants concernant les bruits forts ou les personnages déguisés.

■ F40.1 [300.23] Phobie sociale (Trouble anxiété sociale)

A. Une peur persistante et intense d'une ou plusieurs situations sociales ou bien de situations de performance durant lesquelles le sujet est en contact avec des gens non familiers ou bien peut être exposé à l'éventuelle observation attentive d'autrui. Le sujet craint d'agir (ou de montrer des symptômes anxieux) de façon embarrassante ou humiliante. **N.-B. :** Chez les enfants, on doit retrouver des éléments montrant la capacité d'avoir des relations sociales avec des gens familiers en rapport avec l'âge et l'anxiété doit survenir en présence d'autres enfants et pas uniquement dans les relations avec les adultes.

B. L'exposition à la situation sociale redoutée provoque de façon quasi systématique une anxiété qui peut prendre la forme d'une Attaque de panique liée à la situation ou bien facilitée par la situation. **N.-B. :** Chez les enfants, l'anxiété peut s'exprimer par des pleurs, des accès de colère, des réactions de figement ou de retrait dans les situations sociales impliquant des gens non familiers.

C. Le sujet reconnaît le caractère excessif ou irraisonné de la peur. **N.-B. :** Chez l'enfant, ce caractère peut être absent.

D. Les situations sociales ou de performance sont évitées ou vécues avec une anxiété et une détresse intenses.

E. L'évitement, l'anticipation anxieuse ou la souffrance dans la (les) situation (s) redoutée (s) sociale (s) ou de performance perturbent, de façon importante, les habitudes de l'individu, ses activités professionnelles (scolaires), ou bien ses activités sociales ou ses relations avec autrui, ou bien le fait d'avoir cette phobie s'accompagne d'un sentiment de souffrance important.

F. Chez les individus de moins de 18 ans, la durée est d'au moins 6 mois.

G. La peur ou le comportement d'évitement n'est pas lié aux effets physiologiques directs d'une substance (p. ex., une substance donnant lieu à abus, un médicament) ni à une affection médicale générale et ne sont pas mieux expliqués par un autre trouble mental (p. ex., Trouble panique avec ou sans agoraphobie, Trouble anxiété de séparation, Peur d'une dysmorphie corporelle, Trouble envahissant du développement ou Personnalité schizoïde).

H. Si une affection médicale générale ou un autre trouble mental est présent, la peur décrite en A est indépendante de ces troubles ; par exemple, le sujet ne redoute pas de bégayer, de trembler dans le cas d'une maladie de Parkinson ou de révéler un comportement alimentaire anormal dans l'Anorexie mentale (Anorexia nervosa) ou la Boulimie (Bulimia nervosa).

Spécifier si :

N.-B. : Type généralisé si les peurs concernent la plupart des situations sociales (p. ex., démarrer ou soutenir des conversations, participer à de petits groupes, avoir des rendez-vous, parler à des figures d'autorité, se rendre à des soirées). **N.-B. :** Envisager également un diagnostic additionnel de Personnalité évitante).

■ **F42.x [300.3] Trouble obsessionnel-compulsif**

A. Existence soit d'obsessions soit de compulsions :

Obsessions définies par (1), (2), (3) et (4) :

(1) pensées, impulsions ou représentations récurrentes et persistantes qui, à certains moments de l'affection, sont ressenties comme intrusives et inappropriées et qui entraînent une anxiété ou une détresse importante

(2) les pensées, impulsions ou représentations ne sont pas simplement des préoccupations excessives concernant les problèmes de la vie réelle

(3) le sujet fait des efforts pour ignorer ou réprimer ces pensées, impulsions ou représentations ou pour neutraliser celles-ci par d'autres pensées ou actions

(4) le sujet reconnaît que les pensées, impulsions ou représentations obsédantes proviennent de sa propre activité mentale (elles ne sont pas imposées de l'extérieur comme dans le cas des pensées imposées)

Compulsions définies par (1) et (2) :

(1) comportements répétitifs (p. ex., lavage des mains, ordonner, vérifier) ou actes mentaux (p. ex., prier, compter, répéter des mots silencieusement) que le sujet se sent poussé à accomplir en réponse à une obsession ou selon certaines règles qui doivent être appliquées de manière inflexible

(2) les comportements ou les actes mentaux sont destinés à neutraliser ou à diminuer le sentiment de détresse ou à empêcher un événement ou une situation redoutés ; cependant, ces comportements ou ces actes mentaux sont soit sans relation réaliste avec ce qu'ils se proposent de neutraliser ou de prévenir, soit manifestement excessifs

B. A un moment durant l'évolution du trouble, le sujet a reconnu que les obsessions ou les compulsions étaient excessives ou irraisonnées. **N.-B. :** Ceci ne s'applique pas aux enfants.

C. Les obsessions ou compulsions sont à l'origine de sentiments marqués de détresse, d'une perte de temps considérable (prenant plus d'une heure par jour) ou interfèrent de façon significative avec les activités habituelles du sujet, son fonctionnement professionnel (ou scolaire) ou ses activités ou relations sociales habituelles.

D. Si un autre Trouble de l'Axe I est aussi présent, le thème des obsessions ou des compulsions n'est pas limité à ce dernier (p. ex., préoccupation liée à la nourriture quand il s'agit d'un Trouble des conduites alimentaires ; au fait de s'arracher les cheveux en cas de Trichotillomanie ; inquiétude concernant l'apparence en cas de Peur d'une dysmorphie corporelle ; préoccupation à propos de drogues quand il s'agit d'un Trouble lié à l'utilisation d'une substance ; crainte d'avoir une maladie sévère en cas d'Hypocondrie ; préoccupation à propos de besoins sexuels impulsifs ou de fantasmes en cas de Paraphilie ; ou ruminations de culpabilité quand il s'agit d'un Trouble dépressif majeur.

E. La perturbation ne résulte pas des effets physiologiques directs d'une substance (p. ex. : une substance donnant lieu à abus, un médicament) ni d'une affection médicale générale.

Spécifier si :

Avec peu de prise de conscience : si, la plupart du temps durant l'épisode actuel, le sujet ne reconnaît pas que les obsessions et les compulsions sont excessives ou irraisonnées.

■ F43.1 [309.81] État de stress post-traumatique

A. Le sujet a été exposé à un événement traumatique dans lequel les deux éléments suivants étaient présents :

(1) le sujet a vécu, a été témoin ou a été confronté à un événement ou à des évéments durant lesquels des individus ont pu mourir ou être très gravement blessés ou bien ont été menacés de mort ou de grave blessure ou bien durant les-

quels son intégrité physique ou celle d'autrui a pu être menacée

(2) la réaction du sujet à l'événement s'est traduite par une peur intense, un sentiment d'impuissance ou d'horreur.
N.-B. : Chez les enfants, un comportement désorganisé ou agité peut se substituer à ces manifestations

B. L'événement traumatique est constamment revécu, de l'une (ou de plusieurs) des façons suivantes :

(1) souvenirs répétitifs et envahissants de l'événement provoquant un sentiment de détresse et comprenant des images, des pensées ou des perceptions. **N.-B. :** Chez les jeunes enfants peut survenir un jeu répétitif exprimant des thèmes ou des aspects du traumatisme

(2) rêves répétitifs de l'événement provoquant un sentiment de détresse. **N.-B. :** Chez les enfants, il peut y avoir des rêves effrayants sans contenu reconnaissable

(3) impression ou agissements soudains « comme si » l'événement traumatique allait se reproduire (incluant le sentiment de revivre l'événement, des illusions, des hallucinations, et des épisodes dissociatifs (flash-back), y compris ceux qui surviennent au réveil ou au cours d'une intoxication).
N.-B. : Chez les jeunes enfants, des reconstitutions spécifiques du traumatisme peuvent survenir

(4) sentiment intense de détresse psychique lors de l'exposition à des indices internes ou externes évoquant ou ressemblant à un aspect de l'événement traumatique en cause

(5) réactivité physiologique lors de l'exposition à des indices internes ou externes pouvant évoquer ou ressembler à un aspect de l'événement traumatique en cause

C. Évitement persistant des stimulus associés au traumatisme et émoussement de la réactivité générale (ne préexistant pas au traumatisme), comme en témoigne la présence d'au moins trois des manifestations suivantes :

(1) efforts pour éviter les pensées, les sentiments ou les conversations associés au traumatisme
(2) efforts pour éviter les activités, les endroits ou les gens qui éveillent des souvenirs du traumatisme
(3) incapacité de se rappeler d'un aspect important du traumatisme
(4) réduction nette de l'intérêt pour des activités importantes ou bien réduction de la participation à ces mêmes activités
(5) sentiment de détachement d'autrui ou bien de devenir étranger par rapport aux autres
(6) restriction des affects (p. ex., incapacité à éprouver des sentiments tendres)
(7) sentiment d'avenir « bouché » (p. ex., pense ne pas pouvoir faire carrière, se marier, avoir des enfants, ou avoir un cours normal de la vie)

D. Présence de symptômes persistants traduisant une activation neurovégétative (ne préexistant pas au traumatisme) comme en témoigne la présence d'au moins deux des manifestations suivantes :

(1) difficultés d'endormissement ou sommeil interrompu
(2) irritabilité ou accès de colère
(3) difficultés de concentration
(4) hypervigilance
(5) réaction de sursaut exagérée

E. La perturbation (symptômes des critères B, C et D) dure plus d'un mois.

F. La perturbation entraîne une souffrance cliniquement significative ou une altération du fonctionnement social, professionnel ou dans d'autres domaines importants.

Spécifier si :
Aigu : si la durée des symptômes est de moins de trois mois.
Chronique : si la durée des symptômes est de trois mois ou plus.

Spécifier si :
    Survenue différée : si le début des symptômes survient au
    moins six mois après le facteur de stress.

■ F43.0 [308.3] État de stress aigu

A. Le sujet a été exposé à un événement traumatique dans lequel
    les deux éléments suivants étaient présents :

    (1) le sujet a vécu, a été témoin ou a été confronté à un événe-
        ment ou à des évéments durant lesquels des individus ont pu
        mourir ou être très gravement blessés ou bien ont été mena-
        cés de mort ou de grave blessure ou bien durant lesquels son
        intégrité physique ou celle d'autrui a pu être menacée
    (2) la réaction du sujet à l'événement s'est traduite par une
        peur intense, un sentiment d'impuissance ou d'horreur.
        N.-B. : Chez les enfants, un comportement désorganisé ou
        agité peut se substituer à ces manifestations

B. Durant l'événement ou après avoir vécu l'événement pertur-
    bant, l'individu a présenté trois (ou plus) des symptômes disso-
    ciatifs suivants :

    (1) un sentiment subjectif de torpeur, de détachement ou une
        absence de réactivité émotionnelle
    (2) une réduction de la conscience de son environnement
        (p. ex., « être dans le brouillard »)
    (3) une impression de déréalisation
    (4) de dépersonnalisation
    (5) une amnésie dissociative (p. ex., incapacité à se souvenir
        d'un aspect important du traumatisme)

C. L'événement traumatique est constamment revécu, de l'une (ou
    de plusieurs) des manières suivantes : images, pensées, rêves,
    illusions, épisodes de flash-back récurrents, ou sentiment de

revivre l'expérience, ou souffrance lors de l'exposition à ce qui peut rappeler l'événement traumatique.

D. Évitement persistant des stimulus qui éveillent la mémoire du traumatisme (p. ex., pensées, sentiments, conversations, activités, endroits, gens).

E. Présence de symptômes anxieux persistants ou bien manifestations d'une activation neurovégétative (p. ex., difficultés lors du sommeil, irritabilité, difficultés de concentration, hypervigilance, réaction de sursaut exagérée, agitation motrice).

F. La perturbation entraîne une détresse cliniquement significative ou une altération du fonctionnement social, professionnel ou dans d'autres domaines importants ou altère la capacité du sujet à mener à bien certaines obligations comme obtenir une assistance nécessaire ou mobiliser des ressources personnelles en parlant aux membres de sa famille de l'expérience traumatique.

G. La perturbation dure un minimum de 2 jours et un maximum de 4 semaines et survient dans les 4 semaines suivant l'événement traumatique.

H. La perturbation n'est pas due aux effets physiologiques directs d'une substance (p. ex., une substance donnant lieu à abus, un médicament) ou une affection médicale générale, n'est pas mieux expliquée par un Trouble psychotique bref et n'est pas uniquement une exacerbation d'un trouble préexistant de l'Axe I ou de l'Axe II.

■ F41.1 [300.02] Anxiété généralisée (Trouble) [incluant le Trouble hyperanxiété de l'enfant]

A. Anxiété et soucis excessifs (attente avec appréhension) survenant la plupart du temps durant au moins 6 mois concernant un certain nombre d'événements ou d'activités (tel le travail ou les performances scolaires).

B. La personne éprouve de la difficulté à contrôler cette préoccupation.

C. L'anxiété et les soucis sont associés à trois (ou plus) des six symptômes suivants (dont au moins certains symptômes présents la plupart du temps durant les 6 derniers mois).
N.-B. : Un seul item est requis chez l'enfant.

   (1) agitation ou sensation d'être survolté ou à bout
   (2) fatigabilité
   (3) difficultés de concentration ou trous de mémoire
   (4) irritabilité
   (5) tension musculaire
   (6) perturbation du sommeil (difficultés d'endormissement ou sommeil interrompu ou sommeil agité et non satisfaisant)

D. L'objet de l'anxiété et des soucis n'est pas limité aux manifestations d'un trouble de l'axe I, p. ex., l'anxiété ou la préoccupation n'est pas celle d'avoir une Attaque de Panique (comme dans le Trouble panique), d'être gêné en public (comme dans la Phobie sociale), d'être contaminé (comme dans le Trouble obsessionnel-compulsif), d'être loin de son domicile ou de ses proches (comme dans le Trouble anxiété de séparation), de prendre du poids (comme dans l'Anorexie mentale), d'avoir de multiples plaintes somatiques (comme dans le Trouble somatisation) ou d'avoir une maladie grave (comme dans l'Hypocondrie), et l'anxiété et les préoccupations ne surviennent pas exclusivement au cours d'un État de stress post-traumatique.

E. L'anxiété, les soucis ou les symptômes physiques entraînent une souffrance cliniquement significative ou une altération du fonctionnement social, professionnel ou dans d'autres domaines importants.

F. La perturbation n'est pas due aux effets physiologiques directs d'une substance (p. ex., une substance donnant lieu à abus, un médicament) ou d'une affection médicale générale (p. ex., hyperthyroïdie) et ne survient pas exclusivement au cours d'un Trouble de l'humeur, d'un Trouble psychotique ou d'un Trouble envahissant du développement.

■ F06.4 [293.84] Trouble anxieux dû à... *(Indiquer l'Affection médicale générale)*

A. Anxiété, attaques de panique ou obsessions ou compulsions sont au premier plan du tableau clinique.

B. Les antécédents, l'examen physique ou les examens complémentaires montrent que la perturbation est la conséquence physiologique directe d'une affection médicale générale.

C. La perturbation n'est pas mieux expliquée par un autre trouble mental (p. ex., un Trouble de l'adaptation avec anxiété dans lequel le facteur de stress est une affection médicale générale sévère).

D. La perturbation ne survient pas exclusivement au cours d'un delirium.

E. La perturbation entraîne une souffrance cliniquement significative ou une altération du fonctionnement social, professionnel ou dans d'autres domaines importants.

Spécifier si :
    Avec anxiété généralisée : si l'anxiété ou les soucis excessifs concernant plusieurs événements ou activités prédominent dans le tableau clinique.
    Avec attaques de panique : si les Attaques de Panique (voir p. 205) prédominent dans le tableau clinique.
    Avec symptômes obsessionnels-compulsifs : si les obsessions ou les compulsions prédominent dans le tableau clinique.

Note de codage. Inclure le nom de l'affection médicale générale sur l'Axe I, p. ex., F06.4 [293.84] Trouble anxieux dû à un phéochromocytome avec Anxiété généralisée ; coder également l'affection médicale générale sur l'Axe III (voir l'Annexe G pour les codes).

■ F1x.8 Trouble anxieux induit par une substance

A. Anxiété, Attaques de panique ou obsessions ou compulsions sont au premier plan du tableau clinique.

B. Mise en évidence d'après les antécédents, l'examen physique ou les examens complémentaires de l'un ou l'autre des éléments suivants :

   (1) les symptômes du Critère A se sont développés durant, ou moins d'un mois après, une Intoxication ou un Sevrage à une substance
   (2) l'utilisation d'un médicament est étiologiquement liée à la perturbation

C. La perturbation n'est pas mieux expliquée par un Trouble anxieux non induit par une substance. Des arguments en faveur du fait que les symptômes sont attribués à un Trouble anxieux non induit par une substance peuvent inclure les points suivants : les symptômes précèdent le début de l'utilisation de la substance (ou du médicament) ; les symptômes persistent durant une période substantielle de temps (p. ex., environ un mois) après l'arrêt d'un sevrage aigu ou d'une intoxication sévère ou sont de manière substantielle en excès par rapport à ce qui pourrait être attendu compte tenu du type ou de la quantité de la substance utilisée ou de la durée de son usage ; ou bien il existe d'autres arguments suggérant l'existence d'un Trouble anxieux indépendant non-induit par une substance (p. ex., des antécédents d'épisodes récurrents non associés à une substance).

D. La perturbation ne survient pas exclusivement au cours d'un delirium.

E. La perturbation entraîne une souffrance cliniquement significative ou une altération du fonctionnement social, professionnel
ou dans d'autres domaines importants.

N.-B. : Ce diagnostic doit être fait plutôt que celui d'Intoxication ou de Sevrage
à une substance uniquement lorsque les symptômes anxieux sont excessifs par
rapport à ceux associés habituellement à une intoxication ou un syndrome de
sevrage et lorsque les symptômes anxieux sont suffisamment sévères pour justifier, à eux seuls, un examen clinique.

Coder Trouble anxieux induit par [Substance spécifique].

F10.8 [291.89] Alcool ; F15.8 [292.89] Amphétamine (ou Substance amphétaminique) ; F15.8 [292.89] Caféine ; F12.8
[292.89] Cannabis ; F14.8 [292.89] Cocaïne ; F16.8 [292.89]
Hallucinogènes ; F18.87 [292.89] Solvants volatils ; F19.8
[292.89] Phencyclidine (ou Substance similaire) ; F13.8
[292.89] Sédatifs, hypnotiques ou anxiolytiques ; F19.8
[292.89] Substance autre [ou inconnue].

Note de codage. Voir p. 116 pour les procédures d'enregistrement.

Spécifier si :
   Avec anxiété généralisée : si l'anxiété ou les soucis excessifs
   concernant plusieurs événements ou activités prédominent dans
   le tableau clinique.
   Avec attaques de panique : si les Attaques de Panique (voir
   p. 205) prédominent dans le tableau clinique.
   Avec symptômes obsessionnels-compulsifs : si les obsessions
   ou les compulsions prédominent dans le tableau clinique.

Spécifier si (v. le tableau p. 106, pour le caractère applicable par
substance)
   Avec début pendant l'intoxication : si les critères sont remplis pour une Intoxication par la substance et si les symptômes
   se développent durant le syndrome d'intoxication.

Avec début pendant le sevrage : si les critères sont remplis pour un Sevrage à la substance et si les symptômes se développent durant, ou peu de temps après, le syndrome de sevrage.

■ F41.9 [300.00] Trouble anxieux non spécifié

Cette catégorie inclut des troubles comportant une anxiété importante ou un évitement phobique qui ne satisfont aux critères d'aucun Trouble anxieux spécifique, d'un Trouble de l'adaptation avec anxiété ou d'un Trouble de l'adaptation avec humeur anxieuse et dépressive mixte. Des exemples comprennent :

(1) F41.2 Trouble anxieux et dépressif mixte : symptômes anxieux et dépressifs cliniquement significatifs mais les critères ne sont pas remplis pour un Trouble de l'humeur spécifique ou un Trouble anxieux spécifique (voir l'annexe B du DSM-IV-TR pour les critères proposés pour la recherche).

(2) Symptômes cliniquement significatifs de phobie sociale qui sont liés à l'impact social d'une affection médicale générale ou d'un trouble mental (p. ex., maladie de Parkinson ; affections dermatologiques ; Bégaiement ; Anorexie mentale ; Peur d'une dysmorphie corporelle).

(3) Situations dans lesquelles la perturbation est suffisamment sévère pour justifier un diagnostic de Trouble anxieux alors que le sujet ne présente la totalité des critères d'aucun Trouble anxieux spécifique, par exemple, un sujet qui signale avoir toutes les caractéristiques d'un Trouble panique sans Agoraphobie hormis le fait que les attaques de panique sont toutes des attaques pauci-symptomatiques.

(4) Situations dans lesquelles le clinicien conclut qu'un Trouble anxieux est présent mais est incapable de déterminer s'il est primaire, dû à une affection médicale générale ou induit par une substance.

Troubles somatoformes

■ F45.0 [300.81] Trouble somatisation

A. Antécédents de plaintes somatiques multiples, débutant avant l'âge de 30 ans, se manifestant pendant une période de plusieurs années et aboutissant à une demande de traitement ou bien à une altération significative du fonctionnement social, professionnel ou dans d'autres domaines importants.

B. Chacun des critères suivants doit avoir été rempli, les symptômes eux-mêmes survenant à n'importe quel moment de l'évolution de la perturbation :

(1) *quatre symptômes douloureux* : antécédents de douleur touchant au moins quatre localisations ou fonctions du corps (p. ex., la tête, le dos, les articulations, les extrémités, la poitrine, le rectum, la menstruation, les rapports sexuels, la miction)

(2) *deux symptômes gastro-intestinaux* : antécédents d'au moins deux symptômes gastro-intestinaux autres que des douleurs (p. ex., nausées, ballonnements, vomissements en dehors de la grossesse, diarrhée ou intolérance à plusieurs aliments différents)

(3) *un symptôme sexuel* : antécédents d'au moins un symptôme sexuel ou de l'appareil génital autre qu'une douleur (p. ex., désintérêt sexuel, anomalies de l'érection ou de l'éjacula-

tion, règles irrégulières, règles excessives, vomissements tout au long de la grossesse)

(4) *un symptôme pseudoneurologique* : antécédents d'au moins un symptôme ou d'un déficit évoquant une affection neurologique, autre qu'une douleur (symptômes de conversion comme un trouble de la coordination ou de l'équilibre, une paralysie ou une faiblesse musculaire localisée, des difficultés de déglutition ou une « boule dans la gorge », une aphonie, une rétention urinaire, des hallucinations, une perte de la sensibilité tactile ou douloureuse, une diplopie, une cécité, une surdité, des crises convulsives ; des symptômes dissociatifs comme une amnésie ; une perte de conscience autre qu'un évanouissement)

C. soit (1) soit (2) :

(1) après des examens médicaux appropriés, aucun des symptômes du critère B ne peut s'expliquer complètement ni par une affection médicale générale connue, ni par les effets directs d'une substance (p. ex., une substance donnant lieu à abus, un médicament)

(2) quand il existe une relation avec une affection médicale générale, les symptômes physiques ou l'altération du fonctionnement social ou professionnel qui en résultent sont nettement disproportionnés par rapport à ce que laisseraient prévoir l'histoire de la maladie, l'examen physique ou les examens complémentaires

D. Les symptômes ne sont pas produits intentionnellement ou feints (comme dans le Trouble factice ou la Simulation).

■ F45.1 [300.82] Trouble somatoforme indifférencié

A. Une ou plusieurs plaintes somatiques (p. ex., une fatigue, une perte de l'appétit, des symptômes gastro-intestinaux ou urinaires).

B. Soit (1) soit (2) :

   (1) après des examens médicaux appropriés, les symptômes ne peuvent s'expliquer complètement ni par une affection médicale générale connue ni par les effets directs d'une substance (p. ex., une substance donnant lieu à abus, un médicament)

   (2) quand il existe une relation avec une affection médicale générale, les plaintes somatiques ou l'altération du fonctionnement social ou professionnel qui en résultent sont nettement disproportionnées par rapport à ce que laisseraient prévoir l'histoire de la maladie, l'examen physique ou les examens complémentaires

C. Les symptômes sont à l'origine d'une souffrance cliniquement significative ou d'une altération du fonctionnement social, professionnel, ou dans d'autres domaines importants.

D. La durée de la perturbation est d'au moins 6 mois.

E. La perturbation n'est pas mieux expliquée par un autre trouble mental (p. ex., un autre Trouble somatoforme, une Dysfonction sexuelle, un Trouble de l'humeur, un Trouble anxieux, un Trouble du sommeil ou un Trouble psychotique).

F. Le symptôme n'est pas produit intentionnellement ou feint (comme dans le Trouble factice ou la Simulation).

■ F44.x [300.11] Trouble de conversion

A. Un ou plusieurs symptômes ou déficits touchant la motricité volontaire ou les fonctions sensitives ou sensorielles suggérant une affection neurologique ou une affection médicale générale.

B. On estime que des facteurs psychologiques sont associés au symptôme ou au déficit parce que la survenue ou l'aggravation du symptôme est précédée par des conflits ou d'autres facteurs de stress.

C. Le symptôme ou déficit n'est pas produit intentionnellement ou feint (comme dans le Trouble factice ou la Simulation).

D. Après des examens médicaux appropriés, le symptôme ou le déficit ne peut pas s'expliquer complètement par une affection médicale générale, ou par les effets directs d'une substance, ou être assimilé à un comportement ou une expérience culturellement déterminés.

E. Le symptôme ou le déficit est à l'origine d'une souffrance cliniquement significative ou d'une altération du fonctionnement social, professionnel ou dans d'autres domaines importants, ou bien justifie une évaluation médicale.

F. Les symptômes ou le déficit ne se limitent pas à une douleur ou à une dysfonction sexuelle, ne surviennent pas exclusivement au cours de l'évolution d'un Trouble somatisation et ne sont pas mieux expliqués par un autre trouble mental.

Spécifier le type de symptôme ou de déficit :

.4 **Avec symptôme ou déficit moteur** (p. ex., trouble de la coordination ou de l'équilibre, paralysie ou faiblesse musculaire localisée, difficultés de déglutition ou « boule dans la gorge », aphonie et rétention urinaire).

.6 **Avec symptôme ou déficit sensitif ou sensoriel** (p. ex., perte de sensibilité tactile ou douloureuse, diplopie, cécité, surdité et hallucinations).

.5 **Avec crises épileptiques ou convulsions.** Comprend des crises épileptiques ou des crises comitiales avec manifestations motrices ou sensitives.

.7 **Avec présentation mixte :** s'il existe des symptômes de plusieurs catégories.

■ F45.4 Trouble douloureux

A. Une douleur dans une ou plusieurs localisations anatomiques est au centre du tableau clinique, et cette douleur est d'une intensité suffisante pour justifier un examen clinique.

B. La douleur est à l'origine d'une souffrance cliniquement significative ou d'une altération du fonctionnement social, professionnel, ou dans d'autres domaines importants.

C. On estime que des facteurs psychologiques jouent un rôle important dans le déclenchement, l'intensité, l'aggravation ou la persistance de la douleur.

D. Le symptôme ou le déficit n'est pas produit intentionnellement ou feint (comme dans le Trouble factice ou la Simulation).

E. La douleur n'est pas mieux expliquée par un Trouble de l'humeur, un Trouble anxieux ou un Trouble psychotique et ne répond pas aux critères de la Dyspareunie.

Codification :

[307.80] Trouble douloureux associé à des facteurs psychologiques : on estime que des facteurs psychologiques jouent un rôle majeur dans le déclenchement, l'intensité, l'aggravation ou la persistance de la douleur. (S'il existe une affection médicale générale concomitante, elle ne doit pas jouer un rôle majeur dans le déclenchement, l'intensité, l'aggravation, ou la persistance de la douleur.) On ne fait pas le diagnostic de ce type de Trouble douloureux si les critères d'un Trouble somatisation sont également réunis.

Spécifier si :
Aigu : durée inférieure à 6 mois
Chronique : durée de 6 mois ou plus

[307.89] Trouble douloureux associé à la fois à des facteurs psychologiques et à une affection médicale générale : on estime que des facteurs psychologiques et une affection médicale générale jouent un rôle majeur dans le déclenchement, l'intensité, l'aggravation, ou la persistance de la douleur. Coder l'affection médicale associée ou la localisation anatomique de la douleur sur l'Axe III (voir ci-dessous).

Spécifier si :
Aigu : durée inférieure à 6 mois
Chronique : durée de 6 mois ou plus

N.-B. : Le Trouble suivant n'est pas considéré comme un Trouble mental et ne figure ici que pour faciliter le diagnostic différentiel.

Trouble douloureux associé à une affection médicale générale : une affection médicale générale joue un rôle majeur dans le déclenchement, l'intensité, l'aggravation et la persistance de la douleur. (S'il existe des facteurs psychologiques concomitants, on estime qu'ils ne jouent pas un rôle majeur dans le déclenchement, l'intensité, l'aggravation ou la persistance de la douleur). Le code diagnostique de la douleur dépend de l'affection médicale générale associée si elle a été identifiée ou de la localisation anatomique de la douleur si l'on n'a pas clairement établi le diagnostic de l'affection médicale générale sous-jacente, p. ex., M54.5 [724.2] région lombaire, M54.3 [724.3] sciatique, R10.2 [625.9] région pelvienne, R51 [784.0] céphalée, R51 [784.0] face, R07.4 [786.50] poitrine, M15.5 [719.40] articulation, M89.8 [733.90] os, R10.4 [789.0] abdomen, N64.4 [611.71] seins, N23 [788.0] reins, H92.0 [388.70] oreille, H57.1 [379.91] yeux, R07.0 [784.1] gorge, K08.8 [525.9] dents, et N23 [788.0] urinaire.

■ F45.2 [300.7] Hypocondrie

A. Préoccupation centrée sur la crainte ou l'idée d'être atteint d'une maladie grave, fondée sur l'interprétation erronée par le sujet de symptômes physiques.

B. La préoccupation persiste malgré un bilan médical approprié et rassurant.

C. La croyance exposée dans le critère A ne revêt pas une intensité délirante (comme dans le Trouble délirant, type somatique) et ne se limite pas à une préoccupation centrée sur l'apparence (comme dans le Trouble : peur d'une dysmorphie corporelle).

D. La préoccupation est à l'origine d'une souffrance cliniquement significative ou d'une altération du fonctionnement social, professionnel ou dans d'autres domaines importants.

E. La durée de la perturbation est d'au moins 6 mois.

F. La préoccupation n'est pas mieux expliquée par une Anxiété généralisée, un Trouble obsessionnel-compulsif, un Trouble panique, un Épisode dépressif majeur, une Angoisse de séparation ou un autre Trouble somatoforme.

Spécifier si :

Avec peu de prise de conscience : si, la plupart du temps au cours de l'épisode actuel, le sujet ne reconnaît pas que sa préoccupation concernant le fait d'avoir une maladie grave est excessive ou déraisonnable.

■ F45.2 [300.7] Trouble : Peur d'une dysmorphie corporelle

A. Préoccupation concernant un défaut imaginaire de l'apparence physique. Si un léger défaut physique est apparent, la préoccupation est manifestement démesurée.

B. La préoccupation est à l'origine d'une souffrance cliniquement significative ou d'une altération du fonctionnement social, professionnel ou dans d'autres domaines importants.

C. La préoccupation n'est pas mieux expliquée par un autre trouble mental (p. ex., une Anorexie mentale où il existe une insatisfaction concernant les formes et les dimensions du corps).

■ F45.9 [300.82] Trouble somatoforme non spécifié

Cette catégorie s'applique à des troubles comportant des symptômes somatoformes qui ne répondent aux critères d'aucun des Troubles somatoformes spécifiques. En voici quelques exemples :

(1) Pseudocyesis : croyance erronée d'être enceinte, associée à des signes objectifs de grossesse, comme une augmentation du volume abdominal (sans éversion de l'ombilic), une diminution des règles, une aménorrhée, une sensation subjective de mouvements du fœtus, un engorgement et des sécrétions mammaires ainsi que des douleurs de travail à la date présumée de l'accouchement. Il peut y avoir des modifications endocriniennes mais le syndrome ne peut pas s'expliquer par une affection médicale générale qui provoquerait des modifications hormonales (p. ex., une tumeur sécrétant des hormones).

(2) Un trouble comportant des symptômes hypocondriaques non psychotiques persistant moins de 6 mois.

(3) Un trouble comportant des plaintes somatiques inexpliquées (p. ex., la fatigue ou une faiblesse du corps) persistant moins de 6 mois et qui ne sont pas dues à un autre trouble mental.

Troubles factices

■ F68.1 [300.xx] Trouble factice

A. Production ou feinte intentionnelle de signes ou de symptômes physiques ou psychologiques.

B. La motivation du comportement est de jouer le rôle de malade.

C. Absence de motifs extérieurs à ce comportement (p. ex., obtenir de l'argent, fuir une responsabilité légale ou améliorer sa situation matérielle ou physique comme dans la Simulation).

Codification fondée sur le sous-type :

[300.16] Avec signes et symptômes psychologiques prédominants : si les signes et symptômes psychologiques sont au premier plan du tableau clinique

[300.19] Avec signes et symptômes physiques prédominants : si les signes et symptômes physiques sont au premier plan du tableau clinique

[300.19] Avec une association de signes et de symptômes psychologiques et physiques : s'il y a à la fois des signes et des symptômes psychologiques et physiques, sans que les uns ou les autres soient au premier plan du tableau clinique.

■ F68.1 [300.19] Trouble factice non spécifié

Cette catégorie s'applique à des troubles qui comportent des symptômes factices ne répondant pas aux critères diagnostiques du Trouble factice. Un exemple en est le trouble factice par procuration : production ou feinte intentionnelle de signes ou de symptômes physiques ou psychologiques chez une autre personne dont l'individu a la charge dans le but de jouer indirectement le rôle de malade (v. l'Annexe B du DSM-IV-TR pour les critères proposés pour la recherche).

Troubles dissociatifs

■ **F44.0 [300.12] Amnésie dissociative (auparavant Amnésie psychogène)**

A. La perturbation principale est constituée par un ou plusieurs épisodes durant lesquels le sujet présente une incapacité à évoquer des souvenirs personnels importants, habituellement traumatiques ou stressants. Cette incapacité est trop importante pour s'expliquer par une simple « mauvaise mémoire ».

B. La perturbation ne survient pas exclusivement au cours de l'évolution d'un Trouble dissociatif de l'identité, d'une Fugue dissociative, d'un État de stress post-traumatique, d'un État de stress aigu ou d'un Trouble somatisation, et n'est pas due aux effets physiologiques directs d'une substance (p. ex., une substance donnant lieu à abus, un médicament) ou d'une affection neurologique ou médicale générale (p. ex., Trouble amnésique dû à un traumatisme crânien).

C. Les symptômes sont à l'origine d'une souffrance cliniquement significative ou d'une altération du fonctionnement social, professionnel, ou dans d'autres domaines importants.

■ F44.1 [300.13] Fugue dissociative (auparavant Fugue psychogène)

A. La perturbation principale est un départ soudain et inattendu du domicile ou du lieu de travail habituel, s'accompagnant d'une incapacité à se souvenir de son passé.

B. Confusion concernant l'identité personnelle ou adoption d'une nouvelle identité (partielle ou complète).

C. La perturbation ne survient pas exclusivement au cours de l'évolution d'un Trouble dissociatif de l'identité et n'est pas due aux effets physiologiques directs d'une substance (p. ex., une substance donnant lieu à abus, un médicament) ou d'une affection médicale générale (p. ex., l'épilepsie temporale).

D. Les symptômes sont à l'origine d'une souffrance cliniquement significative ou d'une altération du fonctionnement social, professionnel ou dans d'autres domaines importants.

■ F44.81 [300.14] Trouble dissociatif de l'identité (auparavant Personnalité multiple)

A. Présence de deux ou plusieurs identités ou « états de personnalité » distincts (chacun ayant ses modalités constantes et particulières de perception, de pensée et de relation concernant l'environnement et soi-même).

B. Au moins deux de ces identités ou « états de personnalité » prennent tour à tour le contrôle du comportement du sujet.

C. Incapacité à évoquer des souvenirs personnels importants, trop marquée pour s'expliquer par une simple « mauvaise mémoire ».

D. La perturbation n'est pas due aux effets physiologiques directs d'une substance (p. ex., les trous de mémoire ou le comportement chaotique au cours d'une Intoxication alcoolique) ou d'une affection médicale générale (p. ex., les crises comitiales partielles complexes). **N.-B. :** Chez l'enfant, les symptômes ne peuvent pas être attribués à des jeux d'imagination ou à l'évocation de camarades imaginaires.

■ F48.1 [300.6] Trouble de dépersonnalisation

A. Expérience prolongée ou récurrente d'un sentiment de détachement et d'une impression d'être devenu un observateur extérieur de son propre fonctionnement mental ou de son propre corps (p. ex., sentiment d'être dans un rêve).

B. Pendant l'expérience de dépersonnalisation, l'appréciation de la réalité demeure intacte.

C. La dépersonnalisation est à l'origine d'une souffrance cliniquement significative ou d'une altération du fonctionnement social, professionnel ou dans d'autres domaines importants.

D. L'expérience de dépersonnalisation ne survient pas exclusivement au cours de l'évolution d'un autre trouble mental, comme la Schizophrénie, le Trouble panique, l'État de stress aigu ou un autre Trouble dissociatif, et n'est pas dû aux effets physiologiques directs d'une substance (p. ex., une substance donnant lieu à abus, un médicament) ou d'une affection médicale générale (p. ex., l'épilepsie temporale).

■ F44.9 [300.15] Trouble dissociatif non spécifié

Cette catégorie est destinée à des troubles dont la caractéristique principale est un symptôme dissociatif (c.-à-d. la survenue d'une perturbation touchant des fonctions normalement intégrées comme la conscience, la mémoire, l'identité ou la perception de l'environnement) mais qui ne répondent aux critères d'aucun des Troubles dissociatifs spécifiques. On peut donner les exemples suivants :

(1) Tableaux cliniques identiques à celui du Trouble dissociatif de l'identité mais qui ne répondent pas à la totalité des critères de ce trouble. Cela peut être le cas par exemple si : a) il n'y a pas deux états de personnalité distincts ou plus, ou si b) il n'y a pas d'amnésie pour des souvenirs personnels importants.

(2) Déréalisation sans dépersonnalisation chez l'adulte.

(3) États de dissociation chez les sujets qui ont été soumis à des manœuvres prolongées de persuasion coercitive (lavage de cerveau, redressement idéologique, endoctrinement en captivité).

(4) État de transe dissociatif : perturbations de l'état de conscience, de l'identité ou de la mémoire se produisant une fois ou bien de façon épisodique, propres à certains lieux et à certaines cultures. La transe dissociative implique un rétrécissement du champ de perception de l'environnement proche, et des comportements ou des mouvements stéréotypés que les sujets ressentent comme échappant à leur contrôle. Dans l'état de possession, il y a, à la place du sentiment de son identité propre, une identité nouvelle, ce qui est attribué à l'influence d'un esprit, d'une puissance, d'une divinité ou d'une autre personne, et peut s'accompagner de mouvements stéréotypés « involontaires » ou d'une amnésie. C'est peut-être le Trouble dissociatif le plus fréquent en Asie. L'*Amok* (Indonésie), le *Bebainan* (Indonésie), le *Latah* (Malaisie), le *Pibloktoq* (Arctique), l'*Ataque de Nervios* (Amérique Latine) et la possession (Inde) en sont des exemples connus. Le trouble dissociatif ou l'état de transe ne fait pas partie de pratiques collectives culturelles ou religieuses largement admises (v. l'annexe B du DSM-IV-TR pour les critères proposés pour la recherche).

(5) Perte de conscience, stupeur ou coma qui ne peuvent pas être attribués à une affection médicale générale.

(6) Syndrome de Ganser : réponses approximatives aux questions posées (p. ex., « 2 plus 2 égalent 5 ») en dehors d'une Amnésie dissociative ou d'une Fugue dissociative.

N.d.T. Les codes de la CIM-10 permettent de distinguer la Stupeur dissociative (F44.2), l'État de transe dissociatif (F44.3) et le Syndrome de Ganser (F44.80).

Troubles sexuels
et Troubles de l'identité sexuelle

Cette section comprend les Dysfonctions sexuelles, les Paraphilies et les Troubles de l'identité sexuelle.

Dysfonctions sexuelles

Des sous-types spécifiques qui s'appliquent à toutes les Dysfonctions sexuelles primaires sont énumérés p. 246. Ces sous-types sont disponibles pour préciser le mode de début, le contexte et les facteurs étiologiques.

Troubles du désir sexuel

■ F52.0 [302.71] Trouble : baisse du désir sexuel

A. Déficience (ou absence) persistante ou répétée de fantaisies imaginatives d'ordre sexuel et de désir d'activité sexuelle. Pour faire la différence entre déficience et absence, le clinicien doit tenir compte des facteurs qui retentissent sur le fonctionnement sexuel, tels que l'âge et le contexte existentiel du sujet.

B. La perturbation est à l'origine d'une souffrance marquée ou de difficultés interpersonnelles.

C. La dysfonction sexuelle n'est pas mieux expliquée par un autre trouble de l'Axe I (à l'exception d'une autre Dysfonction sexuelle) et n'est pas due exclusivement aux effets physiologiques directs d'une substance (c.-à-d. une substance donnant lieu à abus, un médicament) ou d'une affection médicale générale.

■ F52.10 [302.79] Trouble : aversion sexuelle

A. Aversion extrême, persistante ou répétée, et évitement de tout (ou presque tout) contact génital avec un partenaire sexuel.

B. La perturbation est à l'origine d'une souffrance marquée ou de difficultés interpersonnelles.

C. La dysfonction sexuelle n'est pas mieux expliquée par un autre trouble de l'Axe I (à l'exception d'une autre Dysfonction sexuelle).

Troubles de l'excitation sexuelle

■ F52.2 [302.72] Trouble de l'excitation sexuelle chez la femme

A. Incapacité persistante ou répétée à atteindre, ou à maintenir jusqu'à l'accomplissement de l'acte sexuel, une activité sexuelle adéquate (lubrification, intumescence).

B. La perturbation est à l'origine d'une souffrance marquée ou de difficultés interpersonnelles.

C. La dysfonction sexuelle n'est pas mieux expliquée par un autre trouble de l'Axe I (à l'exception d'une autre Dysfonction sexuelle) et n'est pas due exclusivement aux effets physiologiques directs d'une substance (c.-à-d. une substance donnant lieu à abus, un médicament) ou d'une affection médicale générale.

■ F52.2 [302.72] Trouble de l'érection chez l'homme

A. Incapacité persistante ou répétée à atteindre, ou à maintenir jusqu'à l'accomplissement de l'acte sexuel, une érection adéquate.

B. La perturbation est à l'origine d'une souffrance marquée ou de difficultés interpersonnelles.

C. La dysfonction érectile n'est pas mieux expliquée par un autre trouble de l'Axe I (à l'exception d'une autre Dysfonction sexuelle) et n'est pas due exclusivement aux effets physiologiques directs d'une substance (c.-à-d. une substance donnant lieu à abus, un médicament) ou d'une affection médicale générale.

Troubles de l'orgasme

■ F52.3 [302.73] Trouble de l'orgasme chez la femme *(auparavant* Inhibition de l'orgasme chez la femme)*

A. Absence ou retard persistant ou répété de l'orgasme après une phase d'excitation sexuelle normale. Il existe chez la femme une grande variabilité dans le type ou l'intensité de la stimulation nécessaire pour déclencher un orgasme. Le diagnostic d'un trouble de l'orgasme chez la femme repose sur le jugement du clinicien qui estime que la capacité orgasmique de la femme est inférieure à ce qu'elle devrait être, compte tenu de son âge, de son expérience sexuelle et de l'adéquation de la stimulation sexuelle reçue.

B. La perturbation est à l'origine d'une souffrance marquée ou de difficultés interpersonnelles.

C. La dysfonction orgasmique n'est pas mieux expliquée par un autre trouble de l'Axe I (à l'exception d'une autre Dysfonction sexuelle) et n'est pas due exclusivement aux effets physiologiques directs d'une substance (c.-à-d. une substance donnant lieu à abus, un médicament) ou d'une affection médicale générale.

■ F52.3 [302.74] Trouble de l'orgasme chez l'homme (*auparavant* Inhibition de l'orgasme chez l'homme)

A. Absence ou retard persistant ou répété de l'orgasme après une phase d'excitation sexuelle normale lors d'une activité sexuelle que le clinicien juge adéquate en intensité, en durée et quant à son orientation, compte tenu de l'âge du sujet.

B. La perturbation est à l'origine d'une souffrance marquée ou de difficultés interpersonnelles.

C. La dysfonction orgasmique n'est pas mieux expliquée par un autre trouble de l'Axe I (à l'exception d'une autre Dysfonction sexuelle) et n'est pas due exclusivement aux effets physiologiques directs d'une substance (c.-à-d. une substance donnant lieu à abus, un médicament) ou d'une affection médicale générale.

■ F52.4 [302.75] Éjaculation précoce

A. Trouble de l'éjaculation persistant ou répété lors de stimulations sexuelles minimes avant, pendant, ou juste après la pénétration, et avant que le sujet ne souhaite éjaculer. Le clinicien doit tenir compte des facteurs qui modifient la durée de la phase d'excitation sexuelle tels que l'âge, la nouveauté de l'expérience sexuelle ou du partenaire et la fréquence de l'activité sexuelle récente.

B. La perturbation est à l'origine d'une souffrance marquée ou de difficultés interpersonnelles.

C. L'éjaculation précoce n'est pas due exclusivement aux effets directs d'une substance (p. ex., un sevrage aux opiacés)

Troubles sexuels avec douleur

■ F52.6 [302.76] Dyspareunie (non due à une affection médicale générale)

A. Douleur génitale persistante ou répétée associée aux rapports sexuels, soit chez l'homme, soit chez la femme.

B. La perturbation est à l'origine d'une souffrance marquée ou de difficultés interpersonnelles.

C. La perturbation n'est pas due exclusivement à un vaginisme ou à un manque de lubrification, n'est pas mieux expliquée par un autre trouble de l'Axe I (à l'exception d'une autre Dysfonction sexuelle) et n'est pas due exclusivement aux effets physiologiques directs d'une substance (c.-à-d. une substance donnant lieu à abus, un médicament) ou d'une affection médicale générale.

■ F52.5 [306.51] Vaginisme (non dû à une affection médicale générale)

A. Spasme involontaire, répété ou persistant, de la musculature du tiers externe du vagin perturbant les rapports sexuels.

B. La perturbation est à l'origine d'une souffrance marquée ou de difficultés interpersonnelles.

C. La perturbation n'est pas mieux expliquée par un autre trouble de l'Axe I (p. ex., Somatisation) et n'est pas due exclusivement aux effets physiologiques directs d'une affection médicale générale.

Sous-types

Les sous-types suivants s'appliquent à l'ensemble des Dysfonctions sexuelles primaires.

L'un des sous-types suivants peut être utilisé pour préciser le mode de début de la Dysfonction sexuelle :

Type de tout temps. Ce sous-type s'applique quand la Dysfonction sexuelle était présente dès le début de l'activité sexuelle.

Type acquis. Ce sous-type s'applique quand la Dysfonction sexuelle n'apparaît qu'après une période d'activité sexuelle normale.

L'un des sous-types suivants peut être utilisé pour préciser le contexte dans lequel apparaît la Dysfonction sexuelle :

Type généralisé. Ce sous-type s'applique quand la Dysfonction sexuelle ne se limite pas à un certain type de stimulations, de situations ou de partenaires.

Type situationnel. Ce sous-type s'applique quand la Dysfonction sexuelle se limite à un certain type de stimulations, de situations ou de partenaires. Le schéma situationnel spécifique de la dysfonction peut aider au diagnostic différentiel. Par exemple, l'existence d'une fonction masturbatoire nor-

male en présence d'une altération du fonctionnement relationnel avec le/la partenaire fait suspecter que la plainte
principale d'une dysfonction érectile est davantage due à un
problème interpersonnel ou intrapsychique qu'imputable à
une affection médicale générale ou à une substance.

L'un des sous-types suivants peut être utilisé pour préciser les
facteurs étiologiques associés à la Dysfonction sexuelle :

Due à des facteurs psychologiques. Ce sous-type s'applique
quand on estime que des facteurs psychologiques jouent un rôle
majeur dans l'installation, la sévérité, l'exacerbation ou la persistance de la Dysfonction sexuelle, et quand aucune affection
médicale générale ni aucune substance ne jouent un rôle dans
l'étiologie de la Dysfonction sexuelle.

Due à une combinaison de facteurs. Ce sous-type s'applique
quand : 1) on estime que des facteurs psychologiques jouent un
rôle dans l'installation, la sévérité, l'exacerbation ou la persistance de la Dysfonction sexuelle, et quand 2) on estime également qu'une affection médicale générale ou l'utilisation d'une
substance contribue à la Dysfonction sexuelle mais ne l'expli-
que pas entièrement. Si une affection médicale générale ou
l'utilisation d'une substance (y compris les effets secondaires
d'un médicament) rendent entièrement compte de la Dysfonction sexuelle, le diagnostic est celui d'une Dysfonction sexuelle
due à une affection médicale générale (*cf.* infra) et/ou celui
d'une Dysfonction sexuelle induite par une substance (p. 249).

■ Dysfonction sexuelle due à...
[indiquer l'affection médicale générale]

A. Présence, au premier plan du tableau clinique, d'une dysfonction sexuelle cliniquement significative, à l'origine d'une souffrance marquée ou de difficultés interpersonnelles.

B. Mise en évidence, d'après l'histoire de la maladie, l'examen physique ou les examens complémentaires, que la dysfonction sexuelle est entièrement expliquée par les effets physiologiques directs d'une affection médicale générale.

C. La perturbation n'est pas mieux expliquée par un autre trouble mental (p. ex., un Trouble dépressif majeur).

Sélectionner le code et la formulation en se fondant sur la dysfonction sexuelle prédominante :

N94.8	**[625.8]**	**Trouble : baisse du désir sexuel chez la femme due à...** *[indiquer l'affection médicale générale].* Ce terme est utilisé si la caractéristique prédominante est une déficience ou une absence de désir sexuel chez la femme.
N50.8	**[608.89]**	**Trouble : baisse du désir sexuel chez l'homme due à...** *[indiquer l'affection médicale générale].* Ce terme est utilisé si la caractéristique prédominante est une déficience ou une absence de désir sexuel chez l'homme.
N48.4	**[607.84]**	**Trouble de l'érection chez l'homme dû à...** *[indiquer l'affection médicale générale].* Ce terme est utilisé si la caractéristique prédominante est une dysfonction érectile chez l'homme.
N94.1	**[625.0]**	**Dyspareunie chez la femme due à...** *[indiquer l'affection médicale générale].* Ce terme est utilisé si la caractéristique prédominante est une douleur associée aux rapports sexuels chez la femme.
N50.8	**[608.89]**	**Dyspareunie chez l'homme due à...** *[indiquer l'affection médicale générale].* Ce terme est utilisé si la caractéristique

prédominante est une douleur associée aux rapports sexuels chez l'homme.

N94.8 **[625.8]** **Autre Dysfonction sexuelle chez la femme due à...** *[indiquer l'affection médicale générale].* Ce terme est utilisé si, chez la femme, une autre caractéristique est prédominante (p. ex., Trouble de l'orgasme) ou si aucune caractéristique ne prédomine.

N50.8 **[608.89]** **Autre Dysfonction sexuelle chez l'homme due à...** *[indiquer l'affection médicale générale].* Ce terme est utilisé si, chez l'homme, une autre caractéristique est prédominante (p. ex., Trouble de l'orgasme) ou si aucune caractéristique ne prédomine.

Note de codage. Inscrire le nom de l'affection médicale générale sur l'Axe I, p. ex.. N48.4. Trouble de l'érection chez l'homme dû à un diabète sucré [607.84] ; coder aussi l'affection médicale générale sur l'Axe III (v. l'Annexe G pour les codes).

■ **F1x.8 Dysfonction sexuelle induite par une substance**

A. Présence, au premier plan du tableau clinique, d'une dysfonction sexuelle cliniquement significative, à l'origine d'une souffrance marquée ou de difficultés interpersonnelles.

B. Mise en évidence, d'après l'histoire de la maladie, l'examen physique ou les examens complémentaires, que la dysfonction sexuelle est entièrement expliquée par l'utilisation d'une substance, comme en témoigne la présence soit de (1) soit de (2) :

(1) les symptômes du critère A sont apparus pendant une Intoxication à une substance ou dans le mois qui a suivi

(2) la perturbation est liée étiologiquement à la prise d'un médicament

C. La perturbation n'est pas mieux expliquée par une Dysfonction non induite par une substance.Les arguments suivants permettent de préciser que les symptômes sont mieux expliqués par une Dysfonction sexuelle non induite par une substance : les symptômes précèdent le début de la prise d'une substance ou de la dépendance à une substance (ou de la prise d'un médicament) ; les symptômes persistent pendant une période de temps conséquente (c.-à-d. pendant environ un mois) après la fin de l'intoxication, ou dépassent largement ce à quoi on aurait pu s'attendre étant donné le type de substance, la quantité prise ou la durée d'utilisation ; ou il existe d'autres arguments en faveur de la présence indépendante d'une Dysfonction sexuelle non induite par une substance (p. ex., antécédents d'épisodes récurrents non liés à une substance).

N.-B. : On doit faire ce diagnostic et non celui d'une Intoxication par une substance uniquement quand la dysfonction sexuelle excède celle qui est habituellement associée au syndrome d'intoxication et quand la dysfonction est suffisamment sévère pour justifier à elle seule un examen clinique.

Codage de la dysfonction sexuelle induite par [Substance spécifique].

F10.8 [291.89] Alcool ; F15.8 [292.89] Amphétamine (ou substance amphétaminique) ; F14.8 [292.89] Cocaïne ; F11.8 [292.89] Opiacés ; F13.8 [292.89] Sédatif, Hypnotique ou Anxiolytique ; F19.8 [292.89] Autre substance (ou substance inconnue)

Note de codage. Voir p. 116 pour les procédures d'enregistrement.

Spécifier si :
Avec altération du désir sexuel : si la déficience ou l'absence de désir sexuel est la caractéristique prédominante
Avec altération de l'excitation sexuelle : si l'altération de l'excitation sexuelle (trouble de l'érection, insuffisance de lubrification) est la caractéristique prédominante
Avec altération de l'orgasme : si l'altération de l'orgasme est la caractéristique prédominante

Avec douleur pendant les rapports sexuels : si la douleur pendant les rapports sexuels est la caractéristique prédominante.

Spécifier :
   Avec début pendant une Intoxication : répond aux critères d'une Intoxication à la substance et les symptômes sont apparus pendant le syndrome d'intoxication

■ F52.9 [302.70] Dysfonction sexuelle non spécifiée

Cette catégorie comprend les dysfonctions sexuelles qui ne remplissent les critères d'aucune Dysfonction sexuelle spécifique. Par exemple :

(1) Absence (ou diminution importante) de sensations érotiques subjectives malgré une excitation et un orgasme normaux.
(2) Situations dans lesquelles le clinicien a conclu à la présence d'une dysfonction sexuelle mais où il n'est pas en mesure de déterminer si elle est primaire, due à une affection médicale générale, ou induite par une substance.

Paraphilies

■ F65.2 [302.4] Exhibitionnisme

A. Présence de fantaisies imaginatives sexuellement excitantes, d'impulsions sexuelles, ou de comportements, survenant de façon répétée et intense, pendant une période d'au moins 6 mois, consistant à exposer ses organes génitaux devant une personne étrangère prise au dépourvu par ce comportement.

B. La personne a cédé à ces impulsions sexuelles, ou les impulsions sexuelles ou les fantaisies imaginatives sont à l'origine d'un désarroi prononcé ou de difficultés interpersonnelles.

■ F65.0 [302.81] Fétichisme

A. Présence de fantaisies imaginatives sexuellement excitantes, d'impulsions sexuelles, ou de comportements, survenant de façon répétée et intense, pendant une période d'au moins 6 mois, impliquant l'utilisation d'objets inanimés (p. ex., des sous-vêtements féminins).

B. Les fantaisies, impulsions sexuelles, ou comportements sont à l'origine d'une souffrance cliniquement significative ou d'une altération du fonctionnement social, professionnel ou dans d'autres domaines importants.

C. Les objets fétiches ne se limitent pas à des articles vestimentaires féminins utilisés dans le travestissement (comme dans le Transvestisme fétichiste) ou à des instruments conçus à des fins de stimulation tactile génitale (p. ex., un vibrateur)

■ F65.8 [302.89] Frotteurisme

A. Présence de fantaisies imaginatives sexuellement excitantes, d'impulsions sexuelles, ou de comportements, survenant de façon répétée et intense, pendant une période d'au moins 6 mois, et impliquant l'acte de toucher et de se frotter contre une personne non consentante.

B. La personne a cédé à ces impulsions sexuelles, ou les impulsions sexuelles ou les fantaisies imaginatives sont à l'origine d'un désarroi prononcé ou de difficultés interpersonnelles.

■ F65.4 [302.2] Pédophilie

A. Présence de fantaisies imaginatives sexuellement excitantes, d'impulsions sexuelles, ou de comportements, survenant de façon répétée et intense, pendant une période d'au moins 6 mois, impliquant une activité sexuelle avec un enfant ou des enfants prépubères (généralement âgés de 13 ans ou plus jeunes).

B. La personne a cédé à ces impulsions sexuelles, ou les impulsions sexuelles ou les fantaisies imaginatives sont à l'origine d'un désarroi prononcé ou de difficultés interpersonnelles.

C. Le sujet est âgé de 16 ans au moins et a au moins 5 ans de plus que l'enfant mentionné en A.

N.-B. : Ne pas inclure un sujet en fin d'adolescence qui entretient des relations sexuelles avec un enfant de 12-13 ans.

Spécifier si :
Attiré sexuellement par les garçons
Attiré sexuellement par les filles
Attiré sexuellement par les filles et par les garçons

Spécifier :
Limité à l'inceste

Spécifier le type
Type exclusif (attiré uniquement par les enfants)
Type non exclusif

■ F65.5 [302.83] Masochisme sexuel

A. Présence de fantaisies imaginatives sexuellement excitantes, d'impulsions sexuelles, ou de comportements, survenant de façon répétée et intense, pendant une période d'au moins 6 mois, impliquant des actes (réels, non simulés) dans lesquels le sujet est humilié, battu, attaché, ou livré à la souffrance par d'autres moyens.

B. Les fantaisies, impulsions sexuelles, ou comportements sont à l'origine d'une souffrance cliniquement significative ou d'une altération du fonctionnement social, professionnel ou dans d'autres domaines importants.

■ F65.5 [302.84] Sadisme sexuel

A. Présence de fantaisies imaginatives sexuellement excitantes, d'impulsions sexuelles, ou de comportements, survenant de façon répétée et intense, pendant une période d'au moins 6 mois, impliquant des actes (réels, non simulés), dans lesquels la souffrance psychologique ou physique de la victime (y compris son humiliation) déclenche une excitation sexuelle chez le sujet.

B. La personne a cédé à ces impulsions sexuelles avec une personne non consentante, ou les impulsions sexuelles ou les fantaisies imaginatives sont à l'origine d'un désarroi prononcé ou de difficultés interpersonnelles.

■ F65.1 [302.3] Transvestisme fétichiste

A. Présence chez un homme hétérosexuel de fantaisies imaginatives sexuellement excitantes, d'impulsions sexuelles, ou de comportements, survenant de façon répétée et intense, pendant une période d'au moins 6 mois, impliquant un travestissement.

B. Les fantaisies, impulsions sexuelles, ou comportements sont à l'origine d'une souffrance cliniquement significative ou d'une altération du fonctionnement social, professionnel ou dans d'autres domaines importants.

Spécifier :
Avec dysphorie concernant l'identité sexuelle : si le sujet éprouve un malaise persistant en rapport avec son identité sexuelle ou son rôle sexuel

■ F65.3 [302.82] Voyeurisme

A. Présence de fantaisies imaginatives sexuellement excitantes, d'impulsions sexuelles, ou de comportements, survenant de façon répétée et intense, pendant une période d'au moins 6 mois, consistant à observer une personne nue, ou en train de se déshabiller, ou en train d'avoir des rapports sexuels et qui ne sait pas qu'elle est observée.

B. Les fantaisies, impulsions sexuelles, ou comportements sont à l'origine d'une souffrance cliniquement significative ou d'une altération du fonctionnement social, professionnel ou dans d'autres domaines importants.

■ F65.9 [302.9] Paraphilie non spécifiée

Cette catégorie est incluse afin de coder les Paraphilies qui ne répondent aux critères d'aucune des catégories spécifiques. Exemples non exhaustifs : la scatologie téléphonique (appels téléphoniques obscènes), la nécrophilie (cadavres), le partialisme (focalisation exclusive sur une partie du corps), la zoophilie (animaux), la coprophilie (fèces), la clystérophilie (lavement), et l'urophilie (urine).

Troubles de l'identité sexuelle

■ F64.x [302.xx] Trouble de l'identité sexuelle

A. Identification intense et persistante à l'autre sexe (ne concernant pas exclusivement le désir d'obtenir les bénéfices culturels dévolus à l'autre sexe).

Chez les enfants, la perturbation se manifeste par quatre (ou plus) des critères suivants :

(1) exprime de façon répétée le désir d'appartenir à l'autre sexe ou affirme qu'il (ou elle) en fait partie

(2) chez les garçons, préférence pour les vêtements féminins ou un attirail d'objets permettant de mimer la féminité ; chez les filles, insistance pour porter des vêtements typiquement masculins

(3) préférence marquée et persistante pour les rôles dévolus à l'autre sexe au cours des jeux de « faire semblant » ou fantaisies imaginatives persistantes d'appartenir à l'autre sexe

(4) désir intense de participer aux jeux et aux passe-temps typiques de l'autre sexe

(5) préférence marquée pour les compagnons de jeu appartenant à l'autre sexe

Chez les adolescents et les adultes, la perturbation se manifeste par des symptômes tels que l'expression d'un désir d'appartenir à l'autre sexe, l'adoption fréquente de conduites où on se fait passer pour l'autre sexe, un désir de vivre et d'être traité comme l'autre sexe, ou la conviction qu'il (ou elle) possède les sentiments et réactions typiques de l'autre sexe.

B. Sentiment persistant d'inconfort par rapport à son sexe ou sentiment d'inadéquation par rapport à l'identité de rôle correspondante.

Chez les enfants, la perturbation se manifeste par l'un ou l'autre des éléments suivants : chez le garçon, assertion que son pénis ou ses testicules sont dégoûtants ou vont disparaître, ou qu'il vaudrait mieux ne pas avoir de pénis, ou aversion envers les jeux brutaux et rejet des jouets, jeux et activités typiques d'un garçon ; chez la fille, refus d'uriner en position assise, assertion qu'elle a un pénis ou que celui-ci va pousser, qu'elle ne veut pas avoir de seins ni de règles, ou aversion marquée envers les vêtements conventionnellement féminins.

Chez les adolescents et les adultes, l'affection se manifeste par des symptômes tels que : vouloir se débarrasser de ses caractères sexuels primaires et secondaires (p. ex., demande de traitement hormonal, demande d'intervention chirurgicale ou d'autres procédés afin de ressembler à l'autre sexe par une modification de ses caractères sexuels apparents), ou penser que son sexe de naissance n'est pas le bon.

C. L'affection n'est pas concomitante d'une affection responsable d'un phénotype hermaphrodite.

D. L'affection est à l'origine d'une souffrance cliniquement significative ou d'une altération du fonctionnement social, professionnel ou dans d'autres domaines importants.

Codage reposant sur l'âge actuel :

F64.2   **[302.6]**   **Trouble de l'identité sexuelle chez les enfants**

F64.0   **[302.85]**   **Trouble de l'identité sexuelle chez les adolescents ou les adultes**

Spécifier (pour les sujets ayant atteint la maturité sexuelle) :
Attiré sexuellement par les hommes
Attiré sexuellement par les femmes
Attiré sexuellement par les deux sexes
Attiré sexuellement ni par un sexe, ni par l'autre

■ F64.9 [302.6] Trouble de l'identité sexuelle non spécifié

Cette catégorie est incluse pour pouvoir coder des Troubles de l'identité sexuelle qu'on ne peut pas classer comme Trouble de l'identité sexuelle spécifique. Par exemple :

1. Affections intersexuelles (p. ex., syndrome d'insensibilité aux androgènes ou hyperplasie congénitale des surrénales) s'accompagnant d'une dysphorie concernant l'identité sexuelle.
2. Comportement de travestissement transitoire, lié au stress.
3. Préoccupation persistante par la castration ou l'ablation du pénis en l'absence de désir d'acquérir les caractéristiques sexuelles de l'autre sexe.

■ F52.9 [302.9] Trouble sexuel non spécifié

Cette catégorie est incluse pour pouvoir coder une perturbation sexuelle qui ne remplit les critères d'aucun Trouble sexuel spécifique et qui n'est ni une Dysfonction sexuelle ni une Paraphilie. Par exemple :

1. Sentiments prononcés d'inadéquation par rapport à la performance sexuelle ou à d'autres traits liés aux représentations personnelles des normes de masculinité ou de féminité.
2. Désarroi découlant d'un mode de relations sexuelles répétitives impliquant une succession de partenaires sexuels que l'individu ne perçoit que comme des objets dont on se sert.
3. Souffrance marquée et persistante relative à l'orientation sexuelle.

Troubles des conduites alimentaires

■ F50.0 [307.1] Anorexie mentale (Anorexia nervosa)

A. Refus de maintenir le poids corporel au niveau ou au-dessus d'un poids minimum normal pour l'âge et pour la taille (p. ex., perte de poids conduisant au maintien du poids à moins de 85 % du poids attendu, ou incapacité à prendre du poids pendant la période de croissance conduisant à un poids inférieur à 85 % du poids attendu).

B. Peur intense de prendre du poids ou de devenir gros, alors que le poids est inférieur à la normale.

C. Altération de la perception du poids ou de la forme de son propre corps, influence excessive du poids ou de la forme corporelle sur l'estime de soi, ou déni de la gravité de la maigreur actuelle.

D. Chez les femmes postpubères, aménorrhée c.-à-d. absence d'au moins trois cycles menstruels consécutifs. (Une femme est considérée comme aménorrhéique si les règles ne surviennent qu'après administration d'hormones, par exemple œstrogènes.)

Spécifier le type :

Type restrictif (« *Restricting type* ») : pendant l'épisode actuel d'Anorexie mentale, le sujet n'a pas, de manière régulière, présenté de crises de boulimie ni recours aux vomissements provoqués ou à la prise de purgatifs (c.-à-d. laxatifs, diurétiques, lavements)

Type avec crises de boulimie/vomissements ou prise de purgatifs (« *Binge-eating/purging type* ») : pendant l'épisode actuel d'Anorexie mentale, le sujet a, de manière régulière, présenté des crises de boulimie et/ou recouru aux vomissements provoqués ou à la prise de purgatifs (c.-à-d. laxatifs, diurétiques, lavements)

■ F50.2 [307.51] Boulimie (Bulimia nervosa)

A. Survenue récurrente de crises de boulimie (« *binge eating* »). Une crise de boulimie répond aux deux caractéristiques suivantes :

   (1) absorption, en une période de temps limitée (p. ex., moins de 2 heures), d'une quantité de nourriture largement supérieure à ce que la plupart des gens absorberaient en une période de temps similaire et dans les mêmes circonstances

   (2) sentiment d'une perte de contrôle sur le comportement alimentaire pendant la crise (p. ex., sentiment de ne pas pouvoir s'arrêter de manger ou de ne pas pouvoir contrôler ce que l'on mange ou la quantité que l'on mange)

B. Comportements compensatoires inappropriés et récurrents visant à prévenir la prise de poids, tels que : vomissements provoqués ; emploi abusif de laxatifs, diurétiques, lavements ou autres médicaments ; jeûne ; exercice physique excessif.

C. Les crises de boulimie et les comportements compensatoires inappropriés surviennent tous deux, en moyenne, au moins deux fois par semaine pendant trois mois.

D. L'estime de soi est influencée de manière excessive par le poids et la forme corporelle.

E. Le trouble ne survient pas exclusivement pendant des épisodes d'Anorexie mentale (Anorexia nervosa).

Spécifier le type :

Type avec vomissements ou prise de purgatifs (« *Purging type* **») :** pendant l'épisode actuel de Boulimie, le sujet a eu régulièrement recours aux vomissements provoqués ou à l'emploi abusif de laxatifs, diurétiques, lavements

Type sans vomissements ni prise de purgatifs (« *Non purging type* **») :** pendant l'épisode actuel de Boulimie, le sujet a présenté d'autres comportements compensatoires inappropriés, tels que le jeûne ou l'exercice physique excessif, mais n'a pas eu régulièrement recours aux vomissements provoqués ou à l'emploi abusif de laxatifs, diurétiques, lavements

■ F50.x [307.50] Trouble des conduites alimentaires non spécifié

Les Troubles des conduites alimentaires non spécifiés sont une catégorie destinée aux troubles qui ne remplissent pas les critères d'un Trouble des conduites alimentaires spécifique. En voici quelques exemples :

1. F50.1 Chez une femme, tous les critères de l'Anorexie mentale sont présents, si ce n'est qu'elle a des règles régulières.
2. F50.1 Tous les critères de l'Anorexie mentale sont remplis excepté que, malgré une perte de poids significative, le poids actuel du sujet reste dans les limites de la normale.
3. F50.3 Tous les critères de la Boulimie sont présents, si ce n'est que les crises de boulimie ou les moyens compensatoires inappropriés surviennent à une fréquence inférieure à deux fois par semaine, ou pendant une période de moins de 3 mois.
4. L'utilisation régulière de méthodes compensatoires inappropriées fait suite à l'absorption de petites quantités de nour-

riture chez un individu de poids normal (p. ex., vomissement provoqué après absorption de deux petits gâteaux).

5. Le sujet mâche et recrache, sans les avaler, de grandes quantités de nourriture.

6. F50.4 Hyperphagie boulimique (« *Binge eating disorder* ») : Il existe des épisodes récurrents de crises de boulimie, en l'absence d'un recours régulier aux comportements compensatoires inappropriés caractéristiques de la Boulimie (v. l'Annexe B du DSM-IV-TR pour les critères proposés pour la recherche).

Troubles du sommeil

Dyssomnies

■ F51.0 [307.42] Insomnie primaire

A. La plainte essentielle est une difficulté d'endormissement ou de maintien du sommeil, ou un sommeil non réparateur, ceci pendant au moins un mois.

B. La perturbation du sommeil (ou la fatigue diurne associée) est à l'origine d'une souffrance marquée ou d'une altération du fonctionnement social, professionnel ou dans d'autres domaines importants.

C. La perturbation du sommeil ne survient pas exclusivement au cours d'une Narcolepsie, d'un Trouble du sommeil lié à la respiration, d'un Trouble du sommeil lié au rythme circadien ou d'une Parasomnie.

263

D. La perturbation ne survient pas exclusivement au cours d'un autre trouble mental (p. ex., un Trouble dépressif majeur, une Anxiété généralisée, un Delirium).

E. La perturbation n'est pas liée aux effets physiologiques directs d'une substance (p. ex., une substance donnant lieu à abus, un médicament) ou d'une affection médicale générale.

■ F51.1 [307.44] Hypersomnie primaire

A. La plainte essentielle est une somnolence excessive, d'une durée d'au moins un mois (ou moins en cas d'hypersomnie primaire récurrente), comme en témoignent des épisodes de sommeil prolongé ou des épisodes de sommeil diurne survenant presque tous les jours.

B. La somnolence excessive est à l'origine d'une souffrance marquée ou d'une altération du fonctionnement social, professionnel ou dans d'autres domaines importants.

C. La somnolence excessive n'est pas mieux expliquée par une insomnie, ne survient pas exclusivement au cours d'un autre Trouble du sommeil (p. ex., une Narcolepsie, un Trouble du sommeil lié à la respiration, un Trouble du sommeil lié au rythme circadien ou une Parasomnie) et ne peut pas non plus être expliquée par une quantité insuffisante de sommeil.

D. La perturbation ne survient pas exclusivement au cours d'un autre trouble mental.

E. La perturbation n'est pas liée aux effets physiologiques directs d'une substance (p. ex., une substance donnant lieu à abus, un médicament) ou d'une affection médicale générale.

Spécifier si :
Récurrente s'il existe des périodes de somnolence excessive d'une durée d'au moins trois jours, survenant plusieurs fois par an, pendant au moins 2 ans.

■ G47.4 [347] Narcolepsie

A. Attaques irrésistibles d'un sommeil réparateur survenant quotidiennement pendant au moins trois mois.

B. Présence d'au moins un des deux critères suivants :

   (1) cataplexie (c.-à-d. brefs épisodes de perte soudaine du tonus musculaire bilatérale, le plus souvent en rapport avec une émotion intense)
   (2) intrusion récurrente d'éléments du sommeil paradoxal (à mouvements oculaires rapides) lors des transitions veille/sommeil se manifestant par des hallucinations hypnopompiques ou hypnagogiques ou par des paralysies du sommeil en début ou en fin d'épisodes de sommeil

C. La perturbation n'est pas liée aux effets physiologiques directs d'une substance (p. ex., une substance donnant lieu à abus, un médicament) ou d'une autre affection médicale générale.

■ G47.3 [780.59] Trouble du sommeil lié à la respiration

A. Fractionnement du sommeil provoquant une somnolence excessive ou une insomnie, lié à une affection respiratoire en rapport avec le sommeil (comme p. ex., un syndrome d'apnées obstructives ou centrales ou un syndrome d'hypoventilation alvéolaire centrale).

B. La perturbation n'est pas mieux expliquée par un autre trouble mental et n'est pas liée aux effets physiologiques directs d'une substance (p. ex., une substance donnant lieu à abus, un médicament) ou d'une autre affection médicale générale (autre qu'un trouble respiratoire).

Note de codage. Le trouble du sommeil lié à la respiration doit aussi être enregistré sur l'axe III

■ F51.2 [307.45] Trouble du sommeil lié au rythme circadien (*auparavant* Trouble du rythme veille-sommeil)

A. Fractionnement persistant ou récurrent du sommeil responsable de somnolence excessive ou d'insomnie, et qui est lié à une absence de synchronisme entre l'horaire veille-sommeil propre à un individu et l'horaire veille-sommeil approprié à son environnement.

B. La perturbation du sommeil est à l'origine d'une souffrance marquée ou d'une altération du fonctionnement social, professionnel ou dans d'autres domaines importants.

C. La perturbation ne survient pas exclusivement au cours d'un autre trouble du sommeil ou d'un autre trouble mental.

D. La perturbation n'est pas liée aux effets physiologiques directs d'une substance (p. ex., une substance donnant lieu à abus, un médicament) ou d'une affection médicale générale.

Spécifier le type :
Type avec retard de phase : endormissements et réveils tardifs persistants avec incapacité à s'endormir ou s'éveiller à un moment plus précoce.

Type changement de fuseaux horaires (jet-lag) : périodes de sommeil et de veille survenant à des moments inappropriés de la journée selon l'heure locale après des voyages répétés comportant le passage de plus d'un fuseau horaire.

Type travail posté : insomnie pendant la principale période de sommeil ou somnolence excessive durant la principale période de veille en rapport avec un travail posté de nuit ou des modifications fréquentes des horaires de travail.

Type non spécifié : (p. ex., avec avance de phase, alternance veille-sommeil différente de 24 heures, alternance veille-sommeil irrégulière, ou autre modèle non spécifié).

■ F51.9 [307.47] Dyssomnie non spécifiée

La catégorie des dyssomnies non spécifiées est réservée aux insomnies, hypersomnies, ou aux perturbations des rythmes circadiens, ne remplissant les critères d'aucune dyssomnie spécifique. Les exemples comprennent :

(1) Plaintes significatives d'insomnie ou d'hypersomnie en relation avec des facteurs environnementaux (p. ex., bruit, lumière, dérangements fréquents).

(2) Somnolence excessive en relation avec une privation de sommeil persistante.

(3) « Syndrome des Jambes sans repos » : ce syndrome est caractérisé par un besoin de bouger les jambes ou les bras, associé à des sensations désagréables décrites typiquement comme des fourmillements, des picotements, des brûlures ou des chatouillements. Des mouvements fréquents des membres surviennent dans le but de soulager les sensations désagréables. Les symptômes s'aggravent lorsque l'individu est au repos et le soir ou pendant la nuit et ils peuvent être temporairement soulagés par le mouvement. Les sensations désagréables et les mouvements des membres peuvent retarder l'endormissement, réveiller l'individu pendant son sommeil et conduire à de la somnolence diurne ou de la fatigue.

(4) Mouvements périodiques des membres : secousses répétées, brèves et de faible amplitude des membres, particulièrement au niveau des extrémités inférieures. Ces mouvements débutent aux alentours de l'endormissement et diminuent pendant les stades 3 et 4 du sommeil nonparadoxal et pendant le sommeil paradoxal. Les mouvements surviennent habituellement de façon rythmique toutes les 20 à 60 secondes et provoquent de brefs éveils répétés. L'individu ne se rend généralement pas compte des mouvements, mais peut se plaindre d'insomnie, de réveils fréquents ou de somnolence excessive si les mouvements sont très nombreux. Les individus peuvent montrer une variabilité considérable dans le nombre de mouvements périodiques d'une nuit à l'autre. Les mouvements périodiques surviennent chez la plupart des individus présentant un syndrome des jambes sans repos, mais ils peuvent également survenir sans être associés à d'autres symptômes du syndrome des jambes sans repos.

(5) Situations dans lesquelles le clinicien conclut à une dyssomnie mais est incapable de décider si elle est primaire, liée à une affection somatique ou provoquée par une substance.

Parasomnies

■ F51.5 [307.47] Trouble : Cauchemars (*auparavant*, Trouble : Rêves d'angoisse)

A. Réveils répétés au cours de la période principale de sommeil ou de la sieste avec souvenir précis de rêves effrayants et prolongés. Ces rêves comportent habituellement un danger pour la survie, la sécurité ou l'estime de soi. Les réveils surviennent généralement au cours de la seconde moitié de la période de sommeil.

B. Lorsque le sujet se réveille immédiatement après un cauchemar, il est rapidement orienté et pleinement éveillé (contrairement à ce que l'on observe dans les Terreurs nocturnes et certaines formes d'épilepsie où le sujet est confus et désorienté).

C. Les rêves ou les perturbations du sommeil résultant des réveils sont à l'origine d'une souffrance marquée ou d'une altération du fonctionnement social, professionnel ou dans d'autres domaines importants.

D. Les cauchemars ne surviennent pas exclusivement au cours d'un autre trouble mental (p. ex., un delirium, un Trouble : État de stress post-traumatique) et ne sont pas liés aux effets physiologiques directs d'une substance (p. ex., une substance donnant lieu à abus, un médicament) ou d'une affection médicale générale.

■ F51.4 [307.46] Terreurs nocturnes

A. Épisodes récurrents de réveil brutal, survenant habituellement lors du premier tiers de la période principale de sommeil et débutant par un cri de terreur.

B. Présence au cours de chaque épisode d'une peur intense et d'une activation neurovégétative se traduisant par des symptômes tels que tachycardie, polypnée, transpiration.

C. Pendant l'épisode, la personne ne réagit que peu aux efforts faits par son entourage pour la réconforter.

D. Il n'y a pas de remémoration détaillée d'un rêve et la personne garde une amnésie de l'épisode.

E. Les épisodes sont à l'origine d'une souffrance marquée ou d'une altération du fonctionnement social, professionnel ou dans d'autres domaines importants.

F. La perturbation n'est pas liée aux effets physiologiques directs d'une substance (p. ex., une substance donnant lieu à abus, un médicament) ou d'une affection médicale générale.

■ F51.3 [307.46] Somnambulisme

A. Épisodes répétés au cours desquels le sujet quitte son lit et déambule pendant son sommeil ; ces épisodes surviennent habituellement au cours du premier tiers de la période principale de sommeil.

B. Au cours de ses déambulations, le sujet a un visage inexpressif, le regard fixe, et ne réagit guère aux efforts de son entourage pour communiquer avec lui ; il ne peut être réveillé qu'avec beaucoup de difficultés.

C. Au réveil (à la fin de l'épisode de somnambulisme ou le lendemain matin), le sujet ne garde aucun souvenir de l'épisode.

D. Quelques minutes après le réveil d'un épisode de somnambulisme, les activités mentales et le comportement ne sont plus perturbés (bien qu'il puisse y avoir une brève période initiale de confusion et de désorientation).

E. Le somnambulisme est à l'origine d'une souffrance marquée ou d'une altération du fonctionnement social, professionnel ou dans d'autres domaines importants.

F. La perturbation n'est pas liée aux effets physiologiques directs d'une substance (p. ex., une substance donnant lieu à abus, un médicament) ou d'une affection médicale générale.

■ F51.9 [307.47] Parasomnie non spécifiée

La catégorie des parasomnies non spécifiées est réservée aux perturbations caractérisées par des comportements anormaux ou par la survenue de phénomènes physiologiques se manifestant pendant le sommeil ou les transitions veille-sommeil et ne remplissant pas les critères d'une parasomnie spécifique. Les exemples comprennent :

1. Trouble du comportement lié au sommeil paradoxal : activité motrice, souvent de nature violente, se manifestant durant le sommeil paradoxal. Contrairement à ce que l'on observe dans le somnambulisme, ces épisodes surviennent plus tardivement au cours de la nuit et sont associés à des rêves dont le sujet garde un souvenir précis.
2. Paralysie du sommeil : une incapacité à réaliser des mouvements volontaires au cours de la transition entre l'état de veille et le sommeil. Les épisodes peuvent survenir à l'endormissement (hypnagogique) ou au réveil (hypnopompique). Les épisodes sont habituellement liés à une anxiété extrême et, dans certains cas, à la peur d'une mort imminente. Une paralysie du sommeil est communément présente, en tant que symptôme accessoire, dans la narcolepsie ; dans ce cas, elle ne doit pas être enregistrée séparément.
3. Situations dans lesquelles le clinicien conclut à une parasomnie mais est incapable de décider si elle est primaire, due à une affection médicale générale ou provoquée par une substance.

Troubles du sommeil liés à un autre trouble mental

■ F51.0 [307.42] Insomnie liée à…
(indiquer le trouble de l'axe I ou de l'axe II)

A. La plainte essentielle, d'une durée d'au moins un mois, est une difficulté d'endormissement ou de maintien du sommeil, ou un sommeil non réparateur, entraînant une fatigue diurne ou une altération du fonctionnement diurne.

B. La perturbation du sommeil (ou ses conséquences diurnes) est à l'origine d'une souffrance marquée ou d'une altération du fonctionnement social, professionnel ou dans d'autres domaines importants.

C. L'insomnie est liée à un autre trouble de l'axe I ou de l'axe II (p. ex., Trouble dépressif majeur, Anxiété généralisée, Trouble de l'adaptation avec anxiété), mais est suffisamment sévère pour justifier à elle seule un examen clinique.

D. La perturbation n'est pas mieux expliquée par un autre trouble du sommeil (p. ex., Narcolepsie, Trouble du sommeil lié à la respiration, Parasomnie).

E. La perturbation n'est pas liée aux effets physiologiques directs d'une substance (p. ex., une substance donnant lieu à abus, un médicament) ou d'une affection médicale générale.

■ F51.1 [307.44] Hypersomnie liée à...
(indiquer le trouble de l'axe I ou de l'axe II)

A. La plainte essentielle, d'une durée d'au moins un mois, est une somnolence excessive comme en témoignent des épisodes de sommeil prolongés ou des épisodes de sommeil diurne survenant presque tous les jours.

B. La somnolence excessive est à l'origine d'une souffrance marquée ou d'une altération du fonctionnement social, professionnel ou dans d'autres domaines importants.

C. L'hypersomnie est liée à un autre trouble de l'axe I ou de l'axe II (p. ex., Trouble dépressif majeur, Trouble dysthymique), mais est suffisamment sévère pour justifier à elle seule un examen clinique.

D. La perturbation n'est pas mieux expliquée par un autre trouble du sommeil (p. ex., Narcolepsie, Trouble du sommeil lié à la respiration, Parasomnie) ou par une quantité insuffisante de sommeil.

E. La perturbation n'est pas liée aux effets physiologiques directs d'une substance (p. ex., une substance donnant lieu à abus, un médicament) ou d'une affection médicale générale.

Autres troubles du sommeil

■ G47.x [780.xx] Trouble du sommeil dû à... *[Indiquer l'affection médicale générale]*

A. Une perturbation prononcée du sommeil suffisamment sévère pour justifier à elle seule un examen clinique.

B. L'histoire de la maladie, l'examen physique ou les examens complémentaires démontrent que la perturbation du sommeil est due aux effets physiologiques directs d'une affection médicale générale.

C. La perturbation n'est pas mieux expliquée par un autre trouble mental (p. ex., un Trouble de l'adaptation où le facteur de stress est une affection somatique sévère).

D. La perturbation ne survient pas exclusivement au cours d'un delirium.

E. La perturbation ne remplit pas les critères d'un Trouble du sommeil lié à la respiration ou d'une Narcolepsie.

F. La perturbation du sommeil est à l'origine d'une souffrance marquée ou d'une altération du fonctionnement social, professionnel ou dans d'autres domaines importants.

Spécifier le type :

G47.0   Type insomnie   [780.52] : si la perturbation du sommeil prédominante est une insomnie

G47.1   Type hypersomnie [780.54] : si la perturbation du sommeil prédominante est une hypersomnie

G47.8   Type parasomnie [780.59] : si la perturbation du sommeil prédominante est une parasomnie

G47.8   Type mixte [780.59] : si plusieurs perturbations du sommeil sont présentes, aucune d'entre elles n'étant prédominante

Note de codage. Ajouter le nom de l'affection somatique sur l'Axe I, p. ex., G47.0 [780.52] Trouble du sommeil lié à une maladie pulmonaire chronique obstructive, type insomnie ; enregistrer également l'affection somatique sur l'Axe III (v. l'Annexe G pour les codes).

■ F1x.8 Trouble du sommeil induit par une substance

A. Une perturbation prononcée du sommeil suffisamment sévère pour justifier à elle seule un examen clinique.

B. Mise en évidence d'après l'histoire de la maladie, l'examen physique ou les examens complémentaires de soit (1), soit (2) :

   (1) les symptômes du critère A sont apparus pendant l'intoxication ou le sevrage d'une substance, ou moins d'un mois après

   (2) une prise médicamenteuse est étiologiquement liée à la perturbation du sommeil

C. La perturbation n'est pas mieux expliquée par un trouble du sommeil non induit par une substance. Les exemples suivants suggèrent que les symptômes pourraient être attribuables à un trouble du sommeil non-induit par une substance : les symptômes précèdent le début d'utilisation de la substance (ou du médicament) ; les symptômes persistent longtemps (p. ex., un mois) après le sevrage aigu ou une intoxication sévère, ou sont nettement disproportionnés par rapport à ce que laissent supposer le type, la quantité ou la durée d'utilisation de la substance ; mise en évidence d'éléments suggérant l'existence parallèle d'un trouble du sommeil non induit par une substance (p. ex., une anamnèse d'épisodes répétés de trouble du sommeil non lié à l'utilisation d'une substance).

D. La perturbation ne survient pas exclusivement au cours d'un delirium.

E. La perturbation du sommeil est à l'origine d'une souffrance marquée ou d'une altération du fonctionnement social, professionnel ou dans d'autres domaines importants.

N.-B. : Ce diagnostic doit prévaloir sur celui d'intoxication ou de sevrage à une substance, uniquement lorsque les symptômes en rapport avec le sommeil sont plus marqués que ceux rencontrés habituellement dans l'intoxication ou le syndrome de sevrage, et sont suffisamment sévères pour justifier à eux seuls un examen clinique.

Coder Trouble du sommeil induit par (Nom de la substance) : F10.8 [291.89] Alcool ; F15.8 [292.89] Amphétamine ; F15.8 [292.89] Caféine ; F14.8 [292.89] Cocaïne ; F11.8 [292.89] Opiacés ; F13.8 [292.89] Sédatifs, hypnotiques ou anxiolytiques ; F19.8 [292.89] Autre substance ou Substance inconnue)

Note de codage. Voir p. 116 pour les procédures d'enregistrement.

Spécifier le type :
Type insomnie : si la perturbation du sommeil prédominante est une insomnie
Type hypersomnie : si la perturbation du sommeil prédominante est une hypersomnie
Type parasomnie : si la perturbation du sommeil prédominante est une parasomnie
Type mixte : si plusieurs perturbations du sommeil sont présentes, aucune d'entre elles n'étant prédominante

Spécifier si (voir le tableau p. 106 si applicable à la substance) :

Pendant l'intoxication : si les critères de l'intoxication à la substance sont remplis et si les symptômes apparaissent durant le syndrome d'intoxication.

Pendant le sevrage : si les critères de sevrage à la substance sont remplis et si les symptômes apparaissent durant, ou peu de temps après, un syndrome de sevrage.

Troubles du contrôle des impulsions non classés ailleurs

■ F63.8 [312.34] Trouble explosif intermittent

A. Plusieurs épisodes distincts d'incapacité à résister à des impulsions agressives, aboutissant à des voies de fait graves ou à la destruction de biens.

B. Le degré d'agressivité exprimé durant les épisodes est sans commune mesure avec un quelconque facteur de stress psycho-social déclenchant.

C. Les épisodes agressifs ne sont pas mieux expliqués par un autre trouble mental (p. ex., une Personnalité antisociale ou border-line, un Trouble psychotique, un Épisode maniaque, un Trouble des conduites ou un Déficit de l'attention/hyperactivité) et ne sont pas dus aux effets physiologiques directs d'une substance (p. ex., une substance donnant lieu à abus, un médicament) ou une affection médicale générale (p. ex., un traumatisme crânien ou une maladie d'Alzheimer).

■ F63.2 [312.32] Kleptomanie

A. Impossibilité répétée de résister à l'impulsion de voler des objets qui ne sont dérobés ni pour un usage personnel ni pour leur valeur commerciale.

B. Sensation croissante de tension juste avant de commettre le vol.

C. Plaisir, gratification ou soulagement au moment de commettre le vol.

D. Le vol n'est pas commis pour exprimer la colère ou la vengeance, ni en réponse à des idées délirantes ou des hallucinations.

E. Le vol n'est pas mieux expliqué par un Trouble des conduites, un Épisode maniaque ou une Personnalité antisociale.

■ F63.1 [312.33] Pyromanie

A. Allumage délibéré et réfléchi d'incendies, survenant à plusieurs reprises.

B. Tension ou excitation émotionnelle avant l'acte.

C. Fascination, intérêt, curiosité ou attirance pour le feu et pour tout ce qui s'y rapporte (p. ex., matériel, utilisation, conséquences).

D. Plaisir, gratification ou soulagement en allumant des incendies, en les contemplant ou en participant aux événements qui en résultent.

E. Le feu n'est pas allumé pour un bénéfice commercial, ni pour manifester une idéologie sociopolitique, camoufler une activité criminelle, exprimer la colère ou la vengeance, améliorer ses conditions de vie, ni en réponse à des idées délirantes, à des hallucinations ou à un trouble du jugement (comme p. ex., dans la Démence, le Retard mental ou l'Intoxication par une substance).

F. L'allumage d'incendies n'est pas mieux expliqué par un Trouble des conduites, un Épisode maniaque ou une Personnalité antisociale.

■ F63.0 [312.31] Jeu pathologique

A. Pratique inadaptée, persistante et répétée du jeu, comme en témoignent au moins cinq des manifestations suivantes :

  (1) préoccupation par le jeu (p. ex., préoccupation par la remémoration d'expériences de jeu passées ou par la prévision de tentatives prochaines, ou par les moyens de se procurer de l'argent pour jouer)

  (2) besoin de jouer avec des sommes d'argent croissantes pour atteindre l'état d'excitation désiré

  (3) efforts répétés mais infructueux pour contrôler, réduire ou arrêter la pratique du jeu

  (4) agitation ou irritabilité lors des tentatives de réduction ou d'arrêt de la pratique du jeu

  (5) joue pour échapper aux difficultés ou pour soulager une humeur dysphorique (p. ex., des sentiments d'impuissance, de culpabilité, d'anxiété, de dépression)

  (6) après avoir perdu de l'argent au jeu, retourne souvent jouer un autre jour pour recouvrer ses pertes (pour « se refaire »)

  (7) ment à sa famille, à son thérapeute ou à d'autres pour dissimuler l'ampleur réelle de ses habitudes de jeu

  (8) commet des actes illégaux, tels que falsifications, fraudes, vols ou détournement d'argent pour financer la pratique du jeu

  (9) met en danger ou perd une relation affective importante, un emploi ou des possibilités d'étude ou de carrière à cause du jeu

  (10) compte sur les autres pour obtenir de l'argent et se sortir de situations financières désespérées dues au jeu

B. La pratique du jeu n'est pas mieux expliquée par un Épisode maniaque.

■ F63.3 [312.39] Trichotillomanie

A. Arrachage répété de ses propres cheveux aboutissant à une alopécie manifeste.

B. Sentiment croissant de tension juste avant l'arrachage des cheveux ou bien lors des tentatives faites pour résister à ce comportement.

C. Plaisir, gratification ou soulagement lors de l'arrachage des cheveux.

D. La perturbation n'est pas mieux expliquée par un autre trouble mental et n'est pas due à une affection médicale générale (p. ex., à une affection dermatologique).

E. Les perturbations causent une souffrance cliniquement significative ou une altération du fonctionnement social, professionnel ou dans d'autres domaines importants.

■ F63.9 [312.30] Trouble du contrôle des impulsions non spécifié

Cette catégorie s'adresse à des troubles du contrôle des impulsions (p. ex., se triturer la peau, le piercing) qui ne remplissent pas les critères des troubles spécifiques décrits précédemment dans ce chapitre et qui ne satisfont pas non plus aux critères des autres troubles mentaux ayant des caractéristiques cliniques impliquant le contrôle des impulsions qui sont décrits ailleurs dans ce manuel (p. ex., la Dépendance à une substance ou une Paraphilie).

Troubles de l'adaptation

■ Troubles de l'adaptation

A. Développement de symptômes dans les registres émotionnels et comportementaux, en réaction à un ou plusieurs facteur(s) de stress identifiable(s), au cours des trois mois suivant la survenue de celui-ci (ceux-ci).

B. Ces symptômes ou comportements sont cliniquement significatifs, comme en témoignent :

  (1) soit une souffrance marquée, plus importante qu'il n'était attendu en réaction à ce facteur de stress
  (2) soit une altération significative du fonctionnement social ou professionnel (scolaire)

C. La perturbation liée au stress ne répond pas aux critères d'un autre trouble spécifique de l'Axe I et n'est pas simplement l'exacerbation d'un trouble préexistant de l'Axe I ou de l'Axe II.

D. Les symptômes ne sont pas l'expression d'un Deuil.

E. Une fois que le facteur de stress (ou ses conséquences) a disparu, les symptômes ne persistent pas au-delà de 6 mois.

Spécifier si :
Aigu : si la perturbation persiste moins de 6 mois

Chronique : si la perturbation persiste 6 mois ou plus. Par définition, les symptômes ne peuvent pas persister plus de 6 mois une fois que le facteur de stress ou ses conséquences ont disparu. Cette spécification s'applique donc lorsque la durée de la perturbation est plus importante que six mois, en réaction à un facteur de stress lui-même prolongé ou bien dont les conséquences sont durables.

Les Troubles de l'adaptation sont codés par sous-types, qui sont sélectionnés en fonction des symptômes prédominants. Le facteur de stress (stresseur) spécifique peut être caractérisé sur l'Axe IV.

F43.20 **F43.21**	**[309.0]**	**Avec humeur dépressive.** Ce sous-type doit être utilisé lorsque les manifestations prédominantes sont des symptômes tels qu'une humeur dépressive, des pleurs ou des sentiments de désespoir. La CIM-10 distingue la réaction dépressive brève F43.20 et la réaction dépressive prolongée F43.21 (N.d.T.).
F43.28	**[309.24]**	**Avec anxiété.** Ce sous-type doit être utilisé lorsque les manifestations prédominantes sont des symptômes tels que nervosité, inquiétude ou agitation ou bien, chez l'enfant, la peur de se séparer des personnes auxquelles il est le plus attaché.
F43.22	**[309.28]**	**Avec à la fois anxiété et humeur dépressive.** Ce sous-type doit être utilisé lorsque la manifestation prédominante est une combinaison de dépression et d'anxiété.
F43.24	**[309.3]**	**Avec perturbation des conduites.** Ce sous-type doit être utilisé lorsque la manifestation prédominante est une perturbation des conduites qui comporte une violation des droits d'autrui ou des normes et des règles essentielles de la vie

sociale, compte tenu de l'âge du sujet (p. ex., l'école buissonnière, le vandalisme, une conduite automobile imprudente, des bagarres, un manquement à ses responsabilités légales).

F43.25   [309.4]   Avec perturbation à la fois des émotions et des conduites. Ce sous-type doit être utilisé lorsque les manifestations prédominantes sont à la fois des symptômes du registre émotionnel (comme la dépression, l'anxiété) et une perturbation des conduites (voir le sous-type précédent).

F43.29   [309.9].   Non spécifié. Ce sous-type doit être utilisé pour coder des réactions inadaptées (p. ex., des plaintes somatiques, un retrait social ou une inhibition au travail ou à l'école) à des facteurs de stress (stresseurs), qui ne peuvent pas être classées parmi les sous-types spécifiques de Trouble de l'adaptation.

Node de codage. Lors d'une évaluation multiaxiale, la nature du facteur de stress (stresseur) peut être précisée sur l'Axe IV (p. ex., Divorce).

Troubles de la personnalité

Cette section débute par une définition générale des troubles de la personnalité qui s'applique à chacun des dix troubles spécifiques décrits.

■ Critères diagnostiques généraux des troubles de la personnalité

A. Modalité durable de l'expérience vécue et des conduites qui dévie notablement de ce qui est attendu dans la culture de l'individu. Cette déviation est manifeste dans au moins deux des domaines suivants :

(1) la cognition (c.-à-d. la perception et la vision de soi-même, d'autrui et des événements)
(2) l'affectivité (c.-à-d. la diversité, l'intensité, la labilité et l'adéquation de la réponse émotionnelle)
(3) le fonctionnement interpersonnel
(4) le contrôle des impulsions

B. Ces modalités durables sont rigides et envahissent des situations personnelles et sociales très diverses

C. Ce mode durable entraîne une souffrance cliniquement significative ou une altération du fonctionnement social, professionnel ou dans d'autres domaines importants.

D. Ce mode est stable et prolongé et ses premières manifestations sont décelables au plus tard à l'adolescence ou au début de l'âge adulte.

E. Ce tableau n'est pas mieux expliqué par les manifestations ou les conséquences d'un autre trouble mental.

F. Ce mode durable n'est pas dû aux effets physiologiques directs d'une substance (p. ex., une drogue donnant lieu à abus ou un médicament) ou d'une affection médicale générale (par exemple un traumatisme crânien).

Groupe A des troubles de la personnalité

■ F60.0 [301.0] Personnalité paranoïaque

A. Méfiance soupçonneuse envahissante envers les autres dont les intentions sont interprétées comme malveillantes, qui apparaît au début de l'âge adulte et est présente dans divers contextes, comme en témoignent au moins quatre des manifestations suivantes :

(1) le sujet s'attend sans raison suffisante à ce que les autres l'exploitent, lui nuisent ou le trompent
(2) est préoccupé par des doutes injustifiés concernant la loyauté ou la fidélité de ses amis ou associés
(3) est réticent à se confier à autrui en raison d'une crainte injustifiée que l'information soit utilisée de manière perfide contre lui
(4) discerne des significations cachées, humiliantes ou menaçantes dans des commentaires ou des événements anodins
(5) garde rancune, c'est-à-dire ne pardonne pas d'être blessé, insulté ou dédaigné

(6) perçoit des attaques contre sa personne ou sa réputation, alors que ce n'est pas apparent pour les autres, et est prompt à la contre-attaque ou réagit avec colère

(7) met en doute de manière répétée et sans justification la fidélité de son conjoint ou de son partenaire sexuel.

B. Ne survient pas exclusivement pendant l'évolution d'une Schizophrénie, d'un Trouble de l'humeur avec caractéristiques psychotiques ou d'un autre Trouble psychotique et n'est pas dû aux effets physiologiques directs d'une affection médicale générale.

N.-B. : Si les critères sont remplis avant l'apparition d'une Schizophrénie, indiquer « prémorbide », par exemple : « Personnalité paranoïaque (prémorbide) ».

■ F60.1 [301.20] Personnalité schizoïde

A. Mode général de détachement par rapport aux relations sociales et de restriction de la variété des expressions émotionnelles dans les rapports avec autrui, qui apparaît au début de l'âge adulte et est présent dans des contextes divers, comme en témoignent au moins quatre des manifestations suivantes :

(1) le sujet ne recherche, ni n'apprécie, les relations proches y compris les relations intra-familiales

(2) choisit presque toujours des activités solitaires

(3) n'a que peu ou pas d'intérêt pour les relations sexuelles avec d'autres personnes

(4) n'éprouve du plaisir que dans de rares activités, sinon dans aucune

(5) n'a pas d'amis proches ou de confidents, en dehors de ses parents du premier degré

(6) semble indifférent aux éloges ou à la critique d'autrui

(7) fait preuve de froideur, de détachement, ou d'émoussement de l'affectivité

B. Ne survient pas exclusivement pendant l'évolution d'une Schizophrénie, d'un Trouble de l'humeur avec caractéristiques psychotiques, d'un autre Trouble psychotique ou d'un Trouble envahissant du développement et n'est pas dû aux effets physiologiques directs d'une affection médicale générale.

N.-B. : Si les critères sont remplis avant l'apparition d'une Schizophrénie, indiquer « prémorbide », par exemple : « Personnalité schizoïde (prémorbide) ».

■ F21 [301.22] Personnalité schizotypique

A. Mode général de déficit social et interpersonnel marqué par une gêne aiguë et des compétences réduites dans les relations proches, par des distorsions cognitives et perceptuelles, et par des conduites excentriques. Le trouble apparaît au début de l'âge adulte et est présent dans des contextes divers, comme en témoignent au moins cinq des manifestations suivantes :

(1) idées de référence (à l'exception des idées délirantes de référence)

(2) croyances bizarres ou pensée magique qui influencent le comportement et qui ne sont pas en rapport avec les normes d'un sous-groupe culturel (p. ex., superstition, croyance dans un don de voyance, dans la télépathie ou dans un « sixième » sens ; chez les enfants et les adolescents, rêveries ou préoccupations bizarres)

(3) perceptions inhabituelles, notamment illusions corporelles

(4) pensée et langage bizarres (p. ex., vagues, circonstanciés, métaphoriques, alambiqués ou stéréotypés)

(5) idéation méfiante ou persécutoire

(6) inadéquation ou pauvreté des affects

(7) comportement ou aspect bizarre, excentrique ou singulier

(8) absence d'amis proches ou de confidents en dehors des parents du premier degré

(9) anxiété excessive en situation sociale qui ne diminue pas quand le sujet se familiarise avec la situation et qui est due

à des craintes persécutoires plutôt qu'à un jugement négatif de soi-même

B. Ne survient pas exclusivement pendant l'évolution d'une Schizophrénie, d'un Trouble de l'humeur avec caractéristiques psychotiques, d'un autre Trouble psychotique ou d'un Trouble envahissant du développement.

N.-B. : Si les critères sont remplis avant l'apparition d'une Schizophrénie, indiquer « prémorbide », par exemple : « Personnalité schizotypique (prémorbide) ».

Groupe B des troubles de la personnalité

■ F60.2 [301.7] Personnalité antisociale

A. Mode général de mépris et de transgression des droits d'autrui qui survient depuis l'âge de 15 ans, comme en témoignent au moins trois des manifestations suivantes :

(1) incapacité de se conformer aux normes sociales qui déterminent les comportements légaux, comme l'indique la répétition de comportements passibles d'arrestation

(2) tendance à tromper par profit ou par plaisir, indiquée par des mensonges répétés, l'utilisation de pseudonymes ou des escroqueries

(3) impulsivité ou incapacité à planifier à l'avance

(4) irritabilité ou agressivité, indiquées par la répétition de bagarres ou d'agressions

(5) mépris inconsidéré pour sa sécurité ou celle d'autrui

(6) irresponsabilité persistante, indiquée par l'incapacité répétée d'assumer un emploi stable ou d'honorer des obligations financières

(7) absence de remords, indiquée par le fait d'être indifférent ou de se justifier après avoir blessé, maltraité ou volé autrui

B. Âge au moins égal à 18 ans.

C. Manifestations d'un Trouble des conduites (v. p. 68) débutant avant l'âge de 15 ans.

D. Les comportements antisociaux ne surviennent pas exclusivement pendant l'évolution d'une Schizophrénie ou d'un Épisode maniaque.

■ F60.31 [301.83] Personnalité borderline

Mode général d'instabilité des relations interpersonnelles, de l'image de soi et des affects avec une impulsivité marquée, qui apparaît au début de l'âge adulte et est présent dans des contextes divers, comme en témoignent au moins cinq des manifestations suivantes :

(1) efforts effrénés pour éviter les abandons réels ou imaginés (**N.-B. :** Ne pas inclure les comportements suicidaires ou les auto-mutilations énumérés dans le critère 5)

(2) mode de relations interpersonnelles instables et intenses caractérisées par l'alternance entre des positions extrêmes d'idéalisation excessive et de dévalorisation

(3) perturbation de l'identité : instabilité marquée et persistante de l'image ou de la notion de soi

(4) impulsivité dans au moins deux domaines potentiellement dommageables pour le sujet (p. ex., dépenses, sexualité, toxicomanie, conduite automobile dangereuse, crises de boulimie). **N.-B. :** Ne pas inclure les comportements suicidaires ou les auto-mutilations énumérés dans le critère 5

(5) répétition de comportements, de gestes ou de menaces suicidaires, ou d'auto-mutilations

(6) instabilité affective due à une réactivité marquée de l'humeur (p. ex., dysphorie épisodique intense, irritabilité ou anxiété durant habituellement quelques heures et rarement plus de quelques jours)

(7) sentiments chroniques de vide

(8) colères intenses et inappropriées ou difficulté à contrôler sa colère (p. ex., fréquentes manifestations de mauvaise humeur, colère constante ou bagarres répétées)

(9) survenue transitoire dans des situations de stress d'une idéation persécutoire ou de symptômes dissociatifs sévères

■ F60.4 [301.50] Personnalité histrionique

Mode général de réponses émotionnelles excessives et de quête d'attention, qui apparaît au début de l'âge adulte et est présent dans des contextes divers, comme en témoignent au moins cinq des manifestations suivantes :

(1) le sujet est mal à l'aise dans les situations où il n'est pas au centre de l'attention d'autrui

(2) l'interaction avec autrui est souvent caractérisée par un comportement de séduction sexuelle inadaptée ou une attitude provocante

(3) expression émotionnelle superficielle et rapidement changeante

(4) utilise régulièrement son aspect physique pour attirer l'attention sur soi

(5) manière de parler trop subjective mais pauvre en détails

(6) dramatisation, théâtralisme et exagération de l'expression émotionnelle

(7) suggestibilité, est facilement influencé par autrui ou par les circonstances

(8) considère que ses relations sont plus intimes qu'elles ne le sont en réalité

■ F60.8 [301.81] Personnalité narcissique

Mode général de fantaisies ou de comportements grandioses, de besoin d'être admiré et de manque d'empathie qui apparaissent au début de l'âge adulte et sont présents dans des contextes divers, comme en témoignent au moins cinq des manifestations suivantes :

(1) le sujet a un sens grandiose de sa propre importance (p. ex., surestime ses réalisations et ses capacités, s'attend à être reconnu comme supérieur sans avoir accompli quelque chose en rapport)

(2) est absorbé par des fantaisies de succès illimité, de pouvoir, de splendeur, de beauté ou d'amour idéal

(3) pense être « spécial » et unique et ne pouvoir être admis ou compris que par des institutions ou des gens spéciaux et de haut niveau

(4) besoin excessif d'être admiré

(5) pense que tout lui est dû : s'attend sans raison à bénéficier d'un traitement particulièrement favorable et à ce que ses désirs soient automatiquement satisfaits

(6) exploite l'autre dans les relations interpersonnelles : utilise autrui pour parvenir à ses propres fins

(7) manque d'empathie : n'est pas disposé à reconnaître ou à partager les sentiments et les besoins d'autrui

(8) envie souvent les autres, et croit que les autres l'envient

(9) fait preuve d'attitudes et de comportements arrogants et hautains

Groupe C des troubles de la personnalité

■ F60.6 [301.82] Personnalité évitante

Mode général d'inhibition sociale, de sentiments de ne pas être à la hauteur et d'hypersensibilité au jugement négatif d'autrui qui apparaît au début de l'âge adulte et est présent dans des contextes divers, comme en témoignent au moins quatre des manifestations suivantes :

   (1) le sujet évite les activités sociales professionnelles qui impliquent des contacts importants avec autrui par crainte d'être critiqué, désapprouvé ou rejeté

   (2) réticence à s'impliquer avec autrui à moins d'être certain d'être aimé

   (3) est réservé dans les relations intimes par crainte d'être exposé à la honte ou au ridicule

   (4) craint d'être critiqué ou rejeté dans les situations sociales

   (5) est inhibé dans les situations interpersonnelles nouvelles à cause d'un sentiment de ne pas être à la hauteur

   (6) se perçoit comme socialement incompétent, sans attrait ou inférieur aux autres

   (7) est particulièrement réticent à prendre des risques personnels ou à s'engager dans de nouvelles activités par crainte d'éprouver de l'embarras

■ F60.7 [301.6] Personnalité dépendante

Besoin général et excessif d'être pris en charge qui conduit à un comportement soumis et « collant » et à une peur de la séparation, qui apparaît au début de l'âge adulte et est présent dans des contextes divers, comme en témoignent au moins cinq des manifestations suivantes :

   (1) le sujet a du mal à prendre des décisions dans la vie courante sans être rassuré ou conseillé de manière excessive par autrui

   (2) a besoin que d'autres assument les responsabilités dans la plupart des domaines importants de sa vie

   (3) a du mal à exprimer un désaccord avec autrui de peur de perdre son soutien ou son approbation. **N.-B. :** Ne pas tenir compte d'une crainte réaliste de sanctions

(4) a du mal à initier des projets ou à faire des choses seul (par manque de confiance en son propre jugement ou en ses propres capacités plutôt que par manque de motivation ou d'énergie)

(5) cherche à outrance à obtenir le soutien et l'appui d'autrui, au point de se porter volontaire pour faire des choses désagréables

(6) se sent mal à l'aise ou impuissant quand il est seul par crainte exagérée d'être incapable de se débrouiller

(7) lorsqu'une relation proche se termine, cherche de manière urgente une autre relation qui puisse assurer les soins et le soutien dont il a besoin

(8) est préoccupé de manière irréaliste par la crainte d'être laissé à se débrouiller seul

■ F60.5 [301.4] Personnalité obsessionnelle-compulsive

Mode général de préoccupation pour l'ordre, le perfectionnisme et le contrôle mental et interpersonnel, aux dépens d'une souplesse, d'une ouverture et de l'efficacité, qui apparaît au début de l'âge adulte et est présent dans des contextes divers, comme en témoignent au moins quatre des manifestations suivantes :

(1) préoccupations pour les détails, les règles, les inventaires, l'organisation ou les plans au point que le but principal de l'activité est perdu de vue

(2) perfectionnisme qui entrave l'achèvement des tâches (p. ex., incapacité d'achever un projet parce que des exigences personnelles trop strictes ne sont pas remplies)

(3) dévotion excessive pour le travail et la productivité à l'exclusion des loisirs et des amitiés (sans que cela soit expliqué par des impératifs économiques évidents)

(4) est trop consciencieux, scrupuleux et rigide sur des ques-
    tions de morale, d'éthique ou de valeurs (sans que cela soit
    expliqué par une appartenance religieuse ou culturelle)
(5) incapacité de jeter des objets usés ou sans utilité même si
    ceux-ci n'ont pas de valeur sentimentale
(6) réticence à déléguer des tâches ou à travailler avec autrui à
    moins que les autres se soumettent exactement à sa manière
    de faire les choses
(7) se montre avare avec l'argent pour soi-même et les autres ;
    l'argent est perçu comme quelque chose qui doit être thé-
    saurisé en vue de catastrophes futures
(8) se montre rigide et têtu

■ F60.9 [301.9] Trouble de la personnalité, non spécifié

Cette catégorie est réservée aux troubles de la personnalité (se
référer aux critères diagnostiques généraux d'un Trouble de la personnalité, p. 285) qui ne remplissent pas les critères d'un trouble
de la personnalité spécifique. Un exemple en est la présence de
caractéristiques appartenant à plusieurs troubles de la personnalité,
sans que les critères d'un Trouble particulier de la personnalité
soient remplis (« personnalité mixte »), mais néanmoins responsables d'une souffrance cliniquement significative ou d'une altération du fonctionnement dans un ou plusieurs domaines importants
(p. ex., social ou professionnel). Cette catégorie peut aussi être utilisée lorsque le clinicien estime qu'un diagnostic spécifique de
Trouble de la personnalité ne figurant pas dans la classification est
approprié, par exemple celui de personnalité dépressive ou de personnalité passive-agressive (voir l'Annexe B du DSM-IV-TR pour
les critères proposés pour la recherche).

Autres situations
qui peuvent faire l'objet
d'un examen clinique

Cette section décrit les autres situations ou problèmes qui peuvent faire l'objet d'un examen clinique. Ceux-ci sont liés aux troubles mentaux décrits précédemment dans ce manuel d'une des manières suivantes : 1) le problème nécessite un diagnostic ou un traitement et l'individu n'a pas de trouble mental (p. ex., Problème relationnel avec le partenaire dans le cas où aucun des partenaires n'a de symptômes remplissant les critères pour un trouble mental et où seul le Problème relationnel avec le partenaire est enregistré), 2) l'individu a un trouble mental, mais celui-ci est sans relation avec le problème, (p. ex., un Problème relationnel avec le partenaire et, par ailleurs, un des partenaires présente une Phobie spécifique ; dans ce cas, les deux diagnostics peuvent être enregistrés) et 3) l'individu a un trouble mental qui est en relation avec le problème mais le problème est suffisamment sévère pour justifier par lui-même un examen clinique (p. ex., un Problème relationnel avec le partenaire suffisamment sévère pour justifier à lui seul un examen clinique et qui est également associé à un Trouble dépressif majeur chez un des partenaires ; dans ce cas, les deux diagnostics peuvent être enregistrés). Les situations et les problèmes de cette section sont codés sur l'Axe I.

Facteurs psychologiques influençant une affection médicale

■ **F54 [316]...** *[Spécifier le facteur psychologique] influençant... (Indiquer l'affection médicale générale)*

A. Une affection médicale générale (codée sur l'axe III) est présente.

B. Des facteurs psychologiques influencent défavorablement l'affection médicale générale de l'une des façons suivantes :

(1) les facteurs ont influencé l'évolution de l'affection médicale générale comme en témoigne l'existence d'une étroite relation chronologique entre les facteurs psychologiques et l'apparition, l'exacerbation ou la guérison de l'affection médicale générale

(2) les facteurs interfèrent avec le traitement de l'affection médicale générale

(3) les facteurs constituent un risque supplémentaire pour la santé de l'individu

(4) les réponses physiologiques au stress provoquent ou aggravent les symptômes de l'affection médicale générale

Choisir en fonction de la nature des facteurs psychologiques (si plus d'un facteur est présent, indiquer celui qui prédomine)

Trouble mental influençant... [Indiquer l'affection médicale générale] (p. ex., un trouble de l'Axe I comme un Trouble dépressif majeur entravant la guérison d'un infarctus du myocarde)

Symptômes psychologiques influençant... [Indiquer l'affection médicale générale] (p. ex., des symptômes dépressifs entravant la convalescence d'une opération chirurgicale ; de l'anxiété aggravant une maladie asthmatique)

Traits de personnalité ou style de coping influençant… [Indiquer l'affection médicale générale] (p. ex., déni pathologique de la nécessité d'une opération chirurgicale chez un patient ayant un cancer ; comportement hostile et pressé contribuant à une maladie cardio-vasculaire)

Comportements inadaptés en matière de santé influençant… [Indiquer l'affection médicale générale] (p. ex., excès alimentaire ; manque d'exercice ; comportement sexuel à risque)

Réponse physiologique liée au stress influençant… [Indiquer l'affection médicale générale] (p. ex., situation de stress aggravant un ulcère, une hypertension, une arythmie, ou des céphalées de tension)

Facteurs psychologiques autres ou non spécifiés influençant… [Indiquer l'affection médicale générale] (p. ex., facteurs interpersonnels, culturels ou religieux)

Troubles des mouvements induits par un médicament

Les Troubles des mouvements induits par un médicament suivants sont inclus en raison de leur importance et de leur fréquence dans : 1) la prise en charge médicamenteuse des troubles mentaux et des affections médicales générales et 2) le diagnostic différentiel avec les troubles de l'Axe I (p. ex., Trouble anxieux versus Akathisie induite par les neuroleptiques ; catatonie versus Syndrome malin des neuroleptiques). Bien que ces troubles soient étiquetés « induits par le médicament », il est souvent difficile d'établir la relation causale entre l'exposition à un médicament et le développement d'un trouble des mouvements, notamment parce que certains de ces troubles des mouvements peuvent aussi se produire en l'absence d'exposition à un médicament. Le terme *neuroleptique* est largement utilisé dans ce manuel pour désigner les médicaments ayant des propriétés antagonistes de la dopamine. Bien que ce terme soit quelque peu daté puisqu'il souligne la propension des médicaments antipsychotiques à produire des mouvements anormaux, le terme neuroleptique reste approprié. Bien que les nouveaux médicaments antipsychotiques soient moins susceptibles de provoquer des Troubles des mouvements induits par un médicament, ces syndromes surviennent encore. Les produits neuroleptiques englobent des médicaments conventionnels ou antipsychotiques typiques (p. ex., chlorpromazine, halopéridol, fluphénazine), les antipsychotiques atypiques plus récents (p. ex., clozapine, rispéridone, olanzapine, quétiapine), certains médicaments bloquant les récepteurs à dopamine utilisés dans le traitement des symptômes comme les nausées et la gastroparésie (p. ex., prochlorpérazine, prométhazine, triméthobenzamide, thiéthylpérazine et métoclopramide) et l'amoxapine qui est commercialisée comme antidépresseur. Les Troubles des mouvements induits par un médicament doivent être enregistrés sur l'Axe I.

■ G21.1 [332.1] Parkinsonisme induit par les neuroleptiques

Tremblement parkinsonien, rigidité musculaire ou akinésie apparaissant dans les quelques semaines qui suivent l'initiation ou l'augmentation de la dose d'un traitement par neuroleptiques (ou après avoir réduit la dose d'un médicament utilisé pour traiter les symptômes extrapyramidaux) (v. Annexe B du DSM-IV-TR pour les critères proposés pour la recherche).

■ G21.0 [333.92] Syndrome malin des neuroleptiques

Rigidité musculaire sévère, température élevée et autres symptômes associés (p. ex., diaphorèse, dysphagie, incontinence, altération du niveau de conscience allant de la confusion au coma, mutisme, pression artérielle élevée ou labile, augmentation de la créatine phosphokinase {CPK}) survenant lors d'un traitement par neuroleptique (v. Annexe B du DSM-IV-TR pour les critères proposés pour la recherche).

■ G24.0 [333.7] Dystonie aiguë induite par les neuroleptiques

Position anormale ou spasme des muscles de la tête, du cou, des membres ou du tronc apparaissant dans les quelques jours qui suivent l'initiation ou l'augmentation de la dose d'un traitement par neuroleptiques (ou après avoir réduit la dose d'un médicament utilisé pour traiter les symptômes extrapyramidaux) (v. Annexe B du DSM-IV-TR pour les critères proposés pour la recherche).

■ G21.1 [333.99] Akathisie aiguë induite par les neuroleptiques

Plaintes subjectives d'agitation accompagnées par l'objectivation de mouvements (p. ex., mouvements continuels des jambes, se balancer d'un pied sur l'autre, faire les cents pas ou incapacité à rester tranquillement assis) apparaissant dans les quelques semaines qui suivent l'initiation ou l'augmentation de la dose d'un traitement par neuroleptiques (ou après avoir réduit la dose d'un médicament utilisé pour traiter les symptômes extrapyramidaux) (v. Annexe B du DSM-IV-TR pour les critères proposés pour la recherche).

■ G24.0 [333.82] Dyskinésie tardive induite par les neuroleptiques

Mouvements involontaires choréiformes, athétosiques ou rythmiques (durant depuis au moins quelques semaines) de la langue, des mâchoires ou des extrémités survenant après au moins quelques mois d'un traitement par neuroleptiques (ce peut être une période plus courte chez une personne âgée) (v. l'Annexe B du DSM-IV-TR pour les critères proposés pour la recherche).

■ G25.1 [333.1] Tremblement d'attitude induit par un médicament

Tremblements fins survenant lors de tentatives de maintien d'une position, liés à un traitement médicamenteux (p. ex., lithium, antidépresseurs, valproate) (v. l'Annexe B du DSM-IV-TR pour les critères proposés pour la recherche).

■ G25.9 [333.90] Trouble des mouvements induit par un médicament, non spécifié

Cette catégorie est destinée aux Troubles des mouvements induits par un médicament qui ne sont classifiés dans aucun des troubles spécifiques décrits ci-dessus. Exemples : 1) parkinsonisme, akathisie aiguë, dystonie aiguë ou mouvement dyskinétique en relation avec la prise d'un médicament autre qu'un neuroleptique, 2) une présentation clinique ressemblant à un syndrome malin des neuroleptiques associée à la prise d'un médicament autre qu'un neuroleptique et 3) une dystonie tardive.

Autre trouble induit par un médicament

■ T88.7 [995.2] Effets secondaires d'un médicament non spécifiés

Cette catégorie peut être éventuellement utilisée par les cliniciens pour enregistrer les effets secondaires d'un médicament (autres que des symptômes liés aux mouvements) lorsque ces effets secondaires deviennent une préoccupation clinique essentielle, par exemple, l'hypotension sévère, les arythmies cardiaques et le priapisme.

Problèmes relationnels

Les problèmes relationnels comprennent des modèles d'interaction entre ou parmi les membres d'une unité relationnelle qui sont associés à une altération cliniquement significative du fonctionnement ou à des symptômes parmi un ou plusieurs membres de l'unité relationnelle ou à une altération du fonctionnement de l'unité relationnelle elle-même. Les problèmes relationnels ci-après sont retenus parce qu'ils sont souvent à l'origine d'un examen clinique chez les individus consultant des professionnels de la santé. Ces problèmes peuvent exacerber ou compliquer la prise en charge d'un trouble mental ou d'une affection médicale générale présenté par un ou plusieurs membres de l'unité relationnelle, peuvent être la conséquence d'un trouble mental ou d'une affection médicale générale, peuvent être indépendants d'autres affections concomitantes ou peuvent survenir en l'absence de toute affection. Ces problèmes sont enregistrés sur l'Axe I lorsqu'ils sont le principal motif de l'examen clinique. S'ils sont présents sans toutefois représenter le principal motif de l'examen clinique, ils doivent être enregistrés sur l'Axe IV. En général, la catégorie pertinente concerne tous les membres d'une unité relationnelle traités pour le problème.

■ Z63.7 [V61.9] Problème relationnel lié à un trouble mental ou une affection médicale générale

Cette catégorie doit être utilisée lorsque le motif d'examen clinique est une altération du mode d'interaction associée à un trouble mental ou à une affection médicale générale d'un membre de la famille.

■ Z63.8 [V61.20] Problème relationnel parent-enfant

Cette catégorie doit être utilisée lorsque le motif d'examen clinique est un mode d'interaction entre parent et enfant (p. ex., mauvaise communication, surprotection, discipline inadéquate) associé à une altération cliniquement significative du fonctionnement de l'individu ou de la famille, ou au développement de symptômes cliniquement significatifs chez un des parents ou chez l'enfant.

■ Z63.0 [V61.10] Problème relationnel avec le partenaire

Cette catégorie doit être utilisée lorsque le motif d'examen clinique est un mode d'interaction entre époux ou partenaires caractérisé par une communication négative (p. ex., critiques), une communication ambiguë (p. ex., attentes irréalistes) ou l'absence de communication (p. ex., repli sur soi) associée à une altération cliniquement significative du fonctionnement de l'individu ou de la famille, ou au développement de symptômes chez l'un ou les deux partenaires.

■ F93.3 [V61.8] Problème relationnel dans la fratrie

Cette catégorie doit être utilisée lorsque le motif d'examen clinique est un mode d'interaction dans la fratrie associé à une altération cliniquement significative du fonctionnement de l'individu ou de la famille, ou au développement de symptômes chez un ou plusieurs membres de la fratrie.

■ Z63.9 [V62.81] Problème relationnel non spécifié

Cette catégorie doit être utilisée lorsque le motif d'examen clinique est un problème relationnel qui n'est classable dans aucun des problèmes spécifiques décrits ci-dessus (p. ex., difficultés avec des collègues de travail).

Problèmes liés à l'abus ou la négligence

Cette section inclut les catégories devant être utilisées lorsque le motif d'examen clinique est la maltraitance sévère d'un individu par un autre par le biais d'un abus physique ou sexuel, ou par négligence envers un enfant. Ces problèmes sont retenus parce qu'ils sont souvent à l'origine d'un examen clinique chez les individus consultant des professionnels de la santé. Le code V approprié s'applique si le motif d'examen concerne l'auteur de l'abus ou de la négligence, ou l'unité relationnelle dans laquelle les faits se sont perpétués. Si l'individu traité ou évalué est la victime de l'abus ou de la négligence, il faut coder Y07.x [995.52, 995.53 ou 995.54] pour un enfant ou Y07.x [995.81 ou 995.83] pour un adulte (selon le type d'abus).

■ T74.1 [V61.21] Abus physique d'un enfant

Cette catégorie doit être utilisée lorsque le motif d'examen clinique est l'abus physique d'un enfant.

Note de codage. *Spécifier* **Y07.x [995.54]** *si le motif d'examen clinique concerne la victime.*

■ T74.2 [V61.21] Abus sexuel d'un enfant

Cette catégorie doit être utilisée lorsque le motif d'examen clinique est l'abus sexuel d'un enfant.

Note de codage. *Spécifier* **Y07.x [995.53]** *si le motif d'examen clinique concerne la victime.*

■ T74.0 [V61.21] Négligence envers un enfant

Cette catégorie doit être utilisée lorsque le motif d'examen clinique est la négligence envers un enfant.

Note de codage. *Spécifier* **Y07.x [995.52]** *si le motif d'examen clinique concerne la victime.*

■ T74.1 [V61.1] Abus physique d'un adulte

Cette catégorie doit être utilisée lorsque le motif d'examen clinique est l'abus physique d'un adulte (p. ex., femme battue, abus d'un parent âgé).

Note de codage : *spécifier*

[V61.12] lorsque le motif d'examen clinique concerne l'auteur de l'abus, et l'abus est subi par le partenaire
[V62.83] lorsque le motif d'examen clinique concerne l'auteur de l'abus, et l'abus est subi par une personne autre que le partenaire
[995.81] lorsque le motif d'examen clinique concerne la victime

■ T74.2 [V61.1] Abus sexuel d'un adulte

Cette catégorie doit être utilisée lorsque le motif d'examen clinique est l'abus sexuel d'un adulte (p. ex., contrainte sexuelle, viol).

Note de codage : *spécifier*

[V61.12] lorsque le motif d'examen clinique concerne l'auteur de l'abus, et l'abus est subi par le partenaire

[V62.83] lorsque le motif d'examen clinique concerne l'auteur de l'abus, et l'abus est subi par une personne autre que le partenaire

[995.83] lorsque le motif d'examen clinique concerne la victime

Situations supplémentaires qui peuvent faire l'objet d'un examen clinique

■ Z91.1 [V15.81] Non-observance du traitement

Cette catégorie peut être utilisée lorsque le motif d'examen clinique est la non-observance d'un aspect important du traitement d'un trouble mental ou d'une affection médicale générale. Les raisons de la non-observance du traitement peuvent inclure : l'inconfort résultant du traitement (p. ex., effets secondaires du médicament), les frais de traitement, des décisions fondées sur des jugements de valeur personnels ou des croyances religieuses ou culturelles concernant les avantages et inconvénients du traitement proposé, des traits de personnalité ou des styles de coping maladaptés (p. ex., déni de la maladie) ou la présence d'un Trouble mental (p. ex., Schizophrénie, Personnalité évitante). Cette catégorie doit être utilisée lorsque le problème est suffisamment sévère pour justifier par lui-même un examen clinique.

■ Z76.5 [V65.2] Simulation

La caractéristique essentielle de la Simulation est la production intentionnelle de symptômes physiques ou psychologiques inauthentiques ou grossièrement exagérés, motivés par des incitations extérieures telles que : éviter les obligations militaires, éviter de travailler, obtenir des compensations financières, éviter des poursuites judiciaires ou obtenir des drogues. Dans certaines circonstances, la Simulation peut représenter un comportement adapté — par exemple, un prisonnier de guerre simulant une maladie.

Une Simulation doit être fortement suspectée en présence d'une ou de plusieurs des manifestations suivantes :

1. Existence d'un contexte médico-légal (p. ex., la personne est adressée au clinicien par un procureur)

2. Discordance importante entre la souffrance ou l'incapacité rapportée par le sujet et les résultats objectifs de l'examen

3. Manque de coopération au cours de l'évaluation diagnostique et manque d'observance du traitement médical prescrit

4. Existence d'une Personnalité antisociale

A la différence du Trouble factice, la production des symptômes, dans la Simulation, est motivée par des incitations extérieures que l'on ne retrouve pas dans le Trouble factice. Des arguments en faveur d'un besoin intrapsychique de conserver un rôle de malade font suggérer l'existence d'un Trouble factice. La production délibérée de symptômes en rapport avec d'évidents incitants extérieurs permet de distinguer la Simulation du Trouble de conversion et des autres Troubles somatoformes. Dans la Simulation, on obtient rarement une régression des symptômes par hypnose ou suggestion, contrairement à ce qui se passe dans le Trouble de conversion.

■ Z72.8 [V71.01] Comportement antisocial de l'adulte

Cette catégorie peut être utilisée lorsque le motif d'examen clinique est le comportement antisocial d'un adulte qui n'est pas dû à un trouble mental (p. ex., Trouble des conduites, Personnalité antisociale, Trouble du contrôle des impulsions). C'est le cas par exemple du comportement de certains voleurs professionnels, racketteurs ou vendeurs de substances illégales.

■ Z72.8 [V71.02] Comportement antisocial de l'enfant ou de l'adolescent

Cette catégorie peut être utilisée lorsque le motif d'examen clinique est le comportement antisocial d'un enfant ou un adolescent qui n'est pas dû à un trouble mental (p. ex., Trouble des conduites, Trouble du contrôle des impulsions). C'est le cas par exemple, des actes antisociaux isolés d'enfants ou d'adolescents (ne représentant pas un mode habituel de comportement antisocial).

■ R41.8 [V62.89] Fonctionnement intellectuel limite

Cette catégorie peut être utilisée lorsque le motif d'examen clinique est associé à un fonctionnement intellectuel limite, c.-à-d., un QI entre 71 et 84. Le diagnostic différentiel entre un Fonctionnement intellectuel limite et un Retard mental (QI inférieur ou égal à 70) est particulièrement difficile en cas de troubles mentaux concomitants (p. ex., Schizophrénie).

Note de codage. *Ce trouble est codé sur l'Axe II.*

■ R41.8 [780.9] Déclin cognitif lié à l'âge

Cette catégorie peut être utilisée lorsque le motif d'examen clinique est un déclin objectivé des fonctions cognitives lié au processus du vieillissement et qui est, compte tenu de l'âge de la personne, dans les limites de la normale. Les individus dans cette situation peuvent se plaindre de difficultés à se rappeler des noms ou des rendez-vous ou peuvent éprouver des difficultés à résoudre des problèmes complexes. Cette catégorie doit être prise en compte seulement après avoir établi que l'altération cognitive n'est pas attribuable à un trouble mental spécifique ou à une affection neurologique.

■ Z63.4 [V62.82] Deuil

Cette catégorie peut être utilisée lorsque le motif d'examen clinique est la réaction à la mort d'un être cher. Certains individus affligés présentent, comme réaction à cette perte, des symptômes caractéristiques d'un Épisode dépressif majeur (p. ex., sentiments de tristesse associés à des symptômes tels que : insomnie, perte d'appétit et perte de poids). Typiquement, l'individu en deuil considère son humeur déprimée comme « normale », bien qu'il puisse rechercher l'aide d'un professionnel pour soulager les symptômes associés tels qu'une insomnie ou une anorexie. La durée et l'expression d'un deuil « normal » varient considérablement parmi les différents groupes culturels. Le diagnostic de Trouble dépressif majeur n'est généralement pas posé, à moins que les symptômes soient encore présents deux mois après la perte. Cependant, la présence de certains symptômes non caractéristiques d'une réaction « normale » de chagrin peut aider à différencier le deuil d'un Épisode dépressif majeur. Ceux-ci comprennent : 1) culpabilité à propos de choses autres que les actes entrepris ou non entrepris par le survivant à l'époque du décès ; 2) idées de mort chez le survivant ne correspondant pas au souhait d'être mort avec la personne décédée ; 3) sentiment morbide de dévalorisation ; 4) ralentissement psychomoteur marqué ; 5) altération profonde et prolongée du fonctionnement ; 6) hallucinations autres que celles d'entendre la voix ou de voir transitoirement l'image du défunt.

■ Z55.8 [V62.3] Problème scolaire ou universitaire

Cette catégorie peut être utilisée lorsque le motif d'examen clinique est un problème scolaire ou universitaire non attribuable à un trouble mental, ou, s'il est dû à un trouble mental, suffisamment sévère pour justifier par lui-même un examen clinique. Il en est ainsi par exemple, des résultats scolaires régulièrement insuffisants ou des performances régulièrement et significativement insatisfaisantes chez une personne présentant des capacités intellectuelles normales et une absence de trouble de l'apprentissage ou de la communication ou de tout autre trouble mental permettant d'expliquer ce problème.

■ Z56.7 [V62.2] Problème professionnel

Cette catégorie peut être utilisée lorsque le motif d'examen clinique est un problème professionnel non attribuable à un trouble mental, ou, s'il est dû à un trouble mental, suffisamment sévère pour justifier par lui-même un examen clinique. A titre d'exemples, citons une insatisfaction professionnelle et des doutes concernant des choix de carrière.

■ F93.8 [313.82] Problème d'identité

Cette catégorie peut être utilisée lorsque le motif d'examen clinique est une incertitude relative aux multiples aspects concernant l'identité comme les buts à long terme, des choix de carrière, des modèles d'amitié, l'orientation et les comportements sexuels, les valeurs morales et les loyautés de groupe.

■ Z71.8 [V62.89] Problème religieux ou spirituel

Cette catégorie peut être utilisée lorsque le motif d'examen clinique est un problème religieux ou spirituel. Il en est ainsi par exemple des expériences pénibles concernant la perte ou la remise en question de la foi, des problèmes associés à la conversion à une nouvelle foi ou des questions d'ordre spirituel qui ne sont pas nécessairement liées à une église organisée ou à une institution religieuse.

■ Z60.3 [V62.4] Problème lié à l'acculturation

Cette catégorie peut être utilisée lorsque le motif d'examen clinique est un problème impliquant l'adoption d'une nouvelle culture (p. ex., après une immigration).

■ Z60.0 [V62.89] Problème en rapport avec une étape de la vie

Cette catégorie peut être utilisée lorsque le motif d'examen clinique est un problème associé à une étape particulière de la vie ou à toute autre circonstance événementielle, non attribuable à un trouble mental, ou, s'il est dû à un trouble mental, suffisamment sévère pour justifier par lui-même un examen clinique. Il en est ainsi par exemple, des problèmes associés à la scolarisation, à l'accession à l'indépendance vis-à-vis du milieu parental, au début d'une nouvelle carrière et aux changements qu'implique le mariage, le divorce et la retraite.

Codes additionnels

■ F99 [300.9] Trouble mental non spécifié (non psychotique)

Cette catégorie est appropriée dans plusieurs circonstances : 1) pour un trouble mental spécifique ne figurant pas dans le DSM-IV ; 2) quand aucune des catégories de Trouble non spécifié n'est appropriée ou 3) lorsqu'on estime qu'il existe un trouble mental non psychotique mais sans que l'on dispose d'une information suffisante pour pouvoir faire le diagnostic d'une des catégories de la Classification. Dans certains cas, avec des informations supplémentaires le diagnostic peut être remplacé par celui d'un trouble spécifique.

■ Z03.2 [V71.09] Absence de diagnostic ou d'Affection sur l'Axe I

Quand il n'existe ni diagnostic ni affection sur l'Axe I, il faut le préciser, qu'il y ait ou non un diagnostic sur l'Axe II.

■ R69 [799.9] Diagnostic ou Affection différé sur l'Axe I

On doit enregistrer Diagnostic ou Affection différé sur l'Axe I lorsque l'information est insuffisante pour juger de l'existence ou non d'un diagnostic ou d'une affection sur l'Axe I.

■ Z03.2 [V71.09] Absence de diagnostic sur l'Axe II

Quand il n'existe pas de diagnostic sur l'Axe II (p. ex., absence de Trouble de la personnalité), il faut le préciser, qu'il y ait ou non un diagnostic ou une affection sur l'Axe I.

■ R46.8 [799.9] Diagnostic différé sur l'Axe II

On doit enregistrer Diagnostic différé sur l'Axe II lorsque l'information est insuffisante pour juger de l'existence ou non d'un diagnostic sur l'Axe II.

Liste des annexes du DSM-IV-TR

Prière au lecteur de se rapporter au DSM-IV-TR pour les annexes suivantes :

Annexe A Arbres de décision pour le diagnostic différentiel (p. 859)

Annexe B Critères et Axes proposés pour des études supplémentaires (p. 873)

Trouble post-commotionnel

Trouble neuro-cognitif léger

Sevrage à la caféine

Descriptions alternatives dimensionnelles de la Schizophrénie

Trouble dépressif post-psychotique de la Schizophrénie

Trouble détérioratif simple (Schizophrénie simple)

Trouble dysphorique prémenstruel

Critère alternatif B pour le Trouble dysthymique

Trouble dépressif mineur

Trouble dépressif récurrent bref

Trouble mixte anxiété-dépression

Trouble factice par procuration

État de transe dissociative

Hyperphagie boulimique (binge-eating)

Personnalité dépressive

Personnalité passive-agressive (Personnalité négativiste)

Troubles des mouvements induits par un médicament

Annexe G

■ **Codes CIM-9-MC pour une sélection
d'affections médicales générales et de Troubles
induits par un médicament**

Mise à jour pour inclure les codes CIM-9-MC appliqués à partir du 1er octobre 2000

Le système officiel de codage lors de la publication du DSM-IV est la 9e révision de la *Classification internationale des maladies*, modification clinique (CIM-9-MC). Cette annexe contient deux sections destinées à faciliter le codage selon la CIM-9-MC avec :

1) des codes pour une sélection d'affections médicales générales et,

2) des codes pour les troubles induits par un médicament.

■ **Codes CIM-9-MC pour une sélection d'affections
médicales générales**

Les codes dont l'utilisation est prévue sur les Axes I et II du DSM-IV ne représentent qu'une petite partie des codes figurant dans la CIM-9-MC. Diverses affections classées ailleurs que dans le chapitre des « Troubles mentaux » de la CIM-9-MC s'avèrent aussi importantes pour le diagnostic clinique et la prise en charge dans les centres de santé mentale. L'Axe III est destiné à faciliter l'enregistrement de ces affections (voir p. 41). Une sélection d'affections médicales générales utiles pour le diagnostic et la prise en charge dans les centres de santé mentale figure dans cette annexe pour aider le clinicien à trouver les codes de la CIM-9-MC. Cette dernière permet une spécificité diagnostique qui va, en fait, au-delà de celle de nombreux codes de cette annexe (p. ex., pour indiquer une localisation anatomique précise ou l'existence d'une complication particulière). Lorsqu'une spécificité importante figure au 5e chiffre du code, le code le moins spécifique (habituellement « 0 ») est celui qui a été retenu. Par exemple, le code d'un lymphosarcome (de localisation non spécifiée) est 200.10. Une plus grande spécificité concernant la localisation anatomique peut être obtenue avec d'autres 5e chiffres, par exemple 200.12 : lymphosarcome, nodules intrathoraciques. Parfois, c'est au niveau du 4e chiffre du code que figure la spécificité diagnostique. Cette annexe propose souvent la catégorie « sans précision » (p. ex., 555.9 correspond à l'entérite régionale. La CIM-9-MC prévoit aussi 555.0 pour l'entérite de l'intestin grêle, 551.1 pour l'entérite du gros intestin et 552.2 pour l'entérite impliquant les deux localisations). Les codes diagnostiques pour lesquels une spécificité diagnostique plus importante est disponible sont indiqués dans cette annexe à l'aide d'un astérisque (*). Les cliniciens intéressés par un tel enregistrement doivent consulter la liste complète des codes publiés dans la classification des maladies CIM-9-MC : soit sous forme de tableaux (volume 1), soit sous forme d'index alphabétique (volume 2). Ces documents sont remis à jour chaque année, au mois d'octobre et sont publiés par les services du ministère de la Santé (US Department of Health and Human Services). Il est possible de les obtenir soit auprès du Superintendent of Documents, US Government Printing Office soit auprès de nombreux éditeurs privés.

N.-B. : Un astérisque (*) suivant le code CIM-9-MC indique qu'une plus grande spécificité diagnostique (p. ex., une complication particulière ou une localisation donnée) est possible. Se référer aux Maladies de la CIM-9-MC. Tableaux (volume 1) des listes numériques des codes pour des informations complémentaires.

Maladies du système nerveux

324.0   Abcès intracrânien
331.0   Alzheimer (maladie d')
437.0   Artériosclérose cérébrale
436   Apoplexie
334.3   Ataxie cérébelleuse
435.9*   Attaque d'ischémie, transitoire
354.4   Causalgie
346.20   Céphalée (cluster)
333.4   Chorée de Huntington
850.9   Commotion cérébrale
851.80* Contusion cérébrale
350.2   Douleur de la face, atypique
359.1   Dystrophie musculaire de Duchenne
049.9*   Encéphalite virale
572.2   Encéphalopathie hépatique
437.2   Encéphalopathie hypertensive
348.3*   Encéphalopathie, sans précision
345.10* Epilepsie, grand mal
345.40* Epilepsie partielle, avec altération de la conscience
         (lobe temporal)
345.50* Epilepsie partielle, sans altération de la conscience
         (Jacksonnienne)
345.00* Epilepsie, petit mal (absences)
345.70   Epilepsie temporale
345.3   Etat de grand mal
345.2   Etat de petit mal
432.0   Hémorragie extradurale non traumatique
852.40* Hémorragie extradurale traumatique
431   Hémorragie intracérébrale non traumatique
430   Hémorragie sous-arachnoïdienne
852.00* Hémorragie sous-arachnoïdienne traumatique
432.1   Hémorragie sous-durale non traumatique
852.20* Hémorragie sous-durale traumatique

331.3   Hydrocéphalie communicante
331.4   Hydrocéphalie occlusive
348.2   Hypertension intracrânienne bénigne
046.0   Kuru
046.2   Leuco-encéphalite sclérosante subaiguë
046.3   Leuco-encéphalopathie progressive multifocale
330.1   Lipidose cérébrale
463   Maladie cérébrovasculaire aiguë
331.0   Maladie d'Alzheimer
046.1   Maladie de Creutzfeldt-Jakob
331.1   Maladie de Pick
330.1   Maladie de Tay-Sachs
320.9   Méningite
320.9*   Méningite, bactérienne (bactérie non précisée)
321.0   Méningite, cryptococcus
054.72   Méningite herpétique (herpès simplex, virus)
053.0   Méningite herpétique (zosterienne)
321.1   Méningite mycosique autre
094.2   Méningite syphilitique
047.9*   Méningite virale (virus non précisé)
346.00* Migraine classique (avec aura)
346.10* Migraine commune
346.90* Migraine sans précision
358.0   Myasthénie grave
337.1   Neuropathie (système nerveux autonome)
350.1   Névralgie du trijumeau
434.9*   Occlusion cérébrale
348.5   Œdème cérébral
343.9*   Paralysie cérébrale
351.0   Paralysie de Bell
094.1   Paralysie générale
335.23   Paralysie pseudobulbaire
357.9*   Polynévrite
348.2   Pseudotumeur du cerveau (hypertension
         intracrânienne bénigne)

433.1   Sténose de l'artère carotide sans infarctus cérébral
354.0   Syndrome du canal carpien
332.0   Syndrome parkinsonien primaire
333.1   Tremblement essentiel bénin

Maladies de l'appareil circulatoire

424.1   Affection de la valvule aortique
424.3   Affection de la valvule pulmonaire
             (non rhumatismale)
397.1   Affection de la valvule pulmonaire rhumatismale
424.2   Affection de la valvule tricuspide
             (non rhumatismale)
397.0   Affection de la valvule tricuspide rhumatismale
413.9* Angine de poitrine
427.5   Arrêt cardiaque
440.9* Artériosclérose
414.00* Artériosclérose coronarienne
426.10* Bloc auriculoventriculaire
426.3* Bloc de branche gauche
426.4   Bloc de branche droit
425.4* Cardiomyopathie idiopathique
402.91* Cardiopathie artérielle hypertensive avec défaillance
             cardiaque
402.90* Cardiopathie artérielle hypertensive sans défaillance
             cardiaque
416.9* Cœur pulmonaire chronique
415.19* Embolie pulmonaire
421.9* Endocardite bactérienne
427.60* Extrasystoles
427.31 Fibrillation auriculaire
427.41 Fibrillation ventriculaire
427.32 Flutter auriculaire
427.42 Flutter ventriculaire
455.6* Hémorroïdes

401.9* Hypertension essentielle
458.0   Hypotension orthostatique
410.90* Infarctus aigu du myocarde
428.0   Insuffisance cardiaque globale
424.0   Insuffisance de la valvule mitrale
            (non rhumatismale)
443.9* Maladie du système vasculaire périphérique
425.5   Myocardie éthylique
403.91* Néphropathie due à l'hypertension artérielle
            avec défaillance
403.90* Néphropathie due à l'hypertension artérielle
            sans défaillance
423.9* Péricardite
446.0   Péricardite noueuse
451.9* Phlébite/Thrombophlébite
424.0   Prolapsus de la valvule mitrale
394.0* Sténose de la valvule mitrale (rhumatismale)
427.2   Tachycardie paroxystique non spécifiée
427.0   Tachycardie paroxystique supraventriculaire
427.1   Tachycardie paroxystique ventriculaire
427.9* Trouble du rythme cardiaque sans précision
456.0   Varices œsophagiennes, hémorragiques
456.1   Varices œsophagiennes, sans mention
            d'hémorragies
454.9* Veines variqueuses des membres inférieurs

Maladies de l'appareil respiratoire

513.0   Abcès du poumon
493.20* Asthme chronique, obstructif
493.90* Asthme sans précision
518.0   Atélectasie
494.1   Bronchectasie aiguë
466.0   Bronchite aiguë
491.21 Bronchite chronique obstructive, avec poussée aiguë

491.20   Bronchite chronique obstructive, sans poussée aiguë

518.81* Défaillance respiratoire

492.8* Emphysème

511.9* Epanchement pleural

277.00* Fibrose kystique

505   Pneumoconiose

136.3   Pneumonie, pneumocystose

860.4* Pneumohémothorax traumatique

512.8* Pneumothorax spontané

860.0* Pneumothorax traumatique

482.9* Pneumonie bactérienne non spécifiée

483.0   Pneumonie à mycoplasme

481   Pneumonie à pneumocoques

482.30* Pneumonie à streptocoques

486*   Pneumonie, micro-organisme non précisé

480.9* Pneumonie virale

011.9* Tuberculose pulmonaire

Néoplasmes

Les codes diagnostiques de la CIM-9-MC pour les néoplasmes sont classés dans les tables des néoplasmes de l'Index alphabétique de la CIM-9-MC (volume 2) selon leur localisation et leur degré de malignité (tumeurs malignes primitives, secondaires, in situ, tumeurs bénignes, tumeurs à évolution imprévisible, tumeurs de nature non précisée).

N.-B. : Les codes V10.0-V10.9 doivent être utilisés pour les patients ayant des antécédents de néoplasmes opérés ou traités par radiothérapie ou chimiothérapie. Pour les localisations, se référer à l'Index alphabétique (Volume 2) de la CIM-9-MC à la rubrique « Antécédents personnels de tumeur maligne ».

Quelques-uns des codes les plus courants pour les tumeurs figurent ci-dessous.

228.02   Hémangiome cérébral

208.00* Leucémie aiguë

208.01* Leucémie aiguë, en rémission

208.10* Leucémie chronique
208.11* Leucémie chronique, en rémission
200.10* Lymphosarcome
201.90* Maladie de Hodgkin
225.2   Méningiome (cérébral)
203.00 Myélome multiple
203.01 Myélome multiple, en rémission
237.70* Neurofibromatose
227.0   Phéochromocytome bénin
194.0   Phéochromocytome malin
238.4   Polyglobulie primitive
176.9* Sarcome de Kaposi
225.0   Tumeur bénigne de l'encéphale
211.4   Tumeur bénigne du côlon
195.2   Tumeur maligne, abdomen, primitive
162.9* Tumeur maligne, bronches, primitive
197.0   Tumeur maligne, bronches, secondaire
191.9* Tumeur maligne, cerveau, primitive
198.3   Tumeur maligne, cerveau, secondaire
180.9* Tumeur maligne, col de l'utérus, primitive
153.9* Tumeur maligne, côlon, primitive
197.5   Tumeur maligne, côlon, secondaire
151.9* Tumeur maligne, estomac, primitive, localisation
        non spécifié
155.0   Tumeur maligne, foie, primitive
197.7   Tumeur maligne, foie, secondaire
196.9* Tumeur maligne, ganglions lymphatiques,
        secondaire
152.9* Tumeur maligne, intestin grêle, primitive
172.9* Tumeur maligne, mélanome, primitive
150.9* Tumeur maligne, œsophage, primitive
170.9* Tumeur maligne, os, Primitive
198.5* Tumeur maligne, os, secondaire
183.0* Tumeur maligne, ovaires, primitive
157.9* Tumeur maligne, pancréas, primitive

173.9* Tumeur maligne, peau, primitive
185   Tumeur maligne, prostate, primitive
154.1   Tumeur maligne, rectum, primitive
189.0* Tumeur maligne, rein, primitive
174.9* Tumeur maligne, rein, chez la femme, primitive
175.9* Tumeur maligne, rein, chez l'homme, primitive
194.0   Tumeur maligne, surrénale, primitive
186.9* Tumeur maligne, testicule, primitive
171.9* Tumeur maligne, tissu conjonctif, primitive
193   Tumeur maligne, thyroïde, primitive
179*   Tumeur maligne, utérus, primitive
188.9* Tumeur maligne, vessie, primitive

Maladies endocriniennes

253.0   Acromégalie
253.5   Diabète insipide
250.00*   Diabète sucré, type II, non insulino-dépendant
250.01*   Diabète sucré, type I, insulino-dépendant
256.9*   Dysfonction ovarienne
257.9*   Dysfonction testiculaire
241.9*   Goître nodulaire (non toxique)
240.9   Goître simple
255.1   Hyperaldostéronisme
252.0   Hyperparathyroïdie
252.1   Hypoparathyroïdie
244.9*   Hypothyroïdie acquise
243   Hypothyroïdie congénitale
255.4   Insuffisance cortico-surrénale
253.3   Nanisme pituitaire
253.2   Panhypopituitarisme
259.1   Précocité du développement sexuel et de la puberté
259.0   Retard du développement sexuel et de la puberté
259.2   Syndrome carcinoïde
255.0   Syndrome de Cushing

242.9*   Thyréotoxicose
245.9*   Thyroïdite
255.2   Troubles adréno-génitaux

Maladies de la nutrition

261   Athrepsie nutritionnelle
266.1   Avitaminose B6
268.9   Avitaminose D
269.0   Avitaminose K
265.0   Béribéri
266.2   Carence en acide folique
269.3   Carence en calcium
269.3   Carence en iode
266.0   Carence en riboflavine
264.9*   Carence en vitamine A
266.1   Carence en vitamine B6
266.2   Carence en vitamine B12
267   Carence en vitamine C
268.9*   Carence en vitamine D
269.1   Carence en vitamine E
269.0   Carence en vitamine K
264.9*   Hypovitaminose A
260   Kwashiorkor
262   Malnutrition protéino-calorique sévère
278.0*   Obésité
265.2   Pellagre (carence en acide nicotinique)

Maladies métaboliques

276.2   Acidose
276.3   Alcalose
277.3   Amyloïdose

271.3 Déficit intestinal en disaccharidase (intolérance au lactose)
276.9* Déséquilibre électrolytique
274.9* Goutte
275.0 Hémochromatose
275.42 Hypercalcémie
276.0 Hypernatrémie
276.6 Hypervolémie (rétention)
275.41 Hypocalcémie
276.8 Hypokaliémie
276.1 Hyponatrémie
276.5 Hypovolémie (deshydratation)
275.1 Maladie de Wilson
270.1 Phénylcétonurie
277.1 Porphyrie
277.2 Syndrome de Lesch-Nyhan

Maladies de l'appareil digestif

540.9* Appendicite aiguë
575.0 Cholécystite aiguë
575.11 Cholécystite chronique
571.2 Cirrhose alcoolique
556.9* Rectocolite ulcéro-hémorragique
564.0 Constipation
009.2 Diarrhée infectieuse
558.9* Diarrhée, d'origine non précisée
562.10 Diverticulite du côlon, sans précision
562.12 Diverticulite du côlon, avec hémorragie
562.11 Diverticulose du côlon, sans précision
562.13 Diverticulose du côlon avec hémorragie
555.9* Entérite régionale
560.39* Fécalome
535.50* Gastrite et gastroduodénite
558.9* Gastro-entérite

578.9* Hémorragie gastro-intestinale
571.1 Hépatite aiguë alcoolique
571.40* Hépatite chronique
573.3* Hépatite toxique (y compris induite
par un médicament)
070.1* Hépatite virale A
070.30* Hépatite virale B
070.51* Hépatite virale C
550.90* Hernie inguinale
555.9* Maladie de Crohn
576.2 Obstruction des voies biliaires
560.9* Obstruction intestinale
530.1 Œsophagite
577.0 Pancréatite aiguë
577.1 Pancréatite chronique
567.9* Péritonite
530.4 Reflux œsophagien
530.3 Sténose de l'œsophage
564.1 Syndrome du côlon irritable
531.30* Ulcère de l'estomac, aigu
531.70* Ulcère de l'estomac, chronique
532.30* Ulcère du duodénum, aigu
532.70* Ulcère du duodénum, chronique
535.50 Duodénite

Maladies des organes génito-urinaires

614.9* Affection inflammatoire des organes pelviens
596.4 Atonie de la vessie
592.1 Calcul de l'uretère
592.0 Calcul rénal
592.9* Calcul urinaire, sans précision
595.9* Cystite
625.2 Douleur intermenstruelle
625.3 Dysménorrhée

617.9* Endométriose
218.9* Fibrome utérin (Léiomyome)
580.9* Glomérulonéphrite, aiguë
626.9* Hémorragie génitale et trouble de la menstruation
600.0   Hypertrophie prostatique bénigne
599.0   Infection des voies urinaires
584.9* Insuffisance rénale, aiguë
403.91* Insuffisance rénale, avec hypertension
585   Insuffisance rénale, chronique
586*   Insuffisance rénale, sans précision
620.2* Kyste ovarien
218.9* Léiomyome utérin (fibrome)
607.3   Priapisme
618.9* Prolapsus génital
601.9* Prostatite
593.3   Rétrécissement de l'uretère
598.9* Rétrécissement de l'urètre
606.9* Stérilité de l'homme
628.9* Stérilité de la femme
627.9* Trouble ménopausique ou post-ménopausique

Maladies du sang et des organes hématopoïétiques

288.0   Agranulocytose
282.60* Anémie à hématies falciformes
284.9* Anémie aplasique
280.9* Anémie ferriprive
283.9* Anémie hémolytique, acquise
283.11 Anémie hémolytique et urémique
283.19 Anémie hémolytique par auto-anticorps, autre
283.10 Anémie hémolytique, sans auto-anticorps,
        non précisée
281.2   Anémie par carence en acide folique
281.0   Anémie pernicieuse
286.9* Anomalies de la coagulation

288.3   Eosinophilie
287.0   Purpura allergique
282.4   Thalassémie
287.5* Thrombocytopénie

Maladies de l'œil

372.9* Affections de la conjonctive
366.9* Cataracte
369.9* Cécité et baisse de vision
361.9* Décollement de la rétine
365.9* Glaucome
377.30* Névrite optique
379.50* Nystagmus
377.00* Œdème papillaire

Maladies de l'oreille, du nez et de la gorge

463   Angine (Amygdalite aiguë)
464.0   Laryngite aiguë
382.9* Otite moyenne
462   Pharyngite aiguë
477.9* Rhinite allergique
460   Rhino-pharyngite aiguë (rhume banal)
461.9* Sinusite aiguë
473.9* Sinusite chronique
389.9* Surdité
388.30* Acouphènes (Tinnitus), sans précision
386.00* Vertige de Ménière

Maladies du système ostéo-articulaire des muscles et du tissu conjonctif

711.90* Arthrite infectieuse
714.0   Arthrite rhumatoïde

716.20* Arthropathie allergique
715.90* Arthrose
710.3   Dermatomyosite
733.10* Fracture pathologique
722.91 Lésion discale, intervertébrale, cervicale
722.93 Lésion discale, intervertébrale, lombaire
722.92 Lésion discale, intervertébrale, thoracique
710.00 Lupus érythémateux aigu disséminé
710.2   Maladie de Sjögren
733.40* Nécrose osseuse aseptique
730.20* Ostéomyélite
733.00* Ostéoporose
710.1   Sclérodermie (sclérose systémique)
737.30 Scoliose
720.0   Spondylarthrite ankylosante
710.2   Syndrome de Gougerot-Sjögren

Maladies de la peau

704.00* Alopécie
701.4   Chéloïde
692.9* Dermite de contact
693.0* Dermite due à l'ingestion et l'administration
        parentérale de substances
695.1   Erythème polymorphe
707.0   Escarres de décubitus
703.0   Ongle incarné
682.9* Phlegmon ou abcès, de localisation non précisée
696.1* Psoriasis
708.0   Urticaire allergique

Anomalies congénitales, Malformations et aberrations chromosomiques

749.10* Bec de lièvre
752.51 Ectopie testiculaire
760.71 Effets nocifs de l'alcool
760.75 Effets nocifs de la cocaïne
760.73 Effets nocifs des hallucinogènes
760.72 Effets nocifs des morphiniques
760.70 Effets nocifs d'autres substances (y compris des médicaments)
749.00* Fissure du palais
742.3   Hydrocéphalie congénitale
751.3   Maladie de Hirschsprung (mégacôlon congénital)
742.1   Microcéphalie
752.7   Non-différenciation sexuelle et pseudo-
        hermaphrodisme
759.5   Sclérose tubéreuse
741.90* Spina bifida
750.5   Sténose du pylore, hypertrophie du pylore
760.71 Syndrome alcoolique fœtal
758.0   Syndrome de Down
758.7   Syndrome de Klinefelter
759.82 Syndrome de Marfan
758.6   Syndrome de Turner
758.0   Trisomie 21
752.7   Pseudohermaphrodisme

Maladies de la grossesse, de l'accouchement, et des suites de couches

Les diagnostics relatifs à la grossesse se trouvent dans l'index alphabétique de la CIM-9-CM (volume 2) sous l'intitulé « Grossesse, compliquée (par) » ou « grossesse, déroulement perturbé par ». Certaines des affections les plus courantes sont énumérées ci-dessous.

642.00* Eclampsie

643.0*   Vomissements de la grossesse[1], bénins

643.0*   Vomissements de la grossesse[1] avec troubles
         métaboliques

642.0*   Pré-éclampsie, légère-modérée

642.0*   Pré-éclampsie, grave

Infection par le virus de l'immunodéficience humaine[2]

Les troubles couramment associés à l'infection par le virus de l'immunodéficience humaine (VIH) sont indexés dans l'index alphabétique (volume 2) de la CIM-9-MC à la rubrique « Virus de l'immunodéficience humaine ».

L'infection à VIH est subdivisée en trois catégories en fonction de la progression de la maladie de la façon suivante :

042   Infection à VIH associée à des affections spécifiées

043   Infection à VIH causant d'autres affections
         spécifiées

044   Autres infections à VIH

Chaque catégorie est ensuite subdivisée à l'aide d'une sous-classification à quatre chiffres pour obtenir une plus grande spécificité. Il est d'usage d'utiliser un premier code diagnostique pour la maladie due au VIH et un autre code pour la manifestation. Une référence directe à l'index alphabétique (volume 2) de la CIM-9-MC est recommandée en raison de la complexité du codage de la maladie VIH.

042.0*   Sida avec infections spécifiées

042.1*   Sida avec autres infections spécifiées

042.2*   Sida avec tumeurs malignes spécifiées

---

1. In : *Classification internationale des maladies*, Révision 1975, volume 1, OMS Genève, l'expression française retenue était celle d'Hyperémèse gravidique.

2. Ce paragraphe qui figurait dans la version originale du DSM-IV n'a pas été repris dans le DSM-IV-TR. L'infection à VIH (symptomatique) figure avec le code 042 dans les maladies infectieuses p. 335.

042.9*   Sida, sans précision
043.0*   Syndrome apparenté au sida causant
          une adénopathie
043.1*   Infection à VIH affectant le système nerveux
          central
043.2*   Syndrome apparenté au sida causant
          des troubles impliquant des mécanismes immunitaires
043.3*   Syndrome apparenté au sida causant d'autres
          affections spécifiées
043.9*   Syndrome apparenté au sida, sans précision
044.0*   Infection à VIH causant des infections aiguës
          spécifiées
044.9*   Infections à VIH, sans précision

Maladies infectieuses

Les codes suivants représentent des codes diagnostiques de la CIM-9-MC pour des infections dues à des organismes spécifiques. Traditionnellement, les codes pour les organismes de la catégorie 041 sont utilisés comme codes secondaires (p. ex., une infection urinaire due à *Escherichia Coli* sera codée 599.0 [diagnostic primaire] et 041.4 [diagnostic secondaire].

006.9*   Amibiase
112.0   Candidose buccale
112.3   Candidose de la peau et des ongles
112.5   Candidose disséminée
112.4   Candidose du poumon
112.2   Candidoses d'autres localisations uro-génitales
112.9   Candidoses d'autres localisations
112.1   Candidose vulvo-vaginale
099.41   *Chlamydia trachomatis*
001.9*   Choléra
041.83   *Clostridium perfrigens*
114.9*   Coccidioïdomycose
078.1   Condylome acuminé (verrues banales, à virus)

117.5 Cryptococcose

041.4 *Escherichia Coli (E. Coli)*

002.0 Fièvre typhoïde

007.1 Giardiase

098.2* Gonorrhée

487.0 Grippe, avec pneumonie

487.1 Grippe, sans précision

041.5 Hemophilus influenzae (H. influenzae)

070.1* Hépatite virale A

070.3* Hépatite virale B

070.51 Hépatite virale C

054.9* Herpès simplex

053.9* Herpès zostérien (zona)

115.9* Histoplasmose

042 Infection à VIH (symptomatique)[3]

036.9* Infection à méningocoques

079.99* Infection virale, sans précision

041.3* *Klebsiella pneumoniae*

088.81 Maladie de Lyme

075 Mononucléose

041.81 *Mycoplasma*

072.9* Oreillons

084.6* Paludisme

041.2 *Pneumococcus*

041.6 *Proteus*

041.7 *Pseudomonas*

071 Rage

056.9* Rubéole

003.9* Salmonelle

135 Sarcoïdose

004.9* Shigellose

041.10* *Staphylocoque*

---

3. La version originale du DSM-IV avait individualisé l'infection par le virus de l'immunodéficienne humaine avec le texte p.1007 qui n'a pas été repris dans le DSM-IV-TR. (N.d.T.)

041.00* *Streptocoque*
097.9* Syphilis
082.9* Rikettsioses à tiques
130.9   Toxoplasmose
124   Trichinose
131.9* Trichomoniase
081.9* Typhus
079.2   Virus Coxsackie
053.9* Zona

Surdosages

Des codes diagnostiques additionnels pour les surdoses/empoisonnements peuvent être trouvés dans l'index alphabétique (volume 2) de la CIM-9-MC, dans la table des médicaments et autres substances chimiques classés par ordre alphabétique, dans la colonne « empoisonnements ».

965.4   Acétaminophène
962.1   Androgènes et anabolisants stéroïdiens
970.1   Antagonistes des opiacés
971.1   Anticholinergiques
969.0   Antidépresseurs
967.0   Barbituriques
968.5   Cocaïne
962.0   Corticostéroïdes
967.5   Glutéthimide
969.6   Hallucinogènes/cannabis
962.7   Hormones et dérivés thyroïdiens
967.1   Hydrate de Chloral
962.3   Insuline et autres agents antidiabétiques
967.4   Méthaqualone
972.4   Nitrite (de) Amyle, Butyle
965.00 Opiacés
968.2   Oxyde nitreux
967.2   Paraldéhyde
968.3   Phencyclidine

965.1   Salicylates
970.9   Stimulants
969.4   Tranquillisants à base de benzodiazépines
969.2   Tranquillisants à base de butyrophénone
969.1   Tranquillisants à base de phénothiazine

Codes additionnels pour les troubles induits par un médicament

Les codes suivants sont les codes de la CIM-10 et de la CIM-9-MC correspondant à un certain nombre de médicaments susceptibles de causer des troubles induits par une substance. Ils peuvent être utilisés à titre facultatif par les cliniciens dans les situations où les produits en question, prescrits à doses thérapeutiques, ont été responsables de l'un des troubles suivants : Delirium induit par une substance, Démence persistante induite par une substance, Trouble amnésique persistant induit par une substance, Trouble psychotique induit par une substance, Trouble de l'humeur induit par une substance, Trouble anxieux induit par une substance, Dysfonction sexuelle induite par une substance, Trouble du sommeil induit par une substance et Trouble des mouvements induit par un médicament. En cas d'évaluation multi-axiale les codes E doivent être inscrits sur l'Axe I immédiatement à la suite du trouble en question. Il est à noter que les codes E ne s'appliquent ni aux empoisonnements ni aux surdosages médicamenteux.

Exemple :   F1x.8 [292.39]   Trouble de l'humeur induit
                                par une substance,
                                avec caractéristiques dépressives
              E932.2   Contraceptifs oraux

Analgésiques et Antipyrétiques

E935.4   Acétaminophène/phénacétine
E935.6   Anti-inflammatoires non stéroïdiens
E935.2   Autres morphiniques (p. ex., codéine, mépéridine)
E935.1   Méthadone
E935.3   Salicylates (p. ex., aspirine)

Anticonvulsivants

E936.3 Acide valproïque
E936.3 Carbamazépine
E936.2 Ethosuximide
E937.0 Phénobarbital
E936.1 Phenytoïne

Médicaments antiparkinsoniens

E936.4 Amantadine
E941.1 Benztropine
E933.0 Diphénhydramine
E936.4 L-Dopa

Médicaments neuroleptiques

E939.3 Autres neuroleptiques (p. ex., thiothixène)
E939.2 Neuroleptiques à base de butyrophénone
E939.1 Neuroleptiques à base de phénothiazine

Sédatifs, hypnotiques et anxiolytiques

E937.0 Barbituriques
E937.1 Hydrate de Chloral
E939.5 Hydroxyzine
E939.4 Médicaments à base de benzodiazépine
E937.2 Paraldéhyde

Autres médicaments psychotropes

E940.1 Antagonistes des opiacés
E939   Antidépresseurs

E939.6 Cannabis

E939.7 Stimulants (à l'exclusion des dépresseurs centraux de l'appétit ou anorexigènes centraux)

Médicaments cardiovasculaires

E942.2 Antilipémiants et hypocholestérolémiants

E942.6 Autres antihypertenseurs (p. ex., clonidine, guanéthidine, réserpine)

E942.5 Autres vasodilatateurs (p. ex., hydralazine)

E942.3 Ganglioplégiques (pentaméthonium)

E942.1 Glucosides cardiotoniques (p. ex., digitaline)

E942.0 Régulateurs du rythme cardiaque (y compris le propanolol)

E942.4 Vasodilatateurs coronariens (p. ex., nitrates)

Médicaments à action principalement systémique

E933.0 Antiallergiques et antiémétiques (à l'exclusion des phénothiazines, de l'hydroxyzine)

E941.1 Anticholinergiques (p. ex., atropine) et spamolytiques

E934.2 Anticoagulants

E941.0 Cholinergiques (parasympathomimétiques)

E933.1 Médicaments antinéoplasiques et immunosuppresseurs

E941.2 Sympathomimétiques (adrénergiques)

E933.5 Vitamines (à l'exclusion de la vitamine K)

E933.1 Immunodépresseurs

Médicaments agissant sur les muscles et l'appareil respiratoire

E945.7 Antiasthmatiques (aminophylline)

E945.4 Antitussifs (p. ex., dextrométhorphan)

E945.8   Médicaments à action respiratoire, autres

E945.0   Ocytociques (alcaloïdes de l'ergot de seigle, prostaglandines)

E945.1   Relaxants des muscles lisses (métaprotérénol)

E945.2   Relaxants des muscles striés

Hormones et succédanés synthétiques

E932.1   Androgènes et stéroïdes anabolisants

E932.8   Antithyroïdiens

E932.0   Corticostéroïdes

E932.2   Hormones ovariennes (inclure les contraceptifs oraux)

E932.7   Préparations thyroïdiennes

Médicaments intervenant dans le métabolisme de l'eau des minéraux et de l'acide urique

E944.4   Autres diurétiques (furosémide, acide éthacrynique)

E944.3   Chlorothiazides

E944.1   Diurétiques dérivés de la purine

E944.0   Diurétiques mercuriels

E944.2   Inhibiteurs de l'anhydrase carbonique

E944.7   Médicaments agissant sur le métabolisme de l'acide urique (probénécide)

Index

B

C

D

I

J

K

L

M

N

O

P

R

S

𝚖 MASSON
21, rue Camille-Desmoulins
92789 Issy-les-Moulineaux
Dépôt légal : janvier 2005

❖

401819 - (10) - (I) - CBS - G - 80°

❖

Photocomposition Nord Compo
59650 Villeneuve d'Ascq

❖

Achevé d'imprimer en décembre 2004
sur les presses de Normandie Roto Impression s.a.s.
à Lonrai (Orne)
N° d'impression : 04-3100

Imprimé en France